アはアナキストのア

——さかのぼり自叙伝——

大澤正道

三一書房

アはアナキストのア——さかのぼり自叙伝

目次

はじめに

伝記好き……4
なぜ倒叙を選んだか……9

長屋のご隠居の巻

なぜトスキナア？……18　「あれかこれか」と「あれもこれも」……23　日外アソシエーツ版事件の波紋……28
口は災いの元です……33　論より証拠か、証拠より論か……39　縁の下の舞を舞う人たち……47　自由人も楽じゃない……53　生まれ変わるのはむずかしい……57　私を立ちなおらせてくれた人びと……62　私を立ちなおらせてくれた人びと　つづき……75　「アナキズム」から自由になる……77　三人の編集者……80

私流疾風怒濤の巻

運がついてる？……92　小声と大声……97　山本直純とシューマッハー……103　平凡社の落城……110　三課長とランボー次長の奮闘……114　四五歳以上は退職！……119　「現代人の思想」あれこれ……126　『反抗的人間』でぶん殴られる……132　ランダウアー、ブーバー、そして埴谷雄高……139　「黒の手帖」を支えてくれた人びと……147　国際アナキスト連盟大会前後——三週間の欧州漫歩……161　日本アナ連の解散など……170
俺は俺である……177

二足のわらじでえっさっさの巻

平凡社一年生……188　変わり者だったらしい……193　林達夫の憤激書簡……198　アナキスト連盟に出戻り……204　安保反対でくるくる舞い……211　細く長くか、太く短くか……216　ソ連の原子爆弾はきれいだって！……224

国破れて焦土に立つの巻

空襲の混乱の中で……232　私の八月一五日……237　私はなぜアナキストになったのか……245　どこでもまともでいられない……252　自由クラブの異人たち……263　学生時代の終わり……271　独我論から実在論へ……278

五人兄弟の末っ子の巻

あだ名は「がいこつ」……286　赤鬼校長に褒められる！……291　勤労動員あれこれ……298

おわりに……308

索引……312

はじめに

伝記好き

わたしの伝記好きは武蔵高校尋常科（七年制で尋常科と高等科があった）に入った昭和一五（一九四〇）年に始まる。

夏の休みの旅先で本屋に寄り、さて『ナポレオン』と『我等の海戦史』とどちらを買うか迷った。結局、姉のすすめで『ナポレオン』を選んだ。

この『ナポレオン』は鶴見祐輔箸で、版元は講談社。『我等の海戦史』の著者は平田晋策でやはり講談社から出ていた。べつにこの時の選択が運命的だったとは思わぬが、『ナポレオン』をきっかけにして講談社発行の偉人伝を読み漁るようになった。

いま手元にある「日記」をみると、鶴見祐輔『ビスマーク』『ヒンデンブルグ』『ヂスレリー』『グラッドストーン』『マクドナルド』、武者小路実篤『トルストイ』、澤田謙『エヂソン伝』『ムッソリニ伝』『ヒットラー伝』などが並んでいる。

トルストイとエジソン以外すべて政治家なのは、そのころわたしは政治家をめざしていたからだろう。「私は始め運転手に、後軍人に、後科学者に、而して実業家

鶴見祐輔（1885～1973）岡山県生。著述家・政治家。官僚として対日感情の悪化した米国で日本への理解を求め講演。衆院当選4回。英語力抜群の国際派型自由主義者。俊輔の父。

平田晋策（1904～36）兵庫県生。軍事問題評論家。児童文学者。建設者同盟に参加、政治活動で検挙され転向。

武者小路実篤（1885～1976）東京都生。作家・詩人・画家。青年時トルストイに傾倒、やがてトルストイ主義から反戦・空想社会主義を「新しき村」で実践。

になる事を欲した。しかし今はビスマークの如く、ピットの如く、秀吉の如く政治家になり而して、在野時代に於いてヂスレリーの如く文章を、トルストイの筆を以て書綴らんと欲する」と「日記」（昭和一六〔一九四一〕・一二・二三）で大言壮語している。読書の影響は顕著である。

それにしても伝記シリーズにヒトラーやムッソリーニと並んで、保守党のヂスレリー、自由党のグラッドストーン、労働党のマクドナルドのような英国の政治家が入っているのは意外である。米国のワシントン、リンカーン、ルーズベルトがないのもおかしな感じがする。昭和十年代とはそういう時代でもあったのだろうか。もっともわたしが「ヂスレリー」を買ったとき、家の連中は皆、変な顔をした。

伝記のなかでも自伝にひかれるようになったのはいつごろかはっきりしないが、昭和一九（一九四四）年、勤労動員で神奈川県戸塚の日立製作所戸塚工場へ通う電車のなかでクロポトキンの『一革命家の思ひ出』（大杉栄訳）を読み、すごく感動した覚えがある。戦時中、車中でクロポトキンを読むなぞウソといわれるかもしれないが、本当の話である。

わたしの父は若い頃は自由主義寄りだったらしく、大逆事件について「一月十八日／無政府党員二十六名中二名ヲ除イテ死刑ヲ宣告サル。／法ノ適用ノ極メテ厳正ナルヲ思フモ、一方カヘリミレバ此等不逞ノ徒実ハ多ク愛スベキ士、時代ノイケニエタリシニ過ギザルヲ知ラザル可カラズ。／大権ノ活動ニ由リ死一等ヲ減ズルヲ余

澤田　謙（1894〜1969）
鳥取県生。評論・伝記作家。翻訳家。「雄弁」「少女倶楽部」「少年倶楽部」等に偉人伝を連載。戦後も児童向けの偉人伝を多数執筆。

ハ望ム。」と「日誌」に認めている。

家庭をもってからも若かりし頃の下地はなくならなかったらしく、本好きだった父は『クロポトキン全集』や大杉栄訳のクロポトキン『相互扶助論』や高畠素之訳のマルクス『資本論』なぞを求めてつんどくしていた。その埃を払って末っ子のわたしが拾い読みしたってわけ。それらのなかで一番、気にいったのがクロの自伝だった。

あの黒いハードカバーむきだしで、横須賀線の電車に揺られながら読みふけった。呑気だったか無知だったか、官憲のことなぞ気にかけた覚えはまったくない。少し長いが、車中で読んで「大歓喜」した『一革命家の思ひ出』の一節を引用しておきたい。

「往々人は自分の立ってゐる地位又は自分のやってゐる仕事が正しいかどうか、自分の職業が本当に自分の内的渇望や才能に適ってゐるのかどうか。又それが誰でも自分の仕事から期待する権利のある満足を本当に自分に与へてゐるのかどうか。自分でそれを考へるひまがないといふ事だけで、或る政治的社会的若しくは家族的束縛に陥る事がある。活動的な人は殊にさういった束縛に陥り易い。毎日毎日新しい仕事に追はれて行く。其の日のうちに片づけるつもりのものを果さずに夜遅く寝床にかけ込む。そして翌朝は急いで昨日の残りの仕事にとりかかる。斯くして生涯は暮れて行く。そして其の間何の考へるひまもなく、自分の生涯等を思ってみるひ

トルストイ、レフ・ニコライェヴィッチ・（1828〜1910）ロシアの作家・社会批評家。作品に『戦争と平和』『アンナ・カレーニナ』。キリスト教的アナキズムを進め、社会改革を目指した。

まもない。

　ただ彼らにそれを与へればいいのだ。ひまを作る方法を与へればいいのだ。私は此の方向に此の種の民衆のために働かなければならない。人類の進歩を作るのだなどと唱へながら、其の進歩を作る人々が上の方へ押し上げてやらうといふ人たちから遥かに離れて立ってゐる、有らゆる声高の文句は要するに自分の心の中で入り乱れてゐる矛盾をふり落とさうとして苦心する人々の造り上げたただの詭弁にすぎぬのだ。」

「何んといふ適切な言葉であらう。私は電車の中でこれを読んで大歓喜した。こゝに私は人を見出したやうに思った。クロポトキンは真に人類を愛した人と云はれてゐる。トルストイ、クロポトキン、カーペンター、偉大なる人類愛の所有者が私の眼前に浮かんでくる。／この言葉、これは私を元気付けた。嬉しかった。／ソクラテス―クロポトキン 偉なる人類の創造者。」と「日記」（昭和一九〔一九四四〕・九・一六）にある。

　このころのわたしは日立工場で航空機に搭載する無線機のＵ‐３改という部品の組み立て作業をやっていた。たしか八時から五時までの長くて単調な座業労働に、わたしは内心ヒステリーを起こし、東京‐戸塚往復の一時間二〇分と帰宅してから就寝するまでの二時間に生甲斐を見出す有様だった。そのあいだしか読書や日記などの書きものができなかったからで、それだけクロポトキンのこの言葉は身に沁みたのだろう。

クロポトキンの自伝のほか愛読したように思われるのが、トルストイの自伝的作品『幼年時代』『少年時代』『青年時代』の三部作だ。けれどもトルストイについていえばなんといっても『トルストイの日記』である。たしか岩波文庫だったが、ぼろぼろになるくらい繰り返し読んだ。「日記とは自己との対話である」とあるこの本にヒントを得て、わたしは「思ひの儘の記」「落穂拾ひの記」なぞと、さる江戸時代の文人の文集のタイトルを借用した「日記」にわたしなりの「わたしとの対話」を書くこととなり、それは現在まで続いている。

書き始めは太平洋戦争がはじまった昭和一六（一九四一）年一二月八日の一五日あとの二三日から。といって太平洋戦争の勃発を期して書き始めたわけではない。最初の日のテーマは「病床にありて私の性格を思ふ」というやや自虐的な性格分析らしきもので、さきほど引用した「政治家たらん……」という大言壮語もこの日に書かれている。

緒戦の勝利にはわたしも人並みに感激した。しかし戦争が「わたしとの対話」のなかに本当に入り込んできたのは、勤労動員や空襲や徴兵間際といった差し迫った状況に直面してからだった。

敗戦後、これらの「日記」を抄録して『受難の青春　一九四一――一九五一』と題する全五冊の原稿にまとめてみた。これがわたしの最初の自分史といっていい。

クロポトキン、ピョートル・（1842〜1921）ロシアのアナキスト。地理学者。バクーニンの影響を受け、第一インターナショナルでマルクスと対立。相互扶助論を提唱。

高畠素之（1886〜1928）群馬県生。社会思想家。キリスト教の洗礼を受けるが離教。堺利彦の影響で社会主義者に。山川均との論争後国家社会主義に転向。

カーペンター、エドワード・（1844〜1929）英国の詩人・評論家・牧師。教鞭をとり労働者階級に接近し社会主義運動に共鳴。ホイットマンに惹かれ訪米。農業に従事し評論多数。

以来、いつか自分でも自伝を書いてみたいと思ってプランをたててみたこともあるが、生来、浮気で目先のことにはまりうろうろしているうちに傘寿を越えてしまった。

なぜ倒叙を選んだか

平凡社にいたころ、わたしは日本人が書いた自伝の全集「日本人の自伝」を企画した。自分で自伝をものにするまえに、ひとさまの自伝を集大成してみたいと一念発起したわけでもないのだが、とにかく全二五巻、別巻二巻という大きな企画だった。後にも先にもこれだけの自伝全集はまだない。完結は昭和五七（一九八二）年。

といってもこの全集に収録した自伝は五〇点余り。明治以降に刊行された自伝の数はざっと四千点くらいというから、一パーセントちょいにすぎない。わたしはこれらの自伝群の頭のあたりを触ったにすぎないが、どの自伝もほとんど幼少の時から書き下ろされている。自分の生涯の伝記を書くのだから、子どもの時から書き始めるのは当然だろう。なかには自分の家系や郷土の歴史に遡って書いているのもある。

これが自伝の書き方作法であることくらいは、わたしだって百も承知である。

しかしわたしはあえて最も身近ないま現在から誕生の時まで遡って書いてみるこ

とにした。そういう自伝がかつて書かれたか、わたしは知らない。少なくとも見たことはない。

なぜそういうつむじの曲がった試みをやる気になったのか、ひとこと弁明する必要があるだろう。

最近、「小説よりも自叙伝とか伝記などの方が私は読み易い」という同好の士、秋山清の自伝『目の記憶　ささやかな自叙伝』（筑摩書房　昭和五四（一九七九））を読み返して驚いた。

この自伝は最初、『日本読書新聞』（週刊）に連載され、しばらくたってから単行本になった。書き出しは昭和四一（一九六六）年三月七日、秋山が六二歳の春である。それから三年近く連載がつづき、やっと一九歳、関東大震災の年で終っている。秋山はこの関東大震災を人生の転機と位置づけているから、そこでひとまず筆をおいたのだろう。

わたしの驚きのひとつは秋山のすごいエネルギーだ。わたしだったら毎週連載を抱えていたら、それだけで手一杯だろうが、秋山は違う。昭和四一年の年譜をみると、日本アナキスト連盟の機関紙『自由連合』（月刊）の編集担当としての仕事をこなし、『コスモス』『思想の科学』『図書新聞』等々にざっと三〇編余りの原稿を寄せている。その上この年にはベトナム反戦直接行動委員会の事件があり、秋山は陰に陽に彼らを支援して東奔西走していた。

秋山　清（1904〜88）福岡県生。詩人。アナキズム系雑誌に発表。戦後金子光晴等と「コスモス」を創刊編集。『日本の反逆思想』等刊行。『大杉栄全集』編集。

驚きの二はそれにもかかわらず連載原稿はきちんとしめ切りが守られ、内容は決して書き流しではないこと。連載中はわたしは飛び飛びにしか読まない読者だったが、一本にまとめられてから読むと、文章にしまりがあり、めりはりの効いた読物にちゃんとなっている。相当、力を入れて書かれたことがよく分かる。

驚きの第三は幼年の頃からの友人知人がたくさんおり、彼らとの交流がその日の出来事のように生き生きと、詳しく描かれているのだが、そのほとんどは記憶を辿ってのものだということ。これには参った。

「自叙伝といっても情緒的な人間の私は、友人知人の思い出以外に書き得ることもすくなく、だから年月がたって彼らが見えなくなると、私の世界もどうしようもなく縮小するばかりである。／私には何の哲学も思想もない。すこしばかりあるのは、もう立証することも出来ない、そして大分あやふやな記憶だけであり、その記憶に浮かぶ相手たちも私の周囲にボロボロと年よりの歯みたいに抜けてゆく。……」

と秋山は『目の記憶』の「あとがき」に書いている。

秋山と同じようにわたしも伝記好き、自伝好きだが、秋山と違うところがふたつある。

ひとつはわたしには秋山のように多くの友人知人がいない。わたしは名古屋で生まれたが、一年足らずで東京に移り、それから福島、小樽、岡山と父の転勤ととももに転々とした根なし草だった。だから幼な友達などのできる環境ではなかった。

岡山に移ったのが五歳。父は日本銀行岡山支店長で、社宅は銀行の隣りだった。銀行の回りはオフィス街で、民家はなかった。だから近所には同じ年頃の子どもはいなかった。

そこへもってきてわたしは父にいわせれば、生まれつきの「神経家」(神経過敏)だった。

これはどうやら父親ゆずりのように思えるのだが、わたしが予定より一月早く生まれた未熟児だったことも関係あるのかも分からない。

岡山で幼稚園に入ったが、なじめなくて一日で止めてしまった。小学校に入ってからも友達はできなかった。東京の小学校に転校したのが八歳で、二年生。時すでに遅く、友達の輪に入り込む勘を養われなかったわたしは、気難しい、とても人見知りする子どもで、ひととの付き合いはからっきしだめだった。それは齢九〇に近いいまでも変らない。

いまひとつは記憶力だ。自伝の資料に年譜をこしらえてみたが、岡山時代以前はなにひとつ覚えていないことが分かった。小樽で姉と一緒に撮った写真が一枚残っているが、それを見てもなにも思いだされない。岡山以後もきわめて曖昧。東京へ移ってからの小学校の同級生の名前も一〇人くらいしか出てこない。記憶のきれはしでも浮かんでくれれば、それをふくらませて物語を作ることは可能だろう。自伝には自伝文学のジャンルがあるから、フィクションが織り込まれてもかまわない。しかしフィクションのネタが浮かんでこなければお手上げである。

　年とともにもろもろの能力が衰えるのは生理的必然だから、記憶力の減退に拍車がかかっても止むをえまい。自伝の仕事にもっと早くかかっていれば、秋山の抜群の記憶力とまではいかなくとも、もう少しなんとかなったかもしれない。頭を抱えたわたしの頭にひらめいたのは吉田東伍の『倒叙日本史』だった。

　尋常科（中学）三年のとき、わたしは日本史（当時は国史といった）の授業に魅せられて、政治家志望から歴史家志望に転向した。「増井先生の影響もあって歴史家になりたいと思った」と「日記」（昭和一七・六・一四）にある。

　国史の勉強をしたいが、何を読んだらいいかという質問に答えて、担任の増井経夫が教えてくれたなかに吉田東伍の『倒叙日本史』全一一巻（早稲田大学出版部／大正二（一九一三））があった。

　早速、神田の古書店街へ行って揃いの『倒叙日本史』を求めた。中学三年生には似合わない買物だったが、親の使いと思われたのかもしれない。そういえば別の店だったが、書棚から本を抜いて読もうとしたら、店主がやってきて「子どもは読むんじゃない」とわたしから本を取上げ、まるでバイキンがついたみたいにはたきをかけやがった。以来、その店には行くのを止めた。

『倒叙日本史』の著者吉田東伍は相当へそ曲がりな独学者で、学歴を問われると「図

吉田東伍（1864〜1918）越後国（新潟県）生。歴史地理学者。独学で日本史を学ぶ。『大日本地名辞書』を独力で編纂。能楽研究で従来の説を実証的に覆す。

書館卒です」と言うのが常だったそうだ。わが国最初の地名辞書『大日本地名辞書』全七巻（冨山房　明治三三〔一九〇〇〕）の著者として知られるが、晩年、利根川の治水問題で田中正造と意見が一致し、親交を結んだりもしている。最晩年の田中の理解者、協力者はほんの僅かになったが、吉田はその一人に入ると布川了は書いている（「田中正造と吉田東伍の交誼」『田中正造と足尾鉱毒事件研究』一五号（随想舎　平成二一〔二〇〇九〕・一二）。

倒叙という新機軸については吉田もためらうところがあったらしく、第一冊『明治国勢発展編』の冒頭で「倒叙と云ふことに就いて」と題して弁明を記している。要約すると以下の通りだ。

史書はどれも古代から始まるが、古代の章はとらえどころがなく、得るところが少ない。ところが一番肝心な近現代の章はおおむねはしょられてしまい、簡単になっている。これでは独学者はまことに困る。この経験から近現代を先にし、古代を後回しにする史書を書くことを思いついた。学校で近代から始めて古代で終る講義を試みたが、この実験は有益であった。そこでいよいよ本格的に倒叙形式の執筆を始めた。好んで異を立てる嫌いがなくはないが、「近代史を先とし、古代史を後とする」のも「読書の一便法」で、べつに異を立てるものでないことをお分かり戴けよう……。

現在の中高校の日本史の授業も、近現代は時間切れで省かれるという苦情をよく

田中正造（1841〜1913）下野国（栃木県）生。政治家。自由民権運動に参加、県会議長から衆院議員。足尾鉱毒事件で半生を賭け、現地谷中で反公害闘争を闘う。

布川　了（—サトル／1925〜2013）神奈川県生。教師から田中正造記念館名誉館長。

聞くが、近現代から始まって古代で終る歴史教科書を作るへそ曲がりのアイディアマンはいないらしい。

いや、一人いた。歴史教科書ではないが。昭和三七（一九六二）年に出た『日本の百年』全一〇巻（筑摩書房）は昭和三五（一九六〇）年から遡って明治維新で終っていた。このアイディアマンはだれあろう、鶴見俊輔である。ところが最近出たちくま学芸文庫版はおかしなことにこの倒叙をひっくり返し、月並みに明治維新から始めている。これでは『日本の百年』は復刊しない方がよかった！

日本では小学校しか出ていないが口癖の鶴見は「これは吉田東伍の『倒叙日本史』がもともとのアイディアです。吉田東伍の考え方は、痕跡としては残っている。／私は、とにかく日本では小学校しか出ていない。最近のところから書くしかない。でもしまいに明治維新までやったわけだから、いい勉強になりましたよ」とインタビューで語っている（『ちくま』平成二〇〔二〇〇八〕・九）。

まだほかにもへそ曲がりの手になる倒叙ものはあるかもしれないが、わたしにとってはこれで十分だ。わたしは鶴見の「まったく否定的な」東大卒だが、図書館のほかはあまり大学へ行かない学生だったから、「精神的独学者」といっていえないこともあるまい。

お二人の驥尾《きび》に付して前人未踏かもしれぬ「倒叙自伝」を書き始める。いかが相成りまするか、とくと御覧じろ。

鶴見俊輔（1922〜2016）東京都生。哲学者・思想家。プラグマティズム研究家。60年安保で教授を辞職。「思想の科学」で活動、小田実のべ平連結成に参加、市民運動で活躍。

長屋のご隠居の巻

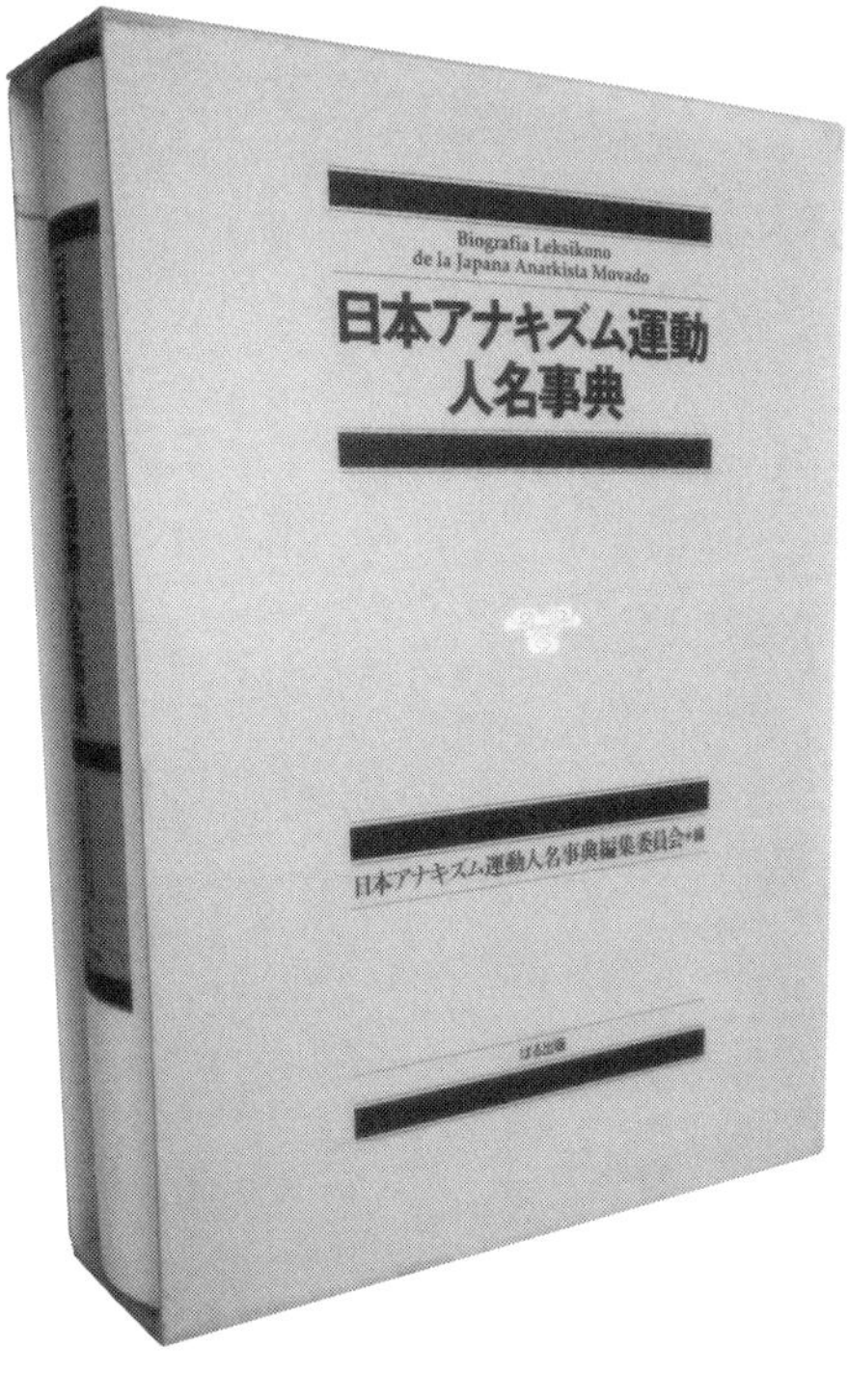

『日本アナキズム運動人名事典』（ぱる出版、二〇〇四年四月）

なぜトスキナア？

『トスキナア』第一〇号の編集会議の時だった。

「一〇号というと、年二回だから五年経ったんですね」と、手塚登士雄がだれに言うともなく感慨深そうにつぶやいた。

「ああ、もう五年も経ったのか」――それを聞いてわたしも初めてそのことに気がついた。「光陰矢のごとし」って言われるが、本当にそうだ！

『日本アナキズム運動人名事典』（以下『アナ人名事典』と略す）の編集がやっと終りかけた頃、誰いうとなくこれが終ったら、なにか雑誌を出したいなという気分が何人かの編集委員の間に漂いはじめた。

『アナ人名事典』の仕事は、わたしがいうのもなんだか、ものすごくしんどかった。だから終ってやれやれ一服となるところだが、それがそうはならなかった。

『アナ人名事典』は小項目事典だったから、一項目の原稿枚数はものすごく短い。あれこれ苦労して集めた史料を四百字でたった一、二枚に押し込めるのは涙なくしては出来ない業である。あれも入れたい、これも入れたいところを、あれも切れ、これもはぶけとなるのだから、欲求不満は溜まる一方、こうして溜まった研究の成果を生かす場がなんとしてもほしい、というのが雑誌刊行の思いへと結晶したのである。

普通、専門事典は当の専門領域の研究の集約である。先に沢山の研究があり、それらのいわば索引として事典がある。ところが『アナ人名事典』の場合は逆で、先行の研究らしい研究はほとんどなかった。

荒れ放題の荒野を掘りくりかえし、えいやっとバラックを建てたようなものである。掘りくりかえすなかで、やっと見つけた珠玉の史料もバラックには収めきれず、掘り手のもとに空しく眠っている。こいつをなんとか世に出したいという思いに駆られるのは人情だろう。それがひとつ。

もうひとつは『アナ人名事典』はすくなくともアナキズム運動の領域ではでたらめ極まるあの日外アソシエーツ版『近代日本社会運動史人物大事典』が世に定着する以前に出さなければ、先人に顔向けできないという思いからえいやっとこしらえた事典でもある。

読者には申しわけないが、版を重ねるごとに完成度が高まってくるのが事典という出版物の宿命である。まして順序が逆なことは承知の上でえいやっとこしらえた『アナ人名事典』である。不備、不足、誤りがたんとあるのは避け難い。より高い完成度に向けて「訂正と追補」をこしらえるのは、高い金をだして初版を求めた読者をはじめとする社会に対する責任というものだろう。なににせよ、生みっぱなしはよろしくない。

わたしが勤めていた平凡社では『世界大百科事典』の完結後、『月刊百科』という月刊誌を出した。『月刊百科』は百科の読者へのアフターケアだったが、それはまた新しい読者を獲得するPR誌にもなっていた。

規模は違うが、それと同じようなことを『アナ人名事典』についても、わたしはやりたかった。けれども版元のぱる出版は「アナ人名事典」を出すので精一杯だったようで、新雑誌の刊行は無理だと、ぱる出版の社長で、編集委員でもあった奥沢邦成に宣告された。

長年の友人で、事典の刊行にとても考えられないくらい骨を折ってくれた奥沢に、それ以上の無理を頼むと道理が引っ込むと感じたわたしたちは、ぱるから出すことを諦めた。といって雑誌を出したいという情熱のほむらは収まらなかった。

捨てる神あれば、拾う神あり、黒川洋の友人で、皓星社社長の藤巻修一から救いの手が差し伸べられた。嬉しかったね。

故寺島珠雄の畢生の大著『南天堂』や黒川の第二詩集『詩人が唄うとき猫が欠伸する』など、いろいろ異色の本も出している皓星社は「トスキナア」とちょっと異色の誌名を冠するこの雑誌の発売元にぴったりだった。

ところでこの「トスキナア」なる誌名だが、これは南天堂時代よりふた世代くらい前、浅草オペラに登場した「コミック・オペラ　トスキナ」に由来する。大正八(一九一九)年五月六日浅草観音劇場で上演された常盤楽劇團第一回公演の一本で、

寺島珠雄(1925~99)東京都生。本名大木一治。詩人。少年時より辻潤に熱中、放浪と転職を繰り返し、ドヤ街生活。小野十三郎に師事。詩集『断景』等。

作者は漠與太平（のちの映画監督・古海卓二）。

「コミック・オペラ　トスキナ」は「トスキナア」とすると、「アナキスト」の逆さがばれて検束されるおそれがあるので、最後の「ア」ひと文字を泣く泣く削ったという抑圧の時代の産物で、浅草のカフェ・パウリスタに屯する「自由倶楽部」の面々の雑談から生まれた作品だそうだ。

表は香具師、裏ではスリが家業の「トスキナ」と称する赤い帽子に黒マント、紫の服といういでたちの怪青年が演歌師よろしく歌に踊りに舞台狭しと活躍する。

この時歌われた「トスキナの唄」は当時の高等遊民の間で愛唱されたとか。余計なことだが、その時のチラシをみると、同時に上演された象徴劇「谿間の影」に、佐藤惣之助、小生夢坊らとともに辻潤が放浪者役で出演している（以上はトスキナアの会入会勧誘のチラシに付した黒川の説明より拝借した）。

「自由倶楽部」とか「辻潤」とか、いずれもわたしを若かりし時代に連れもどす媚薬である。けれどもこれらの歴史的由来は後知恵であって、新雑誌の名前を議論した折にわたしが「トスキナア」を提案したのには、先人の苦心を偲んでの遊び心を演じてみせるという魂胆のほかに、じつはもうちっと深刻な思いがあった。

「いまぼくは住みなれた『アナキズム』の地平から、ぼく自身の必然の世界へと飛翔する滑走路に入っている」と『反国家と自由の思想』（川島書店）の「はしがき」に書いたのは一九七〇年（昭和四五）のことだった。

佐藤惣之助（1890〜1942）
神奈川県生。民衆詩人。20冊余の全て作風の異なる詩集を刊行。戯曲・小説・随筆と多方面で活動。「赤城の子守唄」等。

小生夢坊（コイケ　ムボウ／1895〜1986）
石川県生。社会批評・随筆家。日本画の広谷水石に師事。浅草で芸能・文人と交友。一葉記念館・下町風俗記念館設立に尽力。

辻　潤（1884〜1944）
東京都生。翻訳家・評論家。伊藤野枝との恋愛で彼女が大杉栄に走った。放浪生活に徹した、著名なダダイスト。

いま読み返すと冷や汗の出るような迷文だが、一九六〇年代後半から七〇年代にかけて、わたしは「アナキズム」に対して挫折感というか敗北感というかを、したたかに味合わされた。そのいきさつについてはいずれ「私的疾風怒涛の巻」で語ることになるだろう。

ところが滑走路に入ったまま、わたしは「ぼく自身の必然の世界」とやらを探り当てられずうろうろしている時に、例の日外アソシエーツ版事件が突発し、それにまきこまれてしまった。つまり「アナキズム」の歴史へ連れ戻されてしまったってわけ。

それでまた「アナキズム」へ舞い戻ったと誤解された向きもあったらしい。けれどもわたしが『アナ人名事典』に打ち込んだのは、日外アソシエーツ版に集約されたようなアナキズム運動史についての記述の無数の誤りを少しでも正しておきたかったからで、わたしの「アナキズム」への挫折感や敗北感が消え去ったわけではなかった。

「アナキズム」への挫折感やら敗北感を胸に抱いたまま、新しい雑誌の創刊に臨んだ時、アナキストを逆さにしたトスキナアという名前は、うまくいえないが、なんとなく当時のわたしの複雑な気持ちを表現してくれているように思えたのである。

もとよりこれはわたし一人のひそかな思い入れであって、世話人諸公のまったくあずかり知らぬところであることはいうまでもない。

「あれかこれか」と「あれもこれも」

「朝四足、昼二足、夜三足、この生き物はなあに?」スフィンクスの謎掛けにオイディプスは「人間」と答え、賭けに負けたスフィンクスは海に身を投げたとは、戦中にわたしが魅かれたギリシア神話の伝えである。

土井晩翠の名訳『オヂュッセーア』(冨山房/昭和一八〔一九四三〕)に魅せられたわたしは、古代ギリシア大好き青年になり、京都大学文学部西洋古典科に入ると思い込んだ時期がある。懐かしいね。

いまや「夜三足」となったわたしだが、幸いにまだ杖はついていない。戦前、ステッキは紳士のシンボルだったが、平均寿命が驚くほど伸び、クルマ社会になったせいか、ステッキは影をひそめ、杖をつくのはおばあさんが多い。

それでも「朝四足、昼二足、夜三足」の変化は、スフィンクスの時代から今日にいたるまで、変わっていないといっていいだろう。

これは肉体の場合だが、精神となるとどうだろうか。

わたしが戦後まもなくに熱読したマックス・シュティルナーは『唯一者とその所有』の第一章「人間の生涯」で、子どもは自我を持たない現実主義者、青年は自我

土井晩翠(1871〜1952) 宮城県生。詩人・英文学者。「帝国文学」発表の詩をまとめ『天地有情』発刊。漢詩風で独自の調べを生む。韻文でホメロスを翻訳。

シュティルナー、M・(1806〜56) ドイツ生。哲学者・思想家。自分には自分以上のものはない唯一者と考える徹底的個人主義の代表。その思想はアナキズムに帰結。

を発見し、思想に感激する理想主義者、壮年はふたたび自我を発見し、自己享楽を楽しむ自我主義者と述べている。

しかし子どもはそうかもしれないが、青年や壮年にも自我を持たない現実主義者はたんといるし、思想に感激する壮年も結構おり、自己享楽を楽しむ自我主義者は壮年層にもめったにみられない。

だからシュティルナーのいう「人間の生涯」は「唯一者」なるシュティルナー哲学の一翼をなすもので、スフィンクスの謎のように古今東西を通して変わらぬものとはいえそうにない。

さらにわたしのような老年はどうなる？　この切実な問いに答えてシュティルナーは曰く「最後に老人は？　僕が老人になったら、その時それについて話す時間はまだ十分にあるだろう。」『唯一者とその所有』を著わした時、シュテルナーは三九歳、亡くなったのは五〇歳。老人について語る時間はなかった。

べつにシュティルナーの代わりを務めるわけではないが、老人になったわたしの目に映る人間の精神は大小さまざまな引出しに納まっている。

引出しは人それぞれ、質も量も異なるが、時と場所に応じて貯えられ、引き出される点では古今東西を通じて変わらない。わたしの場合は大きく分けて、二系統の引出しがあった。「あれかこれか」系と「あれもこれも」系である。

「あれかこれか」というと、わたしと同世代辺りまでのインテリならキルケゴー

キルケゴール、セーレン・A・（1813～55）デンマークの哲学者。思弁的合理主義を批判し教会的キリスト教から離脱。神と人との断絶、自己疎外・永遠探求の思想は実存主義と弁証法神学に影響。

サルトル、J＝P・（1905～80）フランスの哲学者。小説・劇作家。現象学的存在論を研究。戦争体験から政治的運動に関与。

ルを思い出すだろう。戦後まもなくマルクス主義と並んで実存主義が大流行し、サルトルやキルケゴールが持て囃された。へそ曲がりのわたしはこの流行を白い目で見やり、吹けば飛ぶようなシュティルナー呰に立て籠もったりした。

それが何時だったかどうもはっきりしないのだが、戦後間もなくだったことはまちがいない。シュティルナー呰から個人主義の匂いを求めてあれこれ彷徨していた頃、わたしはイプセンの『ペール・ギュント』に出会った。

父の蔵書だった『近代劇全集』の一冊である。第一書房の刊行でなんでもイプセン誕生百年を記念した出版だった。いかにも第一書房の本らしく金文字をあしらった豪華な装丁で、全巻は揃っていなかったが、イプセン、ストリンドベリ、ハウプトマン、ズーデルマンなぞを読み漁った。

そこでペール・ギュントが「自分探し」の放浪の末、「あれかこれか」ではなく「あれもこれも」の境地に達する場面に出くわしたのだ。

ギュントのように不羈奔放ではないけれど、わたしなりにつつましく「自分探し」につとめていたから、「これだ！」とその時わたしは思ったはずなのだ。その「発見」について「日記」に記さないはずはないのだが、なぜか見当たらない。「日記」は全部揃っていないので、なくなった巻に記載されていたのかもしれない。したがってここはわたしの頼りない記憶に頼って書くしかない。

キルケゴールによると、「あれかこれか」は「天国への鍵」で、「あれもこれも」

イプセン、ヘンリック・（1828～1906）ノルウェーの劇作家。大衆運動とは無縁の孤高の自由思想者。『人形の家』『民衆の敵』等。

ストリンドベリ、J・A・（1849～1912）スウェーデン生。劇作家。小説で認められ、冷徹な心理分析が軸の自然主義の戯曲『令嬢ジュリー』等で象徴・表現主義で次代に影響。

ハウプトマン、ゲルハルト（1862～1946）ドイツの劇作家・小説家・詩人。『沈鐘』『織工』などで知られ、1912年ノーベル賞受賞。

ズーデルマン、ヘルマン・（1857～1928）ドイツの作家。処女作『憂愁夫人』で認められる。

は「地獄への道」だそうだ。けれども戦中から戦後まで「敵か味方か」、「資本主義か共産主義か」、「○か×か」等々の二分法に翻弄されてへとへとになっていたわたしは、ギュントが辿りついた「あれもこれも」の境地は後光がさすようにみえたのである。

以来、「あれもこれも」はわたしの精神の引出しの一角に貯えられ、「あれかこれか」で突進して挫折するたびに、反射的に引き出されるようになった。そして「夜三足」になってからというもの、わたしはますます「あれもこれも」系に傾いた。持ち時間が少なくなった今、「獄中一八年」のような一貫性を無理に仮装することなく、思うままに振舞って余生を閉じたい、そういうシュティルナー流の「自己享楽」の思いもある。

一方、『アナ人名事典』の仕事をやっているなかで、わたしは「論より証拠」といういろはカルタの文句を愛用するようになった。どの項目でも当の人物に関わる事実確認からすべては始まるからである。そこで『アナ人名事典』の編集方針の第一項を「「論より証拠、実事求是」に徹する」としたのである。

もっともそれより先、このいろはカルタの句は田中英夫の名著『西川光二郎小伝』（みすず書房　平成二〔一九九〇〕）を評した文章のなかで、早くも山泉進が使っている『初期社会主義研究』四号　平成二〔一九九〇〕・一二）。同じ号に山泉はエマ・ゴールドマンについて書いており、その縁でわたしはこの四号を頂戴した。しかし

田中英夫（1927〜92）東京都生。英米法学者。日本法から英米の法制史・法源論・司法制度を研究、日本の司法制度・憲法問題にも発言。『憲法制定過程覚え書』

西川光二郎（1876〜1940）兵庫県生。中学でキリスト教に入信。新渡戸稲造・内村鑑三の影響で社会主義者に。幸徳秋水らの平民社に参加。大逆事件以降転向。

その時は不敏にも田中の名著も山泉の指摘も、わたしの引出しには入れずじまいだった。それから一〇年近くたって、それと気づかずにわたしは「論より証拠」を振り回しだしたってわけである。

また「論より証拠」の権化のような在野の歴史家田中の存在に刮目したのは、それからさらに一〇年近くたって出た田中の『山口孤剣小伝』（花林書房　平成一八〔二〇〇六〕）を読んでからだから、ずいぶん遠回りしていたことになる。しかし負け惜しみめくが、証拠をつかむにはそれだけ時がかかる、これはその証拠かもしれない。

横道にそれるが、会員でもないのに、雑誌『初期社会主義研究』には幸徳秋水、大杉栄、石川三四郎、新紀元社等々、随分いろいろと書かせて貰い、勉強になった。たぶん堀切利高の裁量によったのだろうが、有難かった。

『初期社会主義』は年刊、『トスキナア』は年二回刊、それとのちに述べることになるニューズレター『知的インフラ通信　ガラガラへび』は月刊、この三誌が平成に入ってからのわたしの執筆の主要な舞台だった。

さらに脇道にはいるが、人見知りする性分のせいか、わたしはもろもろの会や団体にほとんど入っていない。思想の科学研究会にも入らずじまいだったし、べ平連にも参加しなかった。せいぜい松尾邦之助らの自由クラブや石川三四郎、近藤憲二らの日本アナキスト連盟に名を連ねたくらい。それにいまのトスキナアの会か。

山口孤剣（1882〜1920）山口県生。平民社に参加し日露戦争反対を主張。赤旗事件などで投獄数回。大逆事件後に文筆活動に入り新聞記者になるが病没。

幸徳秋水（1871〜1911）高知県生。社会主義者。中江兆民に師事し「平民新聞」で反戦提唱、社会党大会で直接行動論を説き議会政策派と対立。大逆事件で処刑。

というような次第で、わたしはこの歳になってようやく人間という奴はだれでも一筋縄ではいかぬ底の深い矛盾に満ちた存在であり、したがって人間の歴史というものはさまざまな縁のめぐり合い、絡み合いが織り成す曼荼羅のようなもので、たとえば一枚の思想とかイデオロギーの札だけで描きだせるような単調なものではないと確信するようになったのである。

トスキナアの会はまず『アナ人名事典』の購読者、関係者に呼びかけ、ざっと百人くらいの会員を得た。これはとかく悲観主義のわたしには予想外だった。

平成一九（二〇〇七）年秋、世話人諸公の肝いりでわたしの『忘れられぬ人々』（論創社）の刊行と傘寿を祝う集りが東京・小石川後楽園の涵徳亭で催された。その席で『トスキナア』はなんとか一〇号まで出したいと、わたしが挨拶したら、わざわざ神戸から駆けつけてくれた前田幸長に「二〇号までや」と野次られた。

日外アソシエーツ版事件の波紋

ひとの一生というものは思いもよらぬ事件に左右されてしまうことがあるらしい。

平成九（一九九七）年五月、一通の分厚い封書が届いた。封筒の裏に「アナとしてはずかしいことです／こんなことかき立ててすみません／どうかおよみすてください」と書いてある。何事かと野次馬根性の強いわたしは早速、封を切った。

中身は裏表一〇ページ、「この萩原晋太郎君は〝アナキスト仲間〟であるのか⁉向井孝」と見出しがついている。「ぼくの生涯七八年、このようなものを書くのは初めてである。多分そして最後のものとなるだろう！」とあるように、このように激烈な向井の文章をみたのは初めてで、そして最後だった。

なにがそれほど向井を怒らせたのか。

ことの起りは日外アソシエーツ刊『近代日本社会運動史人物大事典』（以下『大事典』と略す）編集委員会の実務機関である金曜委員会の会報・特別付録〈忘れ得ぬことども〉に寄せた萩原の文章である。この萩原の文章は「アナキスト先輩同志に対して放っている悪意のこもった誹謗中傷」だといって、向井は逐一その事例を列挙し、怒りをぶちまけている。

それにしても萩原はなぜこのような赤新聞まがいのゴシップを書き散らしたのか。萩原といっても知っている人は少ないだろうから、ちょっと一筆しておこう。

萩原は戦後まもなく泣く子も黙る電産（電気産業労組）練馬変電所分会の書記長で、所長制撤廃などの生産管理闘争をやり、レッドパージで職場を追われた。また山口健二らとともに「労組山賊論」をとなえる岩佐作太郎ら「純正アナキズム」派を激しく叩き、アナ連の分裂となった。その後胸を病み入院、退院後はアナ連の数少ない労働運動者として活動し、かたわら高尾平兵衛の紹介など運動史研究に打ち

萩原晋太郎（1925〜?）東京都生。アナキスト。生産管理研究所長。高尾平兵衛評伝や『爆弾事件の系譜』執筆。

向井　孝（—コウ／1920〜2003）東京都生。市民運動家・詩人。日本アナキスト連盟とWRI（戦争抵抗者インター）日本部などで活動。反原発・反天皇制に非暴力直接行動の様々な形を追求。

岩佐作太郎（1879〜1967）千葉県生。渡米しアナキズム誌刊行。第一次大戦中帰国し、純正アナキズムを主張する。戦後、日本アナ連全国委員会委員長。

込み、昭和五〇（一九七五）年には『アナキスト小辞典』（A5判／孔版一一六ページ／限定百部）を独力で編纂、自費出版した。

連盟解散後、東京地協の有志が麦社をこしらえた折、事務所を見付けてくれたのは萩原だった。池袋近辺の古道具屋で机や長椅子を求め、リヤカーにのせて麦社まで萩原と二人で運んだ時、「大澤さんまでリヤカーを引いて、これは運動史に残る話だな！」と言っていた。昭和四五（一九七〇）年春のことである。

萩原は『アナキスト小辞典』刊行後も一人こつこつといつの日か日の目を見ることを期して原稿を書き溜め、その数は千人をこえていたという。それと知った編集委員会が萩原をアナキスト部門の責任者にしたのは当然かもしれない。

しかしまもなくこれはちょっとまずいと心配になったらしく、ある日、編集委員だった玉川信明から電話がかかり、このままだとアナ部門は大変なことになりそうだ、助けてくれないかという話であった。

けれども「ぼく自身の必然の世界」を求めてうろうろしていたわたしには、社会運動者の「紙碑」の建立をめざす仕事には興味がなかったし、萩原と一緒ではとてもじゃないが火中に栗を拾うようなことになると思って辞退してしまった。

萩原は自信家で激情家で、アナに多い「一匹狼」だった。そういうわたしも上におなじで、「一匹狼」は一匹なればこそ一人前以上の力を発揮できるが、群れを成すと往々にして共食いとなる。共食いはごめんである。

高尾平兵衛（1895〜1923）長崎県生。社会運動家。24歳で大杉の北風会に加入、鉱山労働同盟会で活躍。極東民族大会後共産党に加盟・離党し戦線同盟結成。射殺される。

玉川信明（1930〜2005）富山県生。リベルテール。竹内好に師事。上京し辻潤に共鳴、在野の人々の伝記、中国論等を執筆。『評伝辻潤』『中国の黒い旗』等。

その時わたしは当然、校閲者がいて原稿はチェックされるものと思っていた。それは事典編集のイロハなのだが、『大事典』には校閲部門が欠けていた。これが致命的だった。もし校閲部門があれば、萩原の荒削りの原稿も鉋がかかってなんとか格好がついただろう。

わたしは向井が激怒した会報・特別付録をもっていなかったから、向井の引用からしか萩原の文章を知ることはできなかった。あるいは萩原には長年、アナの先輩同志たちに対して鬱屈した思いがたまっており、『大事典』という大仕事を終えた昂揚感からつい心の鍵を外してしまったのかもしれないと、その時思った。だがわざわざ特別付録を手に入れようとも思わなかった。

あの時、金曜委員会が大人の対応を取っていたら、事件はなんとか収拾されただろう。ところが金曜委員会は小理屈を弄して萩原を庇い立てしたからたまらない、火の手は特別付録問題から『大事典』本体へと広がってしまった。

白仁成昭に呼ばれてわたしは彼の家へ行き、近藤千浪と三人で一日かけて『大事典』のアナ系の項目を点検した。父近藤憲二に対する悪態に近藤もかんかんに怒っており、知合いの書店から『大事典』を借りてきたのである。

ざっとした点検だったが、驚いた。単純誤植はともかくとして事実の誤りや記述の不足、杜撰、品性のなさ、盗用、改竄、剽窃等々、萩原が書いた項目数は優に一千を越えていたが、そのほとんどにわたしは×をつけた。

近藤千浪（1942〜2010）堺利彦の孫。母は日本婦人有権者同盟で市川房枝と共に活躍した近藤真柄。父は近藤憲二。

一例を挙げるなら、大杉栄の項目である。わたしはそれを読みながら、これはどこかで見たような文章だなと思った。あとで調べてみたらそれもそのはず、わたしの『大杉栄研究』の年譜の丸写しだった。おまけに参考文献にあがっているのは萩原の『小事典』だけ。いくらなんでもこれはないでしょう、萩原さん！　とわたしも向井の後を追う仕儀となった。

金曜委員会はもちろん、発行元の日外アソシエーツにも抗議し、謝罪と訂正を求めた。金曜委員会は原稿はすべて筆者の責任だからわしゃ知らんと開き直り、参考文献については萩原本人から謝罪の手紙が来たが、丸写しに関してはだんまりである。

これは著作権の侵害だと考えてわたしは、知合いの弁護士遠藤誠に相談した。「怪物弁護士」と異名を取った遠藤は疾風のように世間をかき回して、それから数年後、この世を去っていった。まさに山崎今朝弥のあとを継ぐようなおもろい弁護士だった。

わたしはひょんなことから遠藤と知合った。平凡社に在籍当時、金子文子の自伝『なにがわたしをこうさせたか』を全集「日本人の自伝」に入れようとしたところ、同書の復刻を出していた黒色戦線社の大島英三郎から待ったがかかり、遠藤は大島の弁護士、わたしは平凡社の担当という取り合わせで二、三回折衝した。

こまかなことは忘れたが、わたしがちっとも譲らないのに腹を立てたか遠藤は「帰

遠藤　誠（1930〜2002）宮城県生。学生運動に参加。公務員を経て弁護士に。昭和天皇の戦争責任追及。帝銀事件、反戦自衛官や奥崎謙三等の弁護で著名。

山崎今朝弥（1877〜1954）長野県生。弁護士。筆禍事件などで停職処分に遭うも社会主義者・無政府主義者等を弁護し、彼らの団結を促す。著書に『地震・憲兵・火事・巡査』

金子文子（1903〜26）神奈川県生。社会主義思想家。朴烈との関係から大逆罪で獄死。著書に『何が私をかうさせたか』

れ！　法廷で会おう」と大声で怒鳴って、入口の方を指差した。ああいう時の遠藤の芸は年季が入っていた。

ところがその場に居合わさなかった大島は折衝の相手がわたしだと知って、告訴を諦めてくれた。大島は理よりも情で動くひとだった（大島については「私流疾風怒涛の巻」「俺は俺だ」の章でふれる）。

その時だったか「東大先輩の大澤さんに失礼した」とか何とか、遠藤は意味不明の言葉を口にしていた。どっちも大学に尻をまくった組のはずなのになぜと思ったが、これが「怪物弁護士」の「怪物弁護士」たるゆえんなのかもしれない。

以来、親しくなり、虎の門近くのビルの何階だったかの事務所を訪ねたり、わたしの個人誌『論争』二号（平成一（一九八九）・八）に帝銀事件の平沢貞通について書いてもらったりした。遠藤は平沢事件の第四代主任弁護人だった。

しかし大杉年譜の著作権侵害については乗り気でなかった。そもそも年譜には著作権が認められない、そういう判例もあるが「それでもやれというなら、やりますがね」と言われては、諦めるほかなかった。

口は災いの元です

頼みの遠藤弁護士に横を向かれたわたしはそれでも諦めきれず、なんとか一矢報

大島英三郎（1905〜98）群馬県生。社会運動家。古田大次郎の影響でアナキズム運動に参加。天皇に直訴して検挙。戦後も一般参賀時に発炎筒をたき懲役刑に。

いたいとの思いに駆られて『情況』（平成一〇〈一九九八〉・七）に『近代日本社会運動史人物大事典』は欠陥商品です　いいだ・もも様ほか御一同様へ」と題した一文を投じた。

「いいだ・もも様ほか御一同様へ」といやらしく書いたのは、奥沢邦成らアナ有志の抗議に対して金曜委員会が寄越した返答に「御一同様へ」とあったのが癪にさわったからだった。

『情況』編集部はわたしの原稿の扱いに困ったようだ。それでも「投稿」扱いで掲載してくれた。よくまああんな過激な原稿を載せてくれたと思うよ。

『情況』のようなマルクス主義系の雑誌に縁をこしらえてくれたのはシュティルナーだった。後に述べるように平凡社を辞めてフリーになったわたしに手を差し伸べてくれた編集者が何人かいたが、そのなかの一人、青土社の清水康雄はシュティルナーを主題にした『個人主義　シュティルナーの思想と生涯』を出してくれた。昭和六三（一九八八）年一一月末のことである。そうしたら早速、書評が『北海道新聞』（昭和六三〈一九八八〉・一二・一九）に出た。筆者は廣松渉。

廣松は元ブントのイデオローグ、その後変身してあろうことか東京大学文学部哲学科の教授になった人物で、初期マルクス研究の第一人者であると同時に、わたしなんかチンプンカンプンで近寄り難い壮大な哲学体系を練りあげていた。平凡社に在職中、わたしの仲間の編集者だった山口稔喜は廣松の大のファンで、彼の本を何

いいだ・もも（１９２６〜２０１１）東京都生。学生運動家から著述家に。多くの団体に属し文化・政治活動に関係。べ平連に協力、市民運動と携わる。作品、評論等多数。

清水康雄（１９３２〜９９）東京都生。出版社社長。詩人から実存主義哲学関係翻訳に進む。詩誌編集に関与「ユリイカ」創刊に尽力。青土社を創設「現代思想」創刊。

廣松　渉（――ワタル／１９３３〜９４）福岡県生。マルクス派哲学者・新左翼革命思想家。敗戦後共産主義運動に参加、マルクス主義国家論・革命論を再編する考察を試行。

冊か手がけたが、わたしは廣松に会ったこともなかった。

「本書は、生き方としての共同体主義の立場を当然とする者にとっても、理論的反省と足固めを迫る巨大な一石である」と結ばれた書評はちょっと提灯の気があったが、わたしの執筆の意図をよくつかんでいると思った。

提灯書評はしばしば仲間内でやられるが、もちろん廣松とわたしはお仲間ではない。強いて言えばマルクスとシュティルナーという「喧嘩仲間」の遠縁である。わが国ではマルクスをやっている研究者は廣松を筆頭にゴマンといるけれども、東大で卒業論文にシュティルナーを書いた学生はわたしがたしか二番目か三番目。そのわたしの卒論は論文審査の折にある助教授から「哲学のグルンドラーゲ（基礎）が分かっとらん」とドイツ語のテストをされた代物である。

ついでに書いておけば、この卒論はやはり審査員だったギリシア哲学の出隆の執り成しでやっと合格したことを、それから三〇年近く経って出からの電話で知った。世間知らずで甘えん坊のわたしはすんなりパスしたものと思っていたからびっくりした。それから半年後に出隆は亡くなった。

考えてみれば出は論文審査の翌年、東大教授の地位を捨てて東京都知事選に打って出ている。出の出馬を画策したのはやはり哲学科にいた渡邊恒雄ら日本共産党の細胞だったようだ。だからわたしは首の皮一枚の差で卒業できたってわけである。あの時の電話はわたしにとって甘えるんじゃないぞという出の遺言だった。

出 隆（1892〜1980）岡山県生。古典文献学に基づく古代ギリシャ・中世哲学研究に邁進。戦後共産党入党、都知事選に立候補し落選。のち共産党を除名に。

このエピソードは「あとがき」に書いておいたから、廣松も読んで哲学科の先輩にしては変わった奴だと思ったのかもしれない。廣松は『情況』の親玉だったから、親玉の口添えでわたしは『情況』に書かせてもらうことになったという次第。縁とは異なもの、味なものである。

『情況』に抗議文を公にした年の一一月一四日、第一〇回コスモス忌（故・秋山清の命日の集まり）で鶴見俊輔が講演すると聞いたわたしは、このチャンスをとらえて鶴見に「直訴」しようと考えた。鶴見は『大事典』の編集委員に名前を連ねていたが、たまたま病気で名前だけの委員だったらしい。

それまでもわたしは知合いの何人かの編集委員に訴えてみたが、ほとんどが梨のつぶてで、きちんと返事をくれたのは鶴見だけだった。だから鶴見に「直訴」すれば、わたしの悲願である『大事典』の改訂に乗ってくれるかもしれないと考えたのである。

鶴見が講演で評していた通り「目立ちたがり屋でない」わたしは、大勢ひとの集まっている場で手をあげてしゃべるなんてことは考えただけでもぞっとする。講演が終わり、質疑が交わされている間もどうすべえとためらっていたが、最後に思い切って発言してしまった。

……『大事典』のアナ系の部分の失態については鶴見さんも率直にお詫びされた、しかしこの『大事典』はいまも市販されており、それを使って信じられないような誤りを書いた論文がいくつも出ている、だから改訂版を出すか絶版にすべきだ、唯一頼りの鶴見さんが動くよう是非お願いする、といった趣旨だった。

ところが鶴見の方が一枚上手で、……『大事典』の橋渡しはしたが、その後タッチしないものについて、ボスとしてこうやれと言うのは私のマナーに反する、むしろここでアナ系の人名事典をつくったらどうか、『大事典』よりこっちの方が重要だと訴えていけば研究者はわれわれの事典を重んずるだろう。それはこの秋山清の追悼会にふさわしいひとつの動きでもある、私も入ることを約束する、大澤さんも推進してほしい、と見事に返されてしまった。（以上のやり取りは『コスモス倶楽部』第六号　平成一一（一九九九）・一一によった）。

『大事典』潰しに夢中になっていたので、それに替わるアナだけの人名事典をこしらえるなぞという発想はわたしにはまったくなかったから、虚を衝かれたような感じだった。「いまはワープロがあるから事典作りはわりに楽だよ」なぞと、あとでわたしに鶴見は言っていた。わたしが戸惑っているように見えたのかもしれない。その時、鶴見の脳裡にあったのはたぶん思想の科学研究会編で出したハンディな『哲学・論理用語辞典』（三一書房／昭和三四（一九五九）／B６判／三六〇ページ）だったろう。

その後、早速、犬山に居を構えていた向井と水田ふうから事典作りの召集がかかった。行き掛かり上、わたしも応じないわけにいかなかった。そうとなれば仕事は

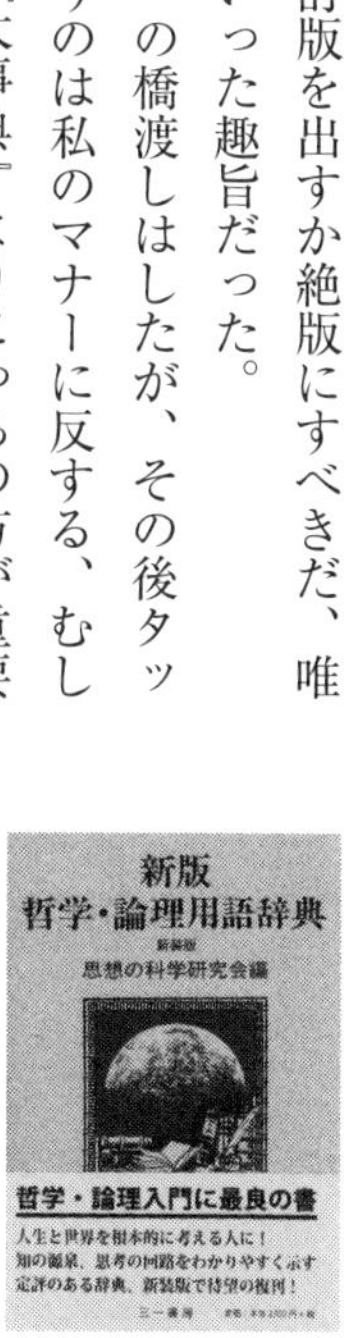
新版
哲学・論理用語辞典
思想の科学研究会編
哲学・論理入門に最良の書
人生と世界を根本的に考える人に！
知の源泉、思考の回路をわかりやすく示す
定評のある辞典、新装版で待望の復刊！
三一書房

『哲学・論理用語辞典』（三一書房／一九五九年）

速い。わたしはさらっと簡単なメモをこしらえ、ぱる出版の奥沢と相談した。奥沢抜きでは事典は作れないと思ったからだ。その時、わたしが漠然とイメージしていたのは塩田庄兵衛らがこしらえた『日本社会運動人名事典』〈青木書店／昭和五四〔一九七九〕／Ａ５判／六四五ページ〉だった。

メモの内容はざっと以下の通り。〔書名〕日本アナキズム運動人名事典　Ａ５六〇〇ページ前後〔体制〕役割分担と権限・責任を明確にする〔販売〕市販に耐えるものとする。大事典購入先の必備商品〔費用〕編集費は原則として手弁当　原稿料はなし〔刊行予定〕二〇〇一年（平成一三）等々

一二月三日に東京で開かれた集りには犬山から向井、水田、滋賀から西村修、以下東京勢で石田友三、大沢、奥沢、亀田博、黒川洋、近藤千浪、白仁成昭、冨板敦、中島雅一、都合一二人参加した。

討議のなかでわたしは「口は災いの元というが」と切り出して、みんなを笑わせたが、幸か不幸かほかに具体的な提案がなかったこともあって、わたしのメモの方向でやることになってしまった。

もっともすでに『大事典』の萩原原稿の検討を始めていた向井らは、本を作るという発想そのものにあまり乗り気ではなかったようだ。一冊の事典を期限を決めて作るのではなく、各自が自由に調査や執筆等々に取りくみ、互いに討論し合うアナらしい運動をめざしていた。

塩田庄兵衛（１９２１～２００９）　高知県生。社会政策学者。労働運動史研究会を設立、社会運動史研究の先達。中江・幸徳研究で知られ大衆平和運動にも参加。

それも一つの方法だろうが、それでは『大事典』潰しのわたしの悲願は達成されないし、鶴見の提案とも違っている。もしそういうことであればわたしは降りると言い切った。

前にも書いたように、その頃わたしは「ぼく自身の必然の世界」とやらを求めてうろうろしていた。「アナキズム」には敗北感というか不信感を抱かざるをえない心境だった。けれども「事実はひとつ」で、なんであれ「事実」の誤伝、歪曲、偽造等々は許せない性分で、わたしが育った古巣が歪められ、汚され、誤り伝えられているのを見過ごすことはできなかった。まあ三年くらいなら古巣の掃除にご奉公してもいいか、と甘く考えたのである。

論より証拠か、証拠より論か

いよいよ『日本アナキズム運動人名事典』（以下『アナ人名事典』と略）の仕事が始まった。平成一一（一九九九）年一月のこと、その頃の心積もりでは三年もあればできるだろうと踏んでいた。

べつにとりわけ根拠があったわけではないが、強いて言えばわたしが平凡社に入社して最初の仕事だった『哲学事典』は二年足らずで出来上がったことだろう。

当時、平凡社では『哲学事典』と並んで『政治学事典』『経済学事典』の三つの単行事典の編集が進んでいた。わたしが入社したのは昭和二七（一九五二）年五月一日、かの血のメーデーの当日である。もちろんわたしはメーデーには行かず、東京・麹町にあった平凡社の狭くてうす暗い一室で教えられるままカード取りをやった。

単行事典の編集部はそれぞれ二名。『政治学事典』の松下圭一は「やじろべえ、ひとりこけるとみなこける」などと自嘲していた。松下は『政治学事典』の編集委員だった丸山真男の弟子筋で、若い頃からなかなかの才人だった。

ある時、石川三四郎のことで社長の下中弥三郎にわたしが呼ばれたら、「労働者の誇りを持って行け」とアジられた。

わたしも同僚の下田龍子も大学出立てで、事典編集なぞど素人だった。よくまあ社もやらせたものだし、わたしたちもやったものだと今になるとぞっとするが、たぶん恐いもの知らずの蛮勇で突破したのだろう。

生まれついた性分か、わたしは時間にルーズなのがきらいだったから、思い切りよく仕事を片付けていった。最後の追い込みでは四谷にあった祥平館という団体旅館にひと夏缶詰という強行軍もやったが、単行事典では『哲学事典』が一番あとにスタートして、一番さきにゴールインした。

『哲学事典』の時は二人にしてもフルタイムである。ところが『アナ人名事典』ではそうはいかない。ぱる出版の社長だった奥沢邦成は別格として、全員手弁当の

松下圭一（1929〜2015）福井県生。政治学者。大衆社会論争から60年安保以後の高度成長経済政策を批判、統治型から自治型への政治転換と地域民主主義形成を提唱。

下中弥三郎（1878〜1961）兵庫県生。平凡社創設社長。『大百科事典』刊行。大アジア主義者として戦後公職追放後平凡社に復帰。世界連邦運動の指導的人物。

パートタイマー、正真正銘のボランティアだ。

ただ救いは鶴見も言っていたようにパソコンの導入で、製作の手間と時間とはかなり省かれる。それやこれやで、三年という数字をだしたのだが、現実ははるかにきびしかった。

わたしたちは毎月一回、四谷のルノアールという喫茶店の三階に集った。ルノアールはわたしの古戦場である祥平館のすぐ近くにあった。いまでも思い出すが、わたしは地下鉄で四ツ谷駅へ出、四谷の交叉点を渡ってルノアールに辿りつくのだが、一〇月過ぎから暮色はだんだん深くなり、冬至を過ぎると真っ暗、ネオンサインがきらきら輝く。そして三月に入ると街はまた明るさを取り戻し、ネオンの光は消える。この四季の移り変わりが六回も繰り返された。

仕事が始まった年の夏、亀田博らの発起で編集委員会の合宿が富士宮のふもとの家で行われた。ふもとの家は龍武一郎がやっているユースホステルで、その一角に日本アナキズム文献センターがあった。

龍は京都の出身で、山鹿泰治に息子のように可愛がられた。山鹿の一人息子・大次郎はフィリピンで戦死した。大次郎という名が古田大次郎にあやかったものであることはいうまでもない。

昭和三三（一九五八）年六月二〇日、広島原爆碑前を出発、八月、東京で開催される原水協大会めざして行われた第一回平和行進で、龍は日蓮宗の僧侶西本あつし

山鹿泰治（1892〜1970）京都府生。社会運動家・エスペランティスト。救世軍運動から社会的活動に関わり、日本脱出し中国でアナキズム運動に協力。戦後平和運動に尽力。

古田大次郎（1900〜25）東京都生。アナキストとして大杉栄らの労働運動社に参加。秘密結社［ギロチン社］を組織、テロを実行。大杉虐殺の報復を目指すが失敗、処刑。

西本あつし（1924〜62）高知県生。僧侶。日本山妙法寺に入り反戦平和運動に関わる。内灘闘争・砂川闘争等で常に現場に立ち読経し抵抗。還俗後共産党入党。

と二人で歩き通した豪の者で、たしか柔道の有段者だった。共産党系の資料ではこの平和行進を歩き通したのは西本一人で龍の名はない。龍はアナキストなので削除されたのだろう。

この行進は国民的な共感を呼び、東京に入った時、参加者は一万人を越える大行進になっていた。わたしも六郷川から龍のあとについてアナ連や平凡社労組の連中と行進したが、最終点の日比谷公園に着いた時はへとへとだった。

亀田らのねらいでは向井、水田らの犬山組と奥沢やわたしなぞの東京組との交流を深めようとするところにあったらしい。出不精のわたしは平凡社を退職以来、箱根の山を越えたのは、その時が二度目だった。まあそれだけこの事典作りにわたしも本腰を入れていたのだろう。

だが合宿で心に残ったのは筑摩書房を辞めて調理師の免状を取ったという富板敦のうまい手料理と、ふもとの家を囲む林の降るような蝉しぐれだった。

前にも書いておいたが、市販に耐える事典をこしらえるという方針に向井らは消極的だった。この違いはテスト版を造る段階ではっきりしてきた。向井が書いてきた原稿はどちらかといえば「読む事典」向きなので、校訂の担当者としては「引く事典」向きに直して貰うほかなかった。

いつの場合にも校訂者は憎まれ役である。「アナの事典だから行儀が悪くってもいいじゃないか」と鶴見はのん気に言っていたが、行儀の悪さにも限度があるだろう。高い金を出して買って貰う以上、読者の必要に答える内容にすることを一番に考えておかなくてはならない。

　小項目の人名事典の場合、読者が一番引くのは当の人物についての基礎情報（人名・地名・団体名・年月日、事実関係等々）である。アナ系の歴史について本格的な研究がほとんどされていない現状では、とりわけこの基礎情報が必須となる。わたしたちがこの事典の編集方針の最初に「論より証拠」を掲げたのはそのためだった。

　もしわたしが「飲まない、喋らない、付き合わない」の三無主義でなかったら、校訂者と筆者との摩擦はもう少し円滑にいったかもしれない。だが持って生まれた三無主義は変えようがない。

　犬山組との衝突は翌年になって爆発した。ことの発端は米騒動関係の項目を渡辺一衛に頼んだ問題だった。

　梶井純（長津忠）の『執れ、庸懲の銃とペン　戦時下マンガ史ノート』出版記念会で、たまたまわたしは渡辺に会った。

　ここでまた話は脇道に逸れるが、梶井はもと太平出版社にいて、わたしの『われらの内なる反国家』など手がけてくれた編集者でもあった。その縁で出版記念会に呼ばれたのである。そして太平出版社を起した崔容徳は、平凡社で『世界大百科事典』の仕事をともにした仲だった。どこでひとはひとと結びつくか、分からない。

『アナ人名事典』に米騒動関連の項目を入れたいが、だれに書いてもらったらいいか見当がつかず困っていたところへ、たまたま渡辺に出会い、渡辺が『大事典』で米騒動関連の項目を書いているのを思い出した。

これまで『大事典』を目の仇にして来た手前、図々しい気はしたが（渡辺は問題の金曜委員会のメンバーであり、萩原を『大事典』に引き込んだ当の人物でもあった）、ままよと頼んでみたら『大事典』に書いたようなものでよければいいですよという渡辺の寛容な返事、ほっとした。

渡辺はわたしより二つ年上で、専門は科学論だが、早くから独創的な権力批判や社会主義批判で知られており、その関係でわたしとは行き来があった。ちょうど大学を退職した折に『大事典』が始まり、助っ人になったらしい。

ところがこれがまずかった。金曜委員会のメンバーに執筆を依頼するとはなにごとかと犬山組に噛みつかれ、これじゃ『大事典』の二の舞だと糾弾された。仕方がないのでわたしは謝って渡辺に降りてもらったが、それでも騒動は収まらなかった。たしかに渡辺は金曜委員会のメンバーで、萩原を引っ張り込んだ張本人だったが、それと渡辺が古くからの友人で、米騒動について書ける人であることとは別の話だとわたしは思っていた。けれども左翼系にはよくあるタイプだが、「坊主憎ければ袈裟まで憎い」というのが犬山組だった。

犬山組の若手はさらにエスカレートし、そもそも市販に耐える単行事典作りという当初の方針そのものを否定する文章を、「日本アナキズム運動人名事典編集委ニュース』（以下『編集委ニュース』と略称）に載せようとした。

この『編集委ニュース』は犬山組の編集でほぼ毎月出ていた。一年かけてやっと仕事が軌道に乗り出したところなのに、それまでの時間を真っ向から消すような文章を載せるとはどういうつもりなのか、もともと実務派のわたしの理解を越えたことだった。

編集委員会で机をたたくほどのかなり激しい論議の末、『編集委ニュース』は休刊となり、犬山組はわれわれから離れていった。共食いにならなかったのは何よりだった。

後日、首尾よく『アナ人名事典』が発刊され、その記念の集りに寄せた鶴見のメッセージは以下のように書かれていた。

「アナキストとは、アナキスト気質をもった人のことでしょう。だから、一緒に運動することはむずかしく、一緒に事典をつくることもむずかしい。

このむずかしい本業をなしとげた編集者のみなさまに、敬意をささげます。

二〇〇四年九月八日　　　　　　　鶴見俊輔」

鶴見俊輔からの手紙

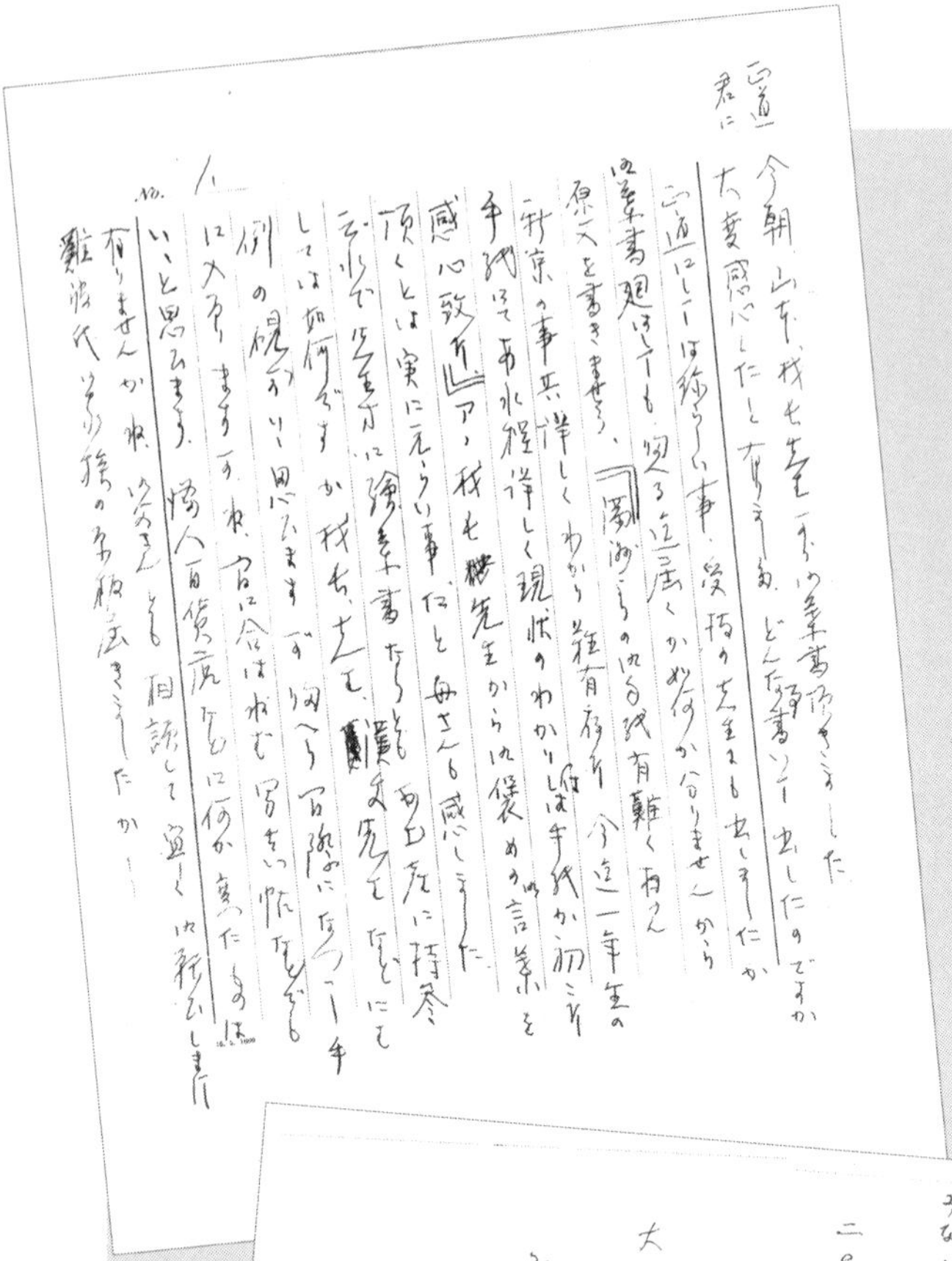
一道君に
今朝、山本、桜井先生からの葉書届きました。どんな葉書を出したのですか
大変感心したと有りました。
一道にとっては珍らしい事、受持の先生にも出しましたか
此の葉書廻はしても、如何る位長くかかるのか分りませんから
原文を書きません。
新京の事共、詳しくわかり難有存ず。今迄一年生の
手紙にて、本水程詳しく現状のわかりしは手紙が初これ
感心致す。桜井先生から褒めの言葉を
頂くとは実に元らい事だと母さんも感心しました。
それで先生に御葉書なりとも一度お宅に持参
しては如何ですか。桜井先生、漢文の先生などにも
例の硯なりと思います。
にて入りますます。
いいと思います。婦人百貨店などに何か変ったものは
有りませんか。父さんとも相談して
No. 1

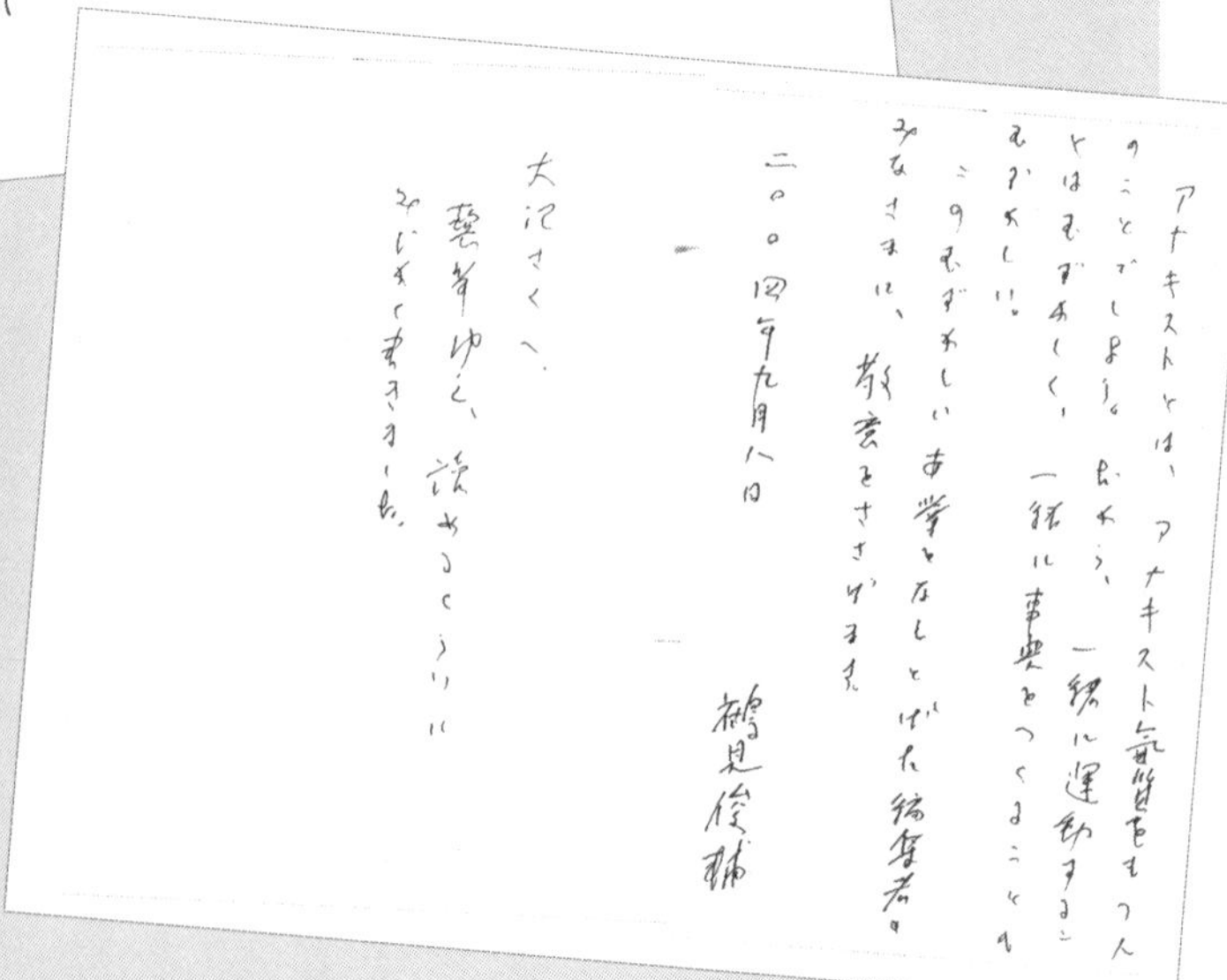
アナキストとは、アナキスト気質をもつ人のことでしょう。おそらく、一緒に運動することはむずかしく、一緒に事典をつくることもむずかしい!!
このむずかしい事業をなしとげた編集者のみなさまに、敬意をささげます。
二〇〇四年九月八日
鶴見俊輔
大沢さんへ。
悪筆ゆえ、読めるように
みじかく書きました。

縁の下の舞いを舞う人たち

「アナキストの多くは無意識的な権威主義者である」というハーバート・リードの言葉はわたしのお気に入りで、これまでもしばしば引用した。シュティルナー流の独我論から英国式の実在論へとわたしが転じたのは、リードに教えられるところが多かった。それについてはいずれ書かなくてはなるまい。

アナキストと自称する人たちはよく「相互扶助」を金看板に掲げている。けれどもクロポトキンが『相互扶助論』で位置づけたように、「相互扶助」は「生存競争」と並ぶ人類進化の要因のひとつで、「相互扶助」は善、「生存競争」は悪と二分するくらい、クロポトキンの学説と離れたものはない。

人間はだれでも「生存競争」と「相互扶助」のふたつの性向を生まれながらに抱えていて、このふたつがうまく釣り合えば進化し、均衡を失すると破壊的になる。進化論を大前提にすれば、ざっとそういうことなのではないか。

リードはこの言葉に続けて「なぜなら彼らは均一の概念（彼らはそれを平等とよぶかもしれないが）、に理屈抜きですがっている。彼らは人類が他の自然界の種と同じように、個人的な変異を発展させていることを理解しない。均一は強制されなくはならない。それは集中権力によって、すなわち国家によって強制することがで

リード、ハーバート・（1893〜1968）英国生。詩人・批評家。詩人は必然的にアナキストであると主張。文芸・美術批評の著作も多い。

きる」（大澤正道訳『アナキズムの哲学』法政大学出版局　昭和四三〔一九六八〕）と述べている。

生物学のことはよく分からないが、種の「個人的な変異を発展させる」仕組みこそ、今西錦司のいう「棲み分け」のようにおもわれる。わたしたちと犬山組は互いに「棲み分け」することで、なんとかこの危機を乗り切ることができたのである。『アナキズム人名事典』が刊行された年、『初期社会主義研究』（第一七号）にそれについて一文を草する機会が与えられた。題して『日本アナキズム運動人名事典』未完成交響譜」。ちょっとキザだが、「未完成」というのはわたしの実感だった。

名前は上がってきたが、研究不十分で基礎情報すらあまりはっきりしていないような人も項目に立てるかどうか、編集委員会で問題になった。不十分な記述の項目があると事典としての権威が落ちるとか、名前をあげるだけだと項目数稼ぎといわれるのがおちではないかという意見が出た。

どれももっともな意見ではあるが、分からないということもひとつの情報なのだから、不詳の部分は以下不詳としておくことに決めた。そもそも事典とはそれまでの研究の集大成であるだけでなく、これからの研究の土台、出発点でもあるはずだと開き直ることにした。そう弁えれば不十分な事典だからといって頭をさげることはない。むしろ不十分でない事典は事典の名に値しないと胸を張ればいい。

そう開き直ったのはいいが、これがなかなかの難物だった。というのはそういう

今西錦司（1902〜92）京都府生。人類学者。進化論・生態学・霊長類学等の分野で独自の理論を発表。戦前戦後を通じ野外調査・登山隊も組織。

厄介な項目を引受けてくれる筆者はなかなかいない。筆者として名前を付す以上、無責任なことは出来ないよ、と言われればまことにその通りだ。

結局、編集委員のなかの有志がえいやっと思い切って書くことになった。どんな仕事でもそうだろうが、こういう縁の下の舞いを舞う人がいなければ舞台は幕を下ろせないとつくづくおもった。

一時、犬山組の「棲み分け」騒ぎで休刊になった『編集委ニュース』に、集まった原稿のいくつかを載せ、世話人会（編集委員会の実務担当者で構成）で討議することにした。この試みも手間ひまはかかったが、当の原稿に磨きをかけただけでなく、世話人が書き手の側に回った時の勉強にもなった。

ある世話人会で辻潤、添田唖蟬坊、添田知道、松尾邦之助等々の原稿が討議された。筆者は編集委員でもあった玉川信明だった。その席に玉川は出席していなかったが、何人かからいろいろ注文が出た。どうも読む事典向きの原稿ではないかというのである。（『編集委ニュース』一五号、一八号　平成一二〔二〇〇〇〕・九、一三〔二〇〇一〕・三による）

処理を任されたわたしはいささか当惑した。かりに手直しを求めてもゴシップなどを交えた軽いタッチが玉川の持ち味である。どこまでこちらの注文に沿って書き直してもらえるか分からない。いっそそっくり引き上げて貰った方がよくはないか。しかしそうするとかなり玉川のプライドを傷つけかねず、下手をすると長年の友

添田唖蟬坊（1872～1944）　神奈川県生。演歌師。人夫等経験中に自由民権派の演歌に感動、社会主義運動に共鳴し社会党の評議員。時事・社会風刺の歌が評判に。

添田知道（1902～80）　演歌師・作家・評論家。添田唖蟬坊の長男。堺利彦の売文社勤務。父の活動に参加、流行歌を作詞作曲。著作『演歌の明治大正史』。

情にひびが入るかもしれない。それはすでに経験済みである。

とつおいつ思案の末、縷々委細を述べ、全部引き取って欲しいと手紙をだした。玉川だって内心は面白くなかっただろうが、すんなり承知してくれたのは有難かった。

玉川は富山の出身で、黒田寛一、竹内好に学び、辻潤を経て最晩年はラジニーシ和尚に至る多彩な遍歴を重ねた男で、四〇歳近くから本を出し始め、七五歳で亡くなるまでに三八冊を数えている。

わたしが始めて玉川を知ったのは『自由連合』の読者としてだった。玉川のいうところでは、長野県の須坂で岩崎重夫が出していた『三文評論』に『自由連合』の広告が載っていて、日本アナキスト連盟の機関紙とは知らず、「自由連合」という言葉に魅かれて読者になったのだそうだ。

岩崎はたしか社青同だか社学同だかにいたが、社会党、共産党に飽き足らず、さりとてアナキズムも食い足りないという思いをこめて『三文評論』を刊行していた。

玉川がどういう縁で『三文評論』を取ったのかは知らない。わたしの場合は岩崎がやはり『自由連合』の読者だったからで、そういえば渡辺一衛や玉城素も時折『三文評論』に書いていた。おそらく自分に似たような悩みをもつ「はぐれ者」にねらいをつけて送りつけていたのだろう。ただ『三文評論』は広告は取っていなかったから、『自由連合』の広告を見て云々というのは玉川の思い違いだ。

黒田寛一（―ヒロカズ／1927〜2006）東京都生。革命的共産主義者同盟（革マル派）理論的指導者。〝反帝国主義・反スターリン主義〟を提唱。『ヘーゲルとマルクス』他著作多数。

竹内　好（1910〜77）長野県生。中国文学者。武田泰淳・岡崎俊夫らと中国文学研究会を組織。復員後魯迅の研究・翻訳に尽力。60年安保闘争後教壇を離れ政治に発言し続けた。

玉城　素（―モトイ／1926〜2008）評論家。現代コリア研究所理事長。『玉城素の北朝鮮研究』等の著作で著名。

玉川には『ビギナーズ・アナキズム』（イラスト：ウノ・カマキリ　現代書館昭和六一〔一九八六〕）という入門書もあるが、玉川自身はいつもリバータリアンと称し、アナキストとはいわなかった。『ビギナーズ・アナキズム』には新しき村の提唱者として武者小路実篤を取上げており、竹内好や石川淳も「アナーキスト」と自分で言っているが、『アナ人名事典』では彼らも載るのか、「その辺の人物案配はいかがなされるのでしょうか」と『編集委ニュース』一二号（平成一二〔二〇〇〇〕・一）で問うている。

この事典をはじめることになった最初の会議で、書名を『日本アナキズム運動人名事典』とした理由は「アナキスト人名事典（萩原のように）と限定すると、アナキストとは何ぞやってことで議論が沸騰するし、今回は、運動の周辺の人も、たくさん収録するわけだから」とわたしは述べており（『編集委ニュース』一号　平成一〇〔一九九八〕・一二）、実際、武者小路や石川淳から鶴見の提案で水木しげるまで立項している。

しかし犬山組事件が起こった時、玉川が真っ先にあれは一体なんだと憤慨してきたのは、わたしたちの編集方針を支持していたからだけではなく、生涯、党派性を避け、リバータリアンとして生きようとした玉川の深い心のひだのゆえだったようにもおもわれる。この原稿返却事件の折の対応ぶりも同じである。

玉川についてはもう一つ書いておきたいことがある。いつだったかわたしたちの

石川　淳（1899〜1987）東京都生。作家。教師時代学生運動に関わり辞職。戦後社会の混乱期に革命の可能性を夢想する歴史的想像力を展開。

水木しげる（1922〜2016）鳥取県生。漫画家。戦時に激戦地ラバウルに送られ左腕を失う。紙芝居の原画執筆から貸本漫画家に。独自の画風で妖怪漫画などに活躍。

ことを、「この拝金の世の中であんたたちは神様みたいだ」と言っていた。玉川は皮肉や厭味は言わないが、冗談はよく言った。「いや、神様は神様でも貧乏神だな」と返しておいた。

一方でアナキスト一筋で生きていた元日本アナキスト連盟員が、老躯を厭わず事典の資料収集に奔走してくれたこともある。

黒川洋は以下のように書いている。

「福島県会津喜多方市の新明文吉氏より「冬の土」目録送付後の返信届く。……新明さん老齢にもかかわらず寒い中を「冬の土」同人遺族の方の家を駆け回って下さった資料の送付で痛み入ります。……新明氏の調査で鳥見山捨麿（会津地方社会運動側面史三回連載）は瓜生伝の筆名と判明する。……」（『編集委ニュース』一三号　平成一二〔二〇〇〇〕・二）

昭和六（一九三一）年に瓜生伝らが喜多方で発行した同人誌『冬の土』は今回、黒川の努力によって初めて世に知られたのだが、新明は黒川に頼まれてその資料調査に奔走したのである。

たしか六〇年代から新明は喜多方の旧全日自労（いわゆる「にこよん」労組）の中で奮闘していた。

いつだったか東京のメーデーに参加したいと上京し、わたしの家に泊まったことがある。その朝、超特大の握り飯をほおばっているのを見た息子が、同じようなで

瓜生　伝（1905〜65）福島県生。別名鳥見山捨麿。農民運動から社会運動へ関心を持つ。会津地方のアナキズム童話の普及に尽力。戦後共産党入党し県議立候補し落選、病没。

かい握り飯が欲しいと言い出したが、うちではとてもこしらえられなかった。つまらない話かもしれないが、新明というとまっさきにそのことが思い出される。

真面目を絵にしたようなアナキストで、しばしば現場での苦闘を訴える手紙を綿々と書いてきた。新明は組合のなかでほとんど少数派だったらしい。

玉川といい、新明といい、タイプはまったく違うさまざまな人たちが『アナ人名事典』の完成に向けて影になり、日向になりして尽くしてくれた。そのことをわたしは胆に銘じている。

自由人も楽じゃない

話はさかのぼる。

昭和六一（一九八六）年九月二〇日、「ゆっくり寝る。自由人の第一日。」と「手帖」にある。三五年余りの会社勤めから解放された第一日である。

さぞや晴れ晴れとした気分だったろうと思われるが、じつはそうじゃなかった。

午前一一時過ぎ、愛犬レミを連れて散歩に出たが、道行くひとびとは気のせいかみな忙しそうに歩いている。わたし一人、世間から相手にされなくなってしまったような感じ。お前さんにはもう用はないよと世間にいわれたような、暗い感じに襲われたのだ。

会社一筋に勤め上げた男たちが定年退職後、なにをしていいか分からず、家では粗大ゴミ扱いされるという実例はわたしの周囲でも時折お目にかかる。哀れな会社人間の末路なぞと、心ないマスコミに嘲笑されたりするが、わたしには彼らの心情が分かるような気がした。

わたしは会社とアナキズム運動めいたこととの二本柱でこれまで過ごしてきた。普通の会社と違ってわたしが勤めた平凡社は社外の仕事に寛容だった。それでもいざ会社を離れるとなると、毎日の日常を定めていた時間割がなくなってしまい、しばらくはタガがなくなった不安に苛まされるのだった。

自由と勝手とは違うとよく言われる。思うに勝手とはタガのない状態で、自由とは自分で自分のタガを作れる状態なのだろう。会社勤めが自由でないのは会社のタガに抑えられているからだろう。そう思ってわたしは早速、わたしの日課を決めた。どんな日課だったかは忘れてしまったが、あまり守られないような日課だった。けれどもそれでも世間からお前さんに用はないよといわれるような一種の脅迫観念は逃げていかなかった。

戦後まもなくベストセラーになったエーリッヒ・フロムの『自由からの逃走』が思い出された。社会心理学者のフロムは「自由からの逃走」の心理でファシズムの病理を説明したのだけれど、「自由からの逃走」気分は民主主義の社会でもけっこう広がっているんじゃなかろうか。

フロム、エーリッヒ・（1900〜80）
ドイツ生。精神分析学・社会学者。ナチスに追われ米国亡命・帰化。新フロイト派の代表者。人間主義的社会主義を主張。『自由からの逃走』邦訳は1951年刊。

わたしは人一倍、孤独感や劣等感の強い男だった。「ここに生涯、ひととの交わりを熱望しながら、ついに交わることを得ず、孤独と劣等感にさいなまれつづけた男が横たわる」なんて墓碑銘に記すことになろうか、なぞと六〇近くなったある日の「日記」に書いている。続けて「しかしひとはぼくのことをエゴセントリックで、要領がよく、抑圧的で自己主張の強い男とみているらしい。なんというへだたり」（昭和六一〔一九八六〕年五月六日）とも。

その頃からわたしは「転生」の思いを抱くようになっていた。会社の存立を賭けた『大百科事典』の完結に向けて、文字通り「会社の道具」に甘んじて、柄にない旗振り役に徹していた日常から脱したい思いのせいだろうか。とにかく取締役・編集局長を引き受けた以上、傾いた会社を立て直すことに全力を挙げるしかない。

わたしは二本柱のひとつアナキズム運動めいたものからも、物を書くことからも離れてしまっていた。

わたしがアナキズム運動めいたものから身を引いたことについてはいずれ巻を改めて書くことになるから、戦前のアナキズム運動を潰した一因である内ゲバめいたことが戦後もまた繰り返され、わたしもその火の粉をもろに浴びた一人だったからというにとどめておきたい。

その年の六月には何年ぶりかで映画を観た。観たのはミヒャエル・エンデの「ネバー・エンディングストーリー」。原作を歪めているとエンデはご不満だったらし

エンデ、ミヒャエル・（1929〜95）
ドイツ生。児童文学作家。1989年翻訳者の佐藤真理子と結婚。『モモ』『はてしない物語』等。

いが、わたしにはいろいろ考えさせられるところがあった。少なくともわたしの転生願望にはっぱをかけたのはたしかである。

「人の寿命は八〇年、そのまえとうしろが無だとして、しかしひとがひとりひとり存在する場——世界はどうなのか。たとえば海、たとえば空、あるいは大地、自然、他のひとびと、生きもの等々——これらは無ではない、存在している／死後の世界は、彼岸にあるのではなく、現存する世界に転生すると考えることはできないか。／そこに新しい世界が拓けるのではないか。」（七月六日）

この日以降、わたしの「日記」は白紙が続いている。すっかり会社に時間を奪われちまったのだろう。

会社の存立を賭けて社員全員必死で頑張ったおかげで『大百科事典』は首尾よく完結した。奇跡的だとさえいわれた早期の完結だった。

けれども本というものは作り手がその気になって踏ん張ればなんとか作れるが、作ることと読者を得ること、つまり売ることとは別である。いくら作り手が踏ん張っても読者の懐に手を突っ込んで金を取上げることはできない。読者は神様である。読者が買ってくれないことにはお手上げである。

奇跡は二度は起きなかった。『大百科事典』はその前の『世界大百科事典』のようには売れなかった。ここでも歴史は繰り返された。百科事典で栄え、百科事典でこける、それが平凡社の戦前だったが、戦後もおなじだったのである。

わたしが「自由人」になれたのはこの忌まわしい歴史のおかげだった。『世界大百科事典』が飛ぶように売れていたころ、わたしたちは業界最高の五ヶ月プラス五万円という夏のボーナスにありつけた。この時、わたしは組合の委員長だった。そして『大百科事典』の売れ行き不振の責任を負って、わたしはわずか七七万円の退職金を懐に社を離れたのである。

今になって振り返ってみると、わたしは六〇歳近くなって何度目かの挫折に出っくわし、わたしの精神状態は相当に揺れ動いていたようだ。

生まれ変わるのはむずかしい

「転生」の思いはますます強まり、「死後の世界」をさぐって、インドの古典『バカヴァット・ギーター』や源信の『往生要集』やシュタイナーの人智学の諸書を読み漁り、いずれにも深い感銘を受けた。

わたしの退職を聞いて有難いことに海燕書房の相沢尚夫がなにか書かないかと誘ってくれた。「死後の世界」をテーマにしたものでもいいかと聞いたところ、それを知った編集担当の大山はびっくりしたそうだ。

それはそうだろう、海燕書房は『日本無政府共産党』とか『大杉栄書簡集』などもっぱらアナ系の書籍を出版していたのだから、「死後の世界」なぞお門違いもい

相沢尚夫（1908〜2002）戦前のアナキズム運動家。日本無政府共産党設立時の中心人物。戦後は日労会議書記長を経て海燕書房設立。

いところである。なぜわたしがそんな申し入れをしたのか、よほど思いつめていたのかもしれない。

『ギーター』によれば、「万物は、初めが顕現せず、中間は顕現する、アルジュナよ、終わりもやはり顕現しない」という。

砕いていえば目に見えるのは中間の存在で、その前も、その後も目には見えないが、だからといって存在しないわけではない、目から隠れているだけなのだ、ということ。

最初、この文言はなかなか呑みこめなかった。生を享けて以来、わたしという存在は誕生前になにもないように、死んだ後もなにもなくなってしまう、いずれも無だよと教え込まれ、そういうものだと思っていた。それが近代科学風、進化論風の認識だった。

けれども本当にそうだろうか。われわれ人間に認知できる範囲が実在の世界で、認知を超えた世界は実在しない夢や空想や想像の世界だというのは、かなり自分本位で身勝手な認識のようにも思われてきた。

源信の『往生要集』は「往生」、つまり「死後の世界」に関わる膨大な仏教経典からのアンソロジーともいえる書物なのだが、一番、わたしが注目したのは源信は来世が実在することをいささかも疑っていない点だった。

亡くなったひとといずれあの世でお会いするとか、故人は天国で待っていてくれるなぞと、いまでもわれわれはよく口にする。けれどもそれは源信のようにあの世は実在すると信じていた近代以前のひとびとの認識の名残のようなもので、いずれあの世で会えると本気で信じているひとはもうあまりいない。

往生つまり臨終とは、源信によれば現世から来世への転居のきわめて大事な「橋」である。現世から来世に住み替える際にどの「橋」を渡るか、それはそれまでの生き方の総決算には違いない。しかし今わの際での儀式次第で、極悪人でも極楽浄土に転居することができると、源信は『観無量寿経』を引いて説いている。

何時の頃からか僧侶や牧師のような聖職者は今わの際に呼ばれなくなり、「ご臨終です」と死を告げるのは医者の役目になった。聖職者の出番はそのあとの葬儀からである。このように出番が変ったのはあの世が絵空事になってしまったからだろう。

わたしが母を亡くしたのは一四歳の時だった。

型通りに通夜があり、葬儀が行われたが、純真少年だったわたしはその型通りに馴染めなかった。この上なく大事な母の魂が置き去りになっているような気がしたのである。

まず僧侶の読経、あれがいやだった。なにを言っているのか、まったく分からない。分からないから有難いのだとたしなめられたけれど、残されたわれわれと去っていった母とをつなぐ言葉が欲しかった。

それから通夜や葬式のあとの酒盛りや世間話、アイヌの通夜では故人を偲び、涙を流して一晩も二晩も語り明かすとものの本で読んだ記憶があったので、とりわけこの俗化された通夜が気にさわったのだ。いまではそんな一連の儀式すらはしょられ、通り一遍の式次第みたいになっている。

そんなことで、わたしはこれらの宗教儀式にずっと不満というか不信というか、いやな感じを抱きつづけていた。

それもこれもわれわれが勝手にあの世をこの世から追い出し、絵空事のようにしてしまったからではないか。

戦後、日本ではいのちほど大事なものはないといういのち至上主義みたいなものがはびこった。たしかにわたしのいのちが一回かぎりで、死んでしまえば万事おしまいだったら、いのちくらい大切なものはないと思うのは無理はない。だがもしこの世の先にあの世が実在して、死が現世から来世への転居だと観じられたらどうだろう。人間は生まれ変われる存在だという認識が常識化したら、いのちよりもっと大切なものがあると思えるようになるかもしれない。

そんな思いをわたしは「転生について」という論文にまとめ、富山県の氷見市で出ていた『存在』という雑誌の4号（北国出版社　昭和六三〔一九八八〕）に載せて貰った（のち『転生と狂気』（カタロニア社　平成元〔一九八九〕）に収録）。この雑誌をやっていたのは光照寺の住職・富樫行慶の若い頃で、富樫との縁は自由クラブ辺りからではなかったかと思う。

『存在』というタイトルがその頃のわたしの関心にぴったりで、偶然の出会いを喜んだ記憶がある。この論文を序論にして「転生論」をまとめようとしたのか、それとも「転生論」はわたしの手に余るテーマだと見切りをつけ、序論だけでも書いておこうと思い立ったのか、どうもはっきりしない。

しかしいずれにしてもそれ以後、わたしは「転生」から遠ざかっていった。おつむではあの世は実在すると考えられても、どうも実感されない。よほどなにか厳しい修行を積むか、奇跡的な事件でもないかぎり、わたしのからだに沁みこんだ「近代」は洗い落とせそうにない。不精者で、いい加減をよしとしがちなわたしにはとてもとてもである、そう考えて「転生」を追いかけるのを止めにしたのである。

それでもわたしはこの「知的放浪」から大事なことを学んだ。

われわれ現代人と同じように感じ、考えているのはわれわれの文化圏に属する人間だけで、われわれと違った文化圏に属する人間はわれわれと違ったように感じ、考えているし、それと同じで現代以前の人間もまたわれわれと違ったように感じ、考えていたということ、そしてさらに人間の歴史は未開から文明へと一直線に進歩してはおらず、いずれが未開で、いずれが文明かは簡単には言い難いから、軽々に正邪・優劣はつけられないことなどなどである。

もっとも生まれ変わりの願望を捨て難いわたしは「大原緑峯」なる筆名を、京都の神明教会主・井上聖山につけて貰い、退職後の著作、たとえば『石川三四郎』(リブロポート/昭和六二〔一九八七〕)、『平凡社における失敗の研究』(ぱる出版/同年)などに用いた。

だがこれも『個人主義』(青土社)を出そうと、社長の清水康雄と相談した折、清水は「大原緑峯」に難色を示し、「大沢正道」の読者を失うことになると忠告された。「大沢正道」にいかほどの読者がいるかは分からないが、「大原緑峯」よりはましだろう、本を出す以上、少しでも多く読者の手に渡したいという人情に負けて、以後「大原緑峯」は使わないことにした。

この『個人主義』を刊行した翌年、平成二(一九九〇)年から「大沢正道」を改め「大澤正道」と正字を使うことにしたのは、改まった年号にあやかったわけではない。たぶん転生願望の最後のあがきだったのだろう。

わたしを立ちなおらせてくれた人びと

ここで退職後、あれやこれやで参っていたわたしに声を掛け、立ちなおらせてくれた人びとのことを書き連ねておきたい。

海燕書房の相沢尚夫はその一人で、「死後の世界」なぞという見当違いの申し込みをしてしまったことは前に書いた。

「死後の世界」はわたしの方で断念した。その後、わたしの処女出版である『恋と革命と』（ジープ社／昭和二五〔一九五〇〕）の復刻の話もあったが、これは海燕の都合で沙汰止みになった。

『恋と革命と』はエマ・ゴールドマンの自伝を換骨奪胎してでっちあげた作品で、初め『平民新聞』に連載し、『平民新聞』休刊後もしこしこと書き継いだ、わたしにとっては思い出深いものだ。

名古屋の鬼頭広明がこの本をぜひ復刻したいといってくれていたが、実現はしなかった。鬼頭は名古屋で社会党の機関紙『社会新報』などの仕事をするかたわら、アナ系の運動を側面から面倒をみていた人で、昭和五〇年代に名古屋平民図書室をこしらえるというので、わたしもそこばくの本を送ったりした。

話は前後するけれど、わたしは戦後まもなくアナ連準備会のたまり場だった秋山清の事務所で相沢に会っている。長身を折り曲げるようにして床に坐っていた姿は印象的だった。

相沢は関西で日労会議という中立系の労働団体を立ち上げ、大阪のメーデーでは副議長をつとめるなど活躍していた。海燕書房を若い同志とこしらえたのは昭和四七（一九七二）年だった。

『アナ運動人名事典』の仕事が進んだ頃、わたしは何度も相沢を訪ねた。若かりし折の相沢の同志たちの話を聞きに行ったのだ。相沢は九〇歳を越えていたけれど、

ゴールドマン、エマ・（1869～1940）ロシア生。17歳で渡米しアナキズム運動に参加、NYでの扇動行為で逮捕されロシアに追放。50歳でロシアからも追放され、欧州で活躍。

鬼頭広明（1912～88）愛知県生。アナキズム宣伝のビラに触発され社会運動家となる。戦前のアナキスト系中部黒色一般労組員。戦後名古屋平民図書室を設立。

その記憶力はまことに確かで舌を巻いたものだ。

『アナ運動人名事典』の相沢の項はわたしが相沢に確かめながら執筆したのだが、ある夜、相沢から電話がかかってきた。無政府共産党事件で国外に脱出しようとした時同伴した女性のことは、事典に書かないで欲しいというのである。なにか思いつめたような口調だった。それが相沢との会話の最後になった。

相沢からなにか書かないかと話のあった前後、かねてから付き合いのあった稲義人からも何か訳しませんかと、電話をもらった。

稲は法政大学出版局の編集者で、昭和四三(一九六八)年のことだから、その時から数えてもかれこれ二〇年近く前に、ハーバート・リードの『アナキズムの哲学』を出してくれた。

月日はさらに遡って戦後まもなく、わたしは英国のアナ系出版社フリーダム・プレスが出したリードのパンフレット『詩とアナキズム』『アナキズムの哲学』『実存主義・マルクス主義・アナキズム』を手に入れ、むさぼるように読み耽った。

これらのパンフレットはクロポトキン一辺倒だった多くのアナキストを自称する人たちにあきたらなかったわたしの目を開いてくれた。シュティルナーの独我論から脱することもできた。

わたしはただたどしい英文でフリーダム・プレスに手紙を送り、翻訳の許可を得

稲　義人(イナ　ヨシト/1927~2002)東京都生。元法政大学出版局代表。叢書ウニベルシタスなど社会科学系書籍を系統的に刊行。

た。東大在学中のことで、唯一の師だった山崎正一に英文学の中橋一夫を紹介してもらい、東京創元社から中橋との共訳で出すことが出来た。昭和二七（一九五二）年のことだ。

東京創元社にはその頃、佐古純一郎や田島節夫のようなのちに学者として名を残したひとたちが働いていた。わたしの『詩とアナキズム』を担当したのは佐古だった。なかなか本が出ないので、せっかちなわたしは電話で何度も佐古にせっついたものである。

平凡社で「現代人の思想」という全二二巻のアンソロジーを企画した時、「現代の信仰」なる巻の編集と解説を佐古にお願いしたのは、あの時のわたしのわがままを思い出したからでもあった。これもひとつの縁だろう。

わたしの『詩とアナキズム』が出た翌年に、リードは美術界での多年の功によってナイトの爵位を受けたが、これが大論争になった。「アナキストが女王の前でひざまずくなどスキャンダル以外のなにものでもない」と、「純粋な」アナキストたちはリードに食ってかかり、リードはリードで「アナキストが、爵位を受けるのは、他国では考えられない、特殊イギリス的な出来事だ」とちょっと苦しい弁明をしていた。

「アナキストの多くは無意識的な権威主義者である」というわたしのお気に入りのセリフは、この論争のあとに出した『アナーキーと秩序――政治論文集』の註に

中橋一夫（―太郎／1911～57）
東京都生。英文学者。J・M・マリ、T・S・エリオットなどの翻訳者。早世。

佐古純一郎（1919～2014）
徳島県生。文芸評論家。プロテスタント。キリスト教的倫理に基づき独自の領域を開く。

田島節夫（―サダオ／1925～2007）
東京都生？　哲学者。都立大学名誉教授。仏のベルクソン以降の哲学や、フッサール、実存主義、構造主義、現象論、記号論等を研究。

さりげなく挿し込まれている。この本はフリーダム・プレスから出たパンフレット類などをまとめたもの、それ以後、リードはアナキスト陣営を離れ、ラッセルらの反核運動に参加した。

どこでこの本のことを稲がキャッチしたかは聞き漏らしたが、『詩とアナキズム』の中身がこの本そっくりで、その訳者がわたしだというところに辿りつくまでに紆余曲折があったらしい。稲とは初対面だったが、もちろんわたしは喜んで引受けた。ただ書名は『アナキズムの哲学』に代えた。原書名では一般性に欠けると思われたからだ。

当時、稲は「叢書・ウニベルシタス」という翻訳シリーズを始めており、『アナキズムの哲学』はヴィトゲンシュタィンの『論理哲学論考』につぐ七冊目だった。四冊目にはリードの先輩にあたるT・E・ヒュームの『塹壕の思想』も入っていた。

また脱線するが、敗戦前後、D・H・ロレンスにいかれていたわたしは、敗戦の年の秋、ロレンスを特集した『詩と詩論』を古本屋で見つけ、そこでこのT・E・ヒュームの評論「燃えがら――新しい世界観のスケッチ」に出会った。

以来、T・E・ヒュームはわたしの認識の深層に食い込んでしまうのだが、それについては「国破れて焦土に立つの巻」「独裁論から実在論へ」で語られるだろう。

稲に拾われた『アナキズムの哲学』は「叢書・ウニベルシタス」に入ったおかげもあって、二一年後の平成二(一九九〇)年に一三刷が出た。増刷の通知を受けて「こ

ヴィトゲンシュタイン、L・J・J・(1889〜1951)
オーストリア生。英国の分析哲学者。ケンブリッジ大教授。論理学自体は数学の命題と同じく無内容とする立場で哲学から人間の解放を目指す。

ヒューム、トマス・E・(1883〜1917)
英国生。哲学者・批評家。ベルグソンの形而上学から文学の古典主義を提唱。主戦論者としてラッセルの平和論を批判。第一次大戦で戦死。

ロレンス、デヴィッド・H・(1885〜1930)
英国生。作家・詩人。教師時代に詩作、『息子と恋人』以後人間の性関係を追求。『チャタレー夫人の恋人』は世界的に論争を呼ぶ。

れが本というものか」と感慨をこめて「手帖」に書いてある。

「叢書・ウニベルシタス」は稲が亡くなったのちもしこしこと冊を重ね、平成二三(二〇一一)年で、九五四冊を数えたという。こんな息の長いシリーズはまれだろう。これと並ぶ息長いシリーズといえば平凡社の「東洋文庫」くらいではなかろうか。


違いは「叢書・ウニベルシタス」にはほとんど「品切れ」がないことだ。初版のまま一〇年、一五年と抱えているのは出版社にとって大変な重荷だが、それを背負っていく法政大学出版局は文化勲章並みである。

けれどもリードのアナキズムは英国でもそうらしいが、日本でもほとんど受け入れられなかった。リード、リードとことあるごとにわたしは太鼓を叩いたが、寂しいことに反響はほとんどみられなかった。

ところで退職直後、稲から電話をもらった時、真っ先に思い浮かんだのは米国の社会倫理学者シセラ・ボクの『嘘——公生活と私生活における道徳選択』の翻訳だった。

嘘で固めたような宮仕えを離れて、改めて嘘とはなにかを問うてみたいと思っていた矢先、この本に出会った。嘘の研究で有名なのはわが国では後にも先にも末広厳太郎の『嘘の効用』(改造社/大正一二(一九二三))くらいだが、米国でもこのボクの本以上にまとまった研究書はないらしい。

ボク、シセラ・(1934〜　)
スウェーデン生。米国の西欧哲学研究者。父はノーベル賞経済学者K・G・ミュルダール。

末広巖太郎(—イズタロウ/1888〜1951)
山口県出身。法学者。民事法判例研究会を組織。戦後初代中央労働委員会会長、東京地方労働委員会会長等労使間の調停役。労働組合法を立案。

早速、稲は版権交渉に入ったが、残念ながらこの本は『嘘の人間学』と題して昭和五七(一九八二)年にTBSブリタニカから出版されていたことが分かり、沙汰止みになった。

それからしばらくして、「ボクの新著が入りました、平和論です。読んでみて下さい」と稲から電話がきた。それが『戦争と平和――カント・クラウゼヴィッツと現代』である。

平和論のカントと戦争論のクラウゼヴィッツとを組み合わせ、危機迫る核戦争回避の現実的な戦略を探っているのがこの本のミソで、いずれか一方に偏している余裕はもはやない、というのがボクの現実的理想主義である。

ここが気に入った。とりわけこれまでまったく知らなかったクラウゼヴィッツの戦争論に引かれた。わたしがその後、戦争論にのめりこんでいったキッカケはこの本である。

この本を翻訳している最中、猪口邦子の『戦争と平和』(東京大学出版会)が評判になっていた。いまでは自民党の代議士になってしまったが、その頃の猪口は新進の政治学者として売れっ子だった。

けれども猪口の『戦争と平和』(平成二)はボクに比べて余りにもお粗末だった。核戦争を回避しようとするボクの必死の情熱が猪口には感じられないし、「抽象的な平和のおしゃべり」「見かけだけのしぐさ」とボクが手厳しく批判している平和論の域を出ていない。

　この程度の本に先輩の佐々木毅のような政治学者が仲間褒めしているのに腹を立て、わたしはあえて猪口とおなじ書名をつけてみた。

　わたしの『戦争と平和』は猪口のようには評判にならず、版も重ねなかった。しかし「叢書・ウニベルシタス」に入れてもらったおかげでいまでも在庫がある。猪口の『戦争と平和』は、古書店でなければ手に入らないだろう。嬉しいことにわたしの『戦争と平和』は刊行後一四年たって『東京新聞』の「「今」がわかる名著」に上がっていた。「これが本というものか」。

　もう一冊、やはりボクの本をわたしは訳している。『嘘』と対のように書かれた『秘と公開』（原書名は『秘密――隠匿と漏洩の倫理について』）だ。公開＝善玉、秘密＝悪玉といういまも流行の二分法では、人間の二面性が見落とされるとするボク一流の理想主義的現実主義で貫かれている。

　七〇歳を越えて翻訳をすると命を落としかねない、石川三四郎や松尾邦之助の例をみてわたしはそう信じ込んでいた。事実、この年わたしは高血圧で「めまい、部屋が廻る、血圧一六六、安静にする」（「手帖」）なぞという状態だったが、やっとこぎりぎり六九歳で、この本を訳し終えた。

　ところがなかなか本にならず、稲に何度も催促を繰り返した。それから数年後に稲は亡くなった。なんだか後味の悪い別れだった。「叢書・ウニベルシタス」にずらりと並んだ書目をみれば分かるように、稲は欧米の問題書を嗅ぎつける抜群の鼻の持ち主だった。

土佐出版社の国則《くにのり》三雄志《みおし》とわたしとをつないだのは、昭和六一（一九八六）年に国則が刊行した『虚無思想研究』の復刻版だったろう。

この復刻版は京都でしこしこと雑誌『虚無思想研究』を出し続けていた大月健らの要望に国則が応えたもので、限定二〇〇部、五〇〇〇円、販売は『虚無思想研究』編集委員会が当たり、九月に出して一二月に完売したという（『唯一者』九号　平成一六〔二〇〇四〕）。

国則が高知市で土佐出版社を起こしたのは昭和五七（一九八二）年頃らしい。初めはもっぱら地元に縁のある本を出していたが、『虚無思想研究』の復刻を手がけた前後から手を広げて幸徳秋水『社会主義神髄』の現代語訳や森山重雄『文学アナキズムの潜流』なども刊行していた。おそらく国則は大月からわたしのことを聞いたのだろう、その年か翌年かに手紙をもらい、本を一冊出して貰うことになった。それが『転生と狂気』である。

わたしが筆を絶つ以前にせっせと書いた評論に、退職後に書いた「転生について」を加えたもので、「まえがき」に「わたしが転生を強く望むのは、わたしが犯したもろもろの罪を清めたいからであり、わたしがふたたび筆を取るのはこのわたしの

大月　健（?～2014）京都で「虚無思想研究」刊行・同人。個人誌「唯一者」刊行。『イメージとしての唯一者』

森山重雄（1914～2000）新潟県生。国文学者。上田秋成の研究で著名。19～20世紀前半の社会主義・プロレタリア文学研究『実行と芸術——大正アナーキズムと文学』等。

思いに形を与えておきたいからなのだ」といささか格好よく書いてある。「まえがき」の日付は「一九八九年一月一〇日」とあるから、この頃になってなんとかわたしは立ち直りだしたものとみえる。

この本が出たのは昭和六四（一九八九）年で、発行所は土佐出版社ではなく、カタロニア社とある。これは土佐出版社では具合が悪かったからか、それとも新たにカタロニア社を起こして新分野に乗り出すつもりだったのか分からないが、カタロニア社から刊行されたのはこの一冊とほぼ同時期に創刊された雑誌『論争』一号だけだった。

『転生と狂気』の原稿をまとめているうちに、雑誌を出さないかという話が出てきた。のちに述べるように、わたしは『アフランシ』とか『黒の手帖』といったミニコミ誌を手がけていたから、この雑誌の計画は嬉しい話に違いなかった。

『アフランシ』は戦後民主主義のいかさまの自由に蟷螂の斧を振りかざしたリーフレット、『黒の手帖』は行き詰まったとわたしには思えたアナキズムの活路を探った雑誌。それでは今度出すとして、どんな雑誌にしたらいいか、とつおいつ思案を重ねているうちに思い出されたのは、安保改定で物情騒然としていた昭和三四（一九五九）年頃に創刊された『論争』だった。

発行者は遠山景久、編集者は大池文雄という一癖も二癖もある陣立てで、『世界』に代表される戦後論壇から外れた筆者なら誰でもＯＫということで、荒畑寒村、武

遠山景久（1918～99）実業家。戦地から復員後諸種の職業を経てRFラジオ日本の社長となるが独裁経営で失脚。

藤光朗、中村菊男、木内信胤、堀江忠男から対馬忠行、黒田寛一、吉本隆明等々が寄稿していた。わたしもその仲間にいれてもらい、E・H・カーの『バクーニン』の超抄訳などを連載したりした（この連載はのちに本となり、論争社から刊行された）。なんでもありのごった煮、ただし容共だけはご免といった具合である。

いまでは論争社など忘れられているだろうが、雑誌のほかなかなか時流を先取りした本も出していた。のちに洛陽の紙価を高めたといわれる荒畑寒村の『寒村自伝』の初版（『寒村自伝』はその後加筆を重ね、最後は朝日新聞社から出た）をはじめ、トロツキー『裏切られた革命』（山西英一訳）、W・ホーファー『ナチス・ドキュメント』（救仁郷繁訳）、レイモン・アロン『現代の知識人』（渡辺善一郎訳）等々がある。

よくいわれることだが、日本人は論争が苦手である。「日本の論争は西洋のそれのように一騎討ではなく、いずれも騎馬戦である。大将の背後には必ず家の子郎党がいる。／そしてこの家族関係からハミでたものは必ず野垂死にする」（「ハーバート・リードの思想と日本的風景」『アフランシ』九号　昭和二七〈一九五二〉・一）と若き頃の鶴見俊輔が喝破している。

けれどもだからこそ日本人は論争にあこがれ、期待するようだ。国論の割れた六〇年代がそうだったし、冷戦終結後のいまもそうであるにちがいないとみて、誌名を『論争』ときめ、主義主張を問わず「本当に書きたいものを存分に書ける雑誌」

中村菊男（1919～77）
三重県生。政治学者・政治家。民主社会主義を提唱、1955年左右社会党統一の際の右派代表として綱領を作成。

木内信胤（1899～1993）
東京都生。銀行マンから戦後大蔵省で日本経済復興協会専務理事等を歴任、吉田茂、池田勇人の経済政策批判等政治経済を先見的に評論。

堀江忠男（1914～2003）
静岡県生。マルクス経済学研究者。在学時1936年ベルリンオリンピックのサッカー日本代表。西野朗、岡田武史等を育てた。

を看板にすることとした。

わたしは「昭和戦後史論」と題する連載を始めた。ちょうど昭和天皇の死去にぶつかり、一つの時代が終わったという風潮のなかで、わたしなりにとりわけ戦後の通念を洗い出してみようと思ったのである。

『論争』は初め季刊をめざし、わたしの個人編集でこれと思った人びとに声をかけることにした。寺島珠雄の矢橋丈吉論、暮尾淳の秋山清論の連載や柏木隆法の市川白弦論、変わったところで加藤茂の仏教論（これは未完に終わったが）なぞは手前味噌になるが、いずれもなかなかの力作だった。

そのほか大門一樹、遠藤誠、もろさわようこ、渡辺一衛、柴谷篤弘のような人たちにも登場してもらった。内村剛介にも登場を願ったが、稿料が安すぎる（四百字一枚千円）といって協力を断られた。内村には勘定にきびしいところがあった。もっとも『黒の手帖』や『自由連合』にはロハで書いてくれたから、『論争』は買いかぶられていたのかもしれない。

そのほかあまり評判にならなかったが、黒田オサムは「俺はオバケだ！」と題する時評風の戯画やカットを毎号書いてくれた。黒田は『自由連合』に一時、「ごきぶり戯評」と題して同じような戯画を寄せており、その縁で頼んだのだと思う。

その時分から挑戦していた前衛舞踊「ホイト（＝乞食）芸」が当たって、黒田は画家からパフォーマーに転じたが、八〇歳を越えるいまでも意気揚々、大杉栄の『日

吉本隆明（1924～2012）東京都生。評論家。文学者の転向や戦争責任を追求、村上一郎・谷川雁と「試行」創刊。従来の思想・文化運動から自立した活動を展開。

カー、エドワード・H・（1892～1982）英国の歴史・政治学者。外交官生活後、大学教授・新聞の論説委員を経て国際政治を論じロシア問題に精通。著書に『危機の二十年』等。

アロン、レイモン・（1905～83）フランスの哲学者・社会学者。ドイツ現象学・社会学を系統立てて紹介。第二次大戦時中英国へ亡命。

本脱出記』をひっさげて踊っている。遅咲きの手本のような男だ。

買いかぶりといえばわたしも土佐出版社を買いかぶっていたようだった。国則は何度も上京し、わが家に泊まったこともあり、『論争』のために一人社員を入れてくれたりした。何度か高知へ来るように誘われたけれど、出不精のわたしはとうとう怠けてしまい、行かずじまいだった。

平凡社という「ぬるま湯」（外へ出れば寒く、中に入れば居心地悪いと岩波書店や平凡社を評した久野収の言葉）に浸かっていたわたしには地方の小さな出版社の実情が分からず、あとから考えるとだいぶ無理をいったようなのだ。国則にも旦那気取りの鷹揚なところがあり、いい顔をみせたがるきらいがあった。

だが「地方出版一〇年。／経営的には実に、惨憺たる状況であった。当然、喪ったものもあった（家一軒）が、むしろ得たものの方がはるかに多かった」と倒産の年夏に出した『波の手帖』一号（平成三〔一九九一〕・七）の「あとがき」に、国則は書いている。

こうして「論争」は三年めに五号を出したところで旗を巻くハメとなった。その後、国則はしばらくフィリピンへ行ったらしい。しばらくして帰国し、フィリピンで書きためた小説集をだしたりしていたが、平成一七（二〇〇五）年に亡くなった。

わたしは『論争』を舞台にしてあらたな一歩を踏み出すことができたけれど、そのかげで国則から土佐出版社を奪ったような苦い思いにつきまとわれた。

市川白弦（1902〜86）岐阜県生。禅思想家。大学時小笠原秀実の社会主義的人間学に影響され還俗。独特の禅思想を提言、常に現実社会を批判。

柴谷篤弘（1920〜2011）大阪府生。生物学のパラダイム変化の可能性を探り、分子生物学から発生生物学、構造主義生物学へ進み、多元主義・反差別論を展開。

久野　収（1910〜1999）大阪府生。評論家。「世界文化」同人。反ファシズム主義で投獄さる。戦後「思想の科学」同人。平和問題懇談会のオピニオン・リーダー。

わたしを立ちなおらせてくれた人びと　つづき

青土社の清水康雄が『個人主義』を出す折に大原緑峯では大沢正道の読者を失うから止めた方がいいと忠告してくれたことは前に書いた。

その清水とはいろいろと縁があった。

最初の出会いは昭和二四、五（一九四九、五〇）年ころ、松尾邦之助らとやっていた自由クラブと名乗る小さな集団でだった。自由クラブについてはいずれ語ることになるだろう。

その頃、清水はまだ学生だったと思うが、中道喜悦（のちに筆名・中堂高志）といつも一緒で、当時いくらかマンネリ化したクラブを拡大しようとさかんに活動し、その頃からすでにオルガナイザーの才をみせていた。

自由クラブの溜まり場だった有楽町のシミズというバラック二階の喫茶店で、なにかの拍子で清水がコーヒーをひっくり返し、一緒にいた女の子の白いスーツが茶色になった事件があった。清水というと真っ先にこの椿事が思い出される。

その後、清水は青土社を起こし、『ユリイカ』と『現代思想』の二本を柱に活発な出版活動をはじめた。わたしも『現代思想』には時々書かせてもらったが、その時はもっぱら『現代思想』の編集長だった三浦雅士と会っていた。

ある時、一度お会いしたいと清水から電話があった。何事かと思って平凡社の近所のうなぎ屋に出向いた。その時も中道が一緒だった。昭和五二（一九七七）年のことだ。

石川三四郎の全集をやりたいが、やってくれないかという思いがけない申し入れだった。これまで石川の著作を世に出したいと思ってあちこちの出版社を回ったが、いつも門前払いを食わされてきた。だから思いがけない清水のこの提案は嬉しいかぎり。二つ返事で承知した。

その頃わたしは『黒の手帖』という個人誌を出していたが、三足のわらじはとても無理なので、『黒の手帖』を止めて著作集の仕事に専念することにした。

『石川三四郎著作集』は全八巻で、青土社の藤田一幸と一緒に編集した。藤田はまことに労を厭わぬ編集者で、二足のわらじだったわたしをとてもよくバックアップしてくれた。

のちに『個人主義』（昭和六三）を出したときも担当してくれたが、早くに亡くなった。

「編集者稼業をやめて、文筆業に転じた私が、この本を作るなかで、改めて編集者の役割の大きいことを痛感した。清水康雄、藤田一幸氏の適切かつ親切な助言がなかったら、これだけの本に仕上げることはわたしにはとても出来なかった、とおもう。心からの謝意を表する」と『個人主義』の「あとがき」にわたしは書いている。

悪いやつほど長生きするとは本当のようだ。

話は前後するが、『著作集』が首尾よく完結した折、「これで少年の時の縁を果たした思いがある」と感慨ぶかそうに清水は述懐していた。

石川は自由クラブの客員格で、あまり会合などに顔はみせなかった。だから元気な少年詩人だった清水がどれくらい石川と接していたかは分からない。しかし青土社にしてみればいわば「社長の道楽」ともみえるこの仕事をあえて手がけるだけの思いが清水にはあったのだろう。

その清水も六七歳で亡くなった。

ある時、古典ギリシャ語をどこかで教えているといって、わたしを驚かせたことがある。そんな衒気もある男だったが、青土社で育った某氏のように受勲なぞすることなく、編集者、出版人として生涯生きたところをみると、『石川三四郎著作集』の刊行は決して「社長の道楽」なんかではなかったのかもしれない。

「アナキズム」から自由になる！

いつだったかのコスモス忌で「アナキズムから自由になった」と松田政男に言ったら、「へえー、すげえなあー」とあしらわれたことがある。

その頃、わたしは大杉栄の有名な「僕は精神が好きだ！」を思い出していた。

話はぐんとさかのぼるが、わたしがまだ一九歳だった折に「青年のみた大杉栄」という短い文章を週刊『平民新聞』五号（昭和二一（一九四六）・五）に書いた。これは活字になったわたしの大杉についての最初の文章で、この小文を書けと言ったのはその時まだ日本アナキスト連盟で活動していた岡本潤だった。

そのなかで「社会主義は大嫌だ。無政府主義もどうかすると少々厭になる」という「僕は精神が好きだ！」の一節を引いて、わたしはこう書いた。「彼が無政府主義者として人民解放に命を投げ出して闘ったその態度にも又敬服するが、それ以上に私を感激させるのは無政府主義を偶像化せず、無政府主義の奴隷とならず、どこまでも一個の人間たる自覚を失はずに進んだ彼の生き方である。」

このようなわたしの大杉観は今に至るまで変わらない。

さらに話はさかのぼる。昭和二〇（一九四五）年八月九日、日ソ開戦の報を聞いて日本の敗北を観念したわたしは、その日の「日記」に以下のように綴っている。

「……世界は一である。政府は抹殺すべきだ。／無政府主義、それこそ近代の行きつく最後の所であらう。大国と言ひ小国と言ひ、強大民族と言ひ、弱小民族といふ、それらは一切棄て去るべきだ。……国家的な侮辱を受けた時、人間の採るべき道は二つある。一つは復讐すること、いま一つは国家そのものを抹殺すること。私は後者を取らう。」

岡本 潤（1901〜78）
埼玉県生。詩人。壺井繁治等と詩誌創刊。多くの職業を経てアナキスト詩人として活動。詩集「夜から朝へ」等。戦後共産主義に転向。

いってみればこれがわたしの「アナキズム」の原点だった。以来、四〇年余りなんだかんだといってもわたしは「アナキズム」という枠のなかでじたばたしていた。

かつて石川三四郎は無政府主義は永久革命だといった。いっときわたしはこの永久革命論を受け入れたけれど、それは厳しい現実の場を見過ごして、かっこいい理想の歌を歌うだけの一人よがりにすぎぬのではないかと思われてきた。

まだ平凡社の労働組合員だったころ、年功序列一本の給与体系をめぐって議論があった。

年令加増だけで昇給し、社員の能力や業績をまったく給与に反映させないのは公正な報酬とはいえないというのが現場でのわたしの実感なので、わたしは能力給や職務給も加味すべきだと主張したのだが、アナキストが能力給なぞ主張するとはなんだと批判された。

たしかに「アナキズム」の建前からすれば給与は平等であるべしということになる。けれども社員（ユニオンショップの労働協約で即組合員）の実感からすると、そんな平等とやらはじつは不平等にすぎない。

実感を大事にするか、建前を大事にするか、この矛盾にぶつかったわたしは時に実感に即し、時に建前に寄り添うといった試行錯誤を繰り替えさざるを得なかった。

考えてみれば建前はかならずしもわたしの考えとはいえない。建前にこだわり、わたし自身の実感を抑えるのは、わたしが建前の「奴隷」になってるってことじゃないか。

とつおいつの思案の末、わたしは現実世界の問題についてはわたし自身の実感に即した考えに従おうという結論にたどりついた。

こうして「アナキズム」から自由になった時、なにかわたしはそれまでおつむの上にあった重石が取れ、体が軽くなったような開放感を味わったのである。

三人の編集者

おつむの重石が取れるにつれて、わたしははじけたようにものを書き出し、何人もの人びとのお世話になった。ここでまたそのことを書いておきたい。

いよいよ平凡社を去るという夜、職場でわたしを送る会をやってくれた。その時わたしなりに今度の人員整理の総括をやりたいと話した。それをしなければ前には進めないと、わたしは思っていたのだ。

この「公約」を果たそうとして急ぎ書いたのが『平凡社における失敗の研究』（ぱる出版／昭和六二〔一九八七〕・七）である。

偶然、町の本屋でぱる出版が出した『出版・書店これからどうする』に出会い、旧知の奥沢邦成に相談を持ちかけた。奥沢は友人とぱる出版を起こし、社長をやっていた。

奥沢と初めて会ったのはアナ連解散後に東京の有志がこしらえた麦社でだった。わたしが店番をしていた時、どこで聞いたのか、奥沢がやってきた。大抵のお客さんはアナキズムについての情報を聞きたがるのだが、奥沢は違った、有志出資の麦社の経営についていて質問したのだ。だから変わった学生という第一印象をわたしは持った。麦社についてはいずれ書くことになるだろう。

その後、失踪したわが家の愛犬ルサルカの追悼文集を出してもらったこともあったが、しばらく疎遠になっていた。

奥沢は二つ返事で出版を承知してくれた。

いまは跡形もなくなったが、六本木の交叉点にあった老舗の本屋に寄った折、店主が「平凡社の失敗とかいう本が出るよ」とお客に話しているのを小耳に挟み、にんまりしたことを覚えている。「実はこのわたしがその本の著者なんですよ」などという度胸は残念ながらわたしにはなかった。

『失敗の研究』は平凡社という百科事典で知られた出版社のばくろ話だったからか、あれこれ話題をまき、幸いにして版を重ねた。

この本は「大原緑峯」の筆名で出したので、あるレポーターが平凡社に取材しようとしたところ、「当社には大原なんて人はおりません」とぴしゃりと断られたそうだ。だが平凡社役員会は頭にきたとみえ、九月になって社友罷免の通知がきた。わたしは社友だったことも知らなかったので、なんだこれと思った。

まあかなり辛辣に溜まりこんだストレスを吐き出したんだから、吐き出された側がキッとなったのも当然だろう。

ぱる出版の営業担当さえ､平凡社の営業から厭味をいわれたという。『失敗の研究』の続編を出したいと申し入れた時、営業担当はまたかと難色を示したらしい。それでも奥沢は押し切ってくれた。

二匹目のどじょう『平凡社における人間の研究』（昭和六三（一九八八）年一〇月）を出す話を平凡社内のわたしのシンパに話したら、今度は会社は訴えるかもしれないと注意され、遠藤誠弁護士にチェックしてもらったりした。

奥沢との縁はその後も続き、前に述べた『日本アナキズム運動人名事典』の大仕事となるのだが、それと平行して『ガラガラへび　知的インフラ通信』（月刊）なるA４版のニューズレターを、平成一〇（一九九八）年九月から出し始めた。

これは奥沢と山本光久の発意で、それにわたしが入り、三人が毎月好き勝手に書きまくる趣向で、あれこれ腹ふくるるばかりの世情に噛み付く、わたしにはとても有難い企画だった。

山本とは初対面だったが、『図書新聞』の元編集長で、現代フランス文学の訳書も多く、プルードンの分厚い自伝『革命家の告白』を翻訳中だと聞いた。その関係で奥沢と知り合ったのかもしれない。

もっとも『革命家の告白』はなぜかぱる出版からは出ず、作品社から刊行された

（平成一五／二〇〇三）。奥沢には情に流されぬ厳しいところもあった。

「知的インフラ通信」は山本の命名、「ガラガラへび」はわたしが名づけ親、つぎの「前口上」は奥沢の名文で、われわれの意図を見事に語っているので、少しばかり長いが、全文入れておきたい。

「誤字、誤用からちょっとした思い違いまで、ことさら目くじらを立てるほどではない、ご愛嬌、ご愛嬌と日々を重ねるうちに、誤字を誤字と気づかず、誤用を誤用と思わぬばかりか、違えても、平気の平左の〝私の勝手〟というご時世。

いくらなんでも、これはひどすぎると隣り合わせた三人が、気づいたら、とにかく一言発しようと始めた通信。いわば知的インフラが、これ以上貶められては困りものという思いに駆られて、拙稿を晒す次第。

おそらく忌み嫌われるであろう我らが仕業、唾棄されること、あたかもガラガラへびの如くなれど、ガラガラへびにも三分の理、嫌われ者に成り下がってこそ我らが本懐。

今日もガラガラ、明日もガラガラ、ガラッ。

敬　白」

それから今（平成二八〔二〇一六〕年八月）に至るまで、「今日もガラガラ、明日もガラガラ、ガラッ」とこのニューズレターはつづき、二一三号を数えている。

ストレスが溜まって脳梗塞かなにかでわたしが倒れずにおれるのは、わたしたちは書くだけで、制作から発送まで万事引受けてくれる奥沢のおかげと感謝している。

あと二人だけぜひ書いておきたい。

一人は日本文芸社の吉野勝美、いま一人は中央公論社の平林孝だ。

わたしは以前からカッパブックス風の大衆向けの新書を書いてみたいと思っていた。わたしはもちろん学者ではないし、大学といわず高校といわず学校という制度には生涯なじめなかった。幼稚園にも一日行って止めてしまったわがまま者である。だから学術書などは無縁だし、岩波新書みたいな「進歩的文化人」向けの知識の受け売り本も書けなかったし、書きたくもなかった。書けるとすればもっとハチャメチャで毒をのんだものくらい。

そこで狙いをつけたのが日本文芸社のラクダ・ブックスである。駱駝をあしらったマークがついていたが、「楽だ」というあたりがこのシリーズの本音だ、とわたしは勝手にきめていた。

そのラクダ・ブックスに湯浅赳夫の『世界五大帝国の興亡と謎』が入っていて、よく売れているようだった。湯浅はわたしと違ってれっきとした学者である。その湯浅でも書けるならわたしだってと思い、日本文芸社の担当者だった吉野に会い、欧米の千年に及ぶ犯罪史を出さないかと申し入れた。

平成二（一九九〇）年のことで、その頃わたしはわが国を毒する西洋病退治に熱中していた。吉野はわたしの話に耳を傾けてくれ、早速いくつかの注文を出してきた。

こうして吉野とのつきあいが始まったのである。

吉野は三島由紀夫が好きで、反ユダヤの太田龍や宇野正美に入れ込んでいるようだった。その頃の宇野は大変な売れっ子で、出す本、出す本、良く売れて、反ユダヤブームを巻き起こした。

この反ユダヤブームは花田紀凱のマルコポーロ事件（平成七〔一九九五〕）でいっぺんにしぼんだ。かねてから反ユダヤブーム潰しの機会を窺っていたサイモン・ウィゼンタール・センター（反ユダヤ狩の国際団体）は広告中止のからめ手で出版・新聞各社を震え上がらせ、見事に目的を果たしたのである。

じゃんじゃん反ユダヤものを出していた徳間書店がさっと身をひるがえし、親ユダヤ本の大きな広告を出したのには驚いた。出版社・新聞社がいかに広告に弱いかを如実に示したものだった。

広告代理店・旭通信社の傘下にあった日本文芸社の経営の柱はマンガだったから、吉野に反ユダヤ本から手を引かせるだけですんだらしい。けれども納まらないのは手を縛られた吉野で、一時は社を辞めると啖呵を切ったこともあったようだ。

このように吉野は気概のある男だった。

宇野、太田流の反ユダヤ陰謀史観は頂けないが、かといってホロコーストを聖域

三島由紀夫（1925〜70）東京都生。本名平岡公威。小説・劇作家。70年、東大で全共闘と討論、同年末「楯の会」同志と自衛隊に突入し決起を促すが失敗し自刃。

太田　龍（1930〜2009）旧樺太生。革命家。戦後共産党入党後トロツキズムの影響を受け脱党。多数の運動・組織の結成・分裂に関係し新左翼に影響。環境問題に傾倒。

化するサイモン・ウィゼンタールの言論弾圧は論外だと思い、『ガラガラへび』で吉野を応援したりした。

　吉野に出してもらったラクダ・ブックスの第一冊は『ヨーロッパ・帝国支配の原罪と謎』というおどろおどろしい書名で、平成二（一九九〇）年一〇月に刊行された。こういう書名はわたしの好みではないが、「……の謎」はラクダ・ブックスの定石なので仕方なかった。

　見開き二ページ読み切り、図版入りという本作りは吉野のお得意で、これが読者に受けたらしく、吉野の手がける本はどれもこれもよく売れていた。『ヨーロッパ・帝国支配の原罪と謎』以降、『世界六大宗教の盛衰と謎』（平成四〔一九九二〕）『面白いほどよくわかるクラウゼヴィッツの戦争論』（平成一三〔二〇〇一〕）など六点余り吉野の世話になり、有難いことに大体版を重ね、退職金を値切られて寂しくなったわが家の台所を潤してくれた。


　人間とは欲の深い動物らしく、大衆向けの「謎もの」をせっせと書く一方、それだけでは飽き足らず、やはり知識人向けの文章にも未練があるので、西洋病をテーマにした論文をまとめて何社かに送りつけてみた。

　三度目の正直のつもりで『中央公論』に投稿したら、ある夕、編集長から「非常に面白い、掲載したい」と電話があった。

これが平林孝との出会いの始まりである。

業界情報に疎いわたしは平林がその名の知れた編集者で、何人もの論客を世に送り出した男だとは知らなかった。平林はひとをそらさない褒め上手で、腰が低く胸を反るようなところは少しもなかった。

省みてわたしは愛嬌がなく、酒は飲まず、付き合い憎い編集者だったようだ。有名な遅筆でわたしを手こずらせた久野収は、大阪弁で「おおざわさんは怒らんからやりにくいんや」といっていたが、筆にすることと日常の立居振舞いとの距離がありすぎる久野に接して、「進歩的文化人」の一党と肌の違いを感じたものである。

平林のめがねに適って『中央公論』（平成二〔一九九〇〕年七月）に載ったわたしの論文は「西洋病は国を滅ぼす」という勇ましいタイトルで、いくらかひとの目に触れたらしい。

そのひとつ『東京新聞』の「大波小波」では、この論文で「反制度的な思想の持ち主」と想像していた大澤がしきりに「わが国」と書いていると叩かれた。

わたしは何の気なしに「わが国」と書いたのだが、いつのまにか「この国」というのが「反制度的な思想」の持ち主の言葉で、「わが国」を使うと「制度的な思想」とみなされるように、少なくとも文化人の間では変わってしまっていたのだった。

この言い換えは司馬遼太郎が『文藝春秋』の巻頭随筆で「この国のかたち」を連載してから始まったと、わたしは睨んでいる。司馬がいかなる意図で「この国」といったかは知らないが、「わが家」「わが社」「わが故郷」といっても、「この家」「この社」「この故郷」とは普通は言わない。「国」だけ「わが」というのを憚るのは国を忌避する戦後独特の建前に引きずられているからだろう。ならば生涯、「この国」は使うまいと決めている。

それからまもなく平林は『中公』編集長を辞めて書籍部に移ったが、文通は続いた。平林は福田恒存の衣鉢を継ぐ旧仮名論者で、手紙はかならず旧仮名を使っていた。時流に流されやすい編集者の間で、この断乎とした姿勢をわたしは偉いなあと思った。もっともよろずいい加減なわたしにはとても旧仮名に転じる勇気はなかった。

文通を重ねるうちに一冊、本を出してくれることになった。それが『戦後が戦後でなくなるとき』（平成七〔一九九五〕年五月）である。

この本を作っている時に椿事が起った。

ノーベル文学賞を受賞した大江健三郎がストックホルムでやった記念講演「あいまいな（アムビギュアス）日本の私」（平成六）は「進歩的文化人」の言い分の代表例として格好の材料だったので、その誤りを四ページに渉ってきびしく指摘した。それが校正の段階で騒ぎになったのだ。

平林の話によると中公は安原顯の事件で大やけどをして以来、大江の顔色をうかがう社風ができ、大江批判はタブーになったとか。もちろんそんなことをわたしは

福田恒存（1912〜94）東京都生。評論家・劇作家。日本近代文学に対する鋭い批判を展開。平和論に対する疑問で論争を呼ぶ。演出も手がけ劇団「雲」創設。

安原　顯（1939〜2003）編集者・評論家。出版社で雑誌編集。レコード雑誌のコラムで大江を批判し問題となる。

知らないから平気で大江を叩いたのだが、それがまずかった。

社内に大江批判を嗅ぎまわる茶坊主がいて、摘発するんだそうだ。上層部の意を受けた所行か、それとも大江ファンのボランティアかは聞き漏らしたが、大作家を抱えた出版社にはいろいろご苦労があるものだと感心した。

この事件は平林がうまく裁いてくれ、手直しなぞせずに収まった。

平林はわたしの原稿についてもあれこれ注意やアイディアを出してくれた。「氏の慧眼と適切な示唆なしに、この本は世に現れなかっただろう」とわたしが「あとがき」に書いたのは決してお世辞ではない。

『ガラガラへび』を送ると必ず旧仮名で返事をくれる平林だったが、癌に侵されて早く世を去った。

私流疾風怒涛の巻

（国際アナキスト連盟大会で参加者たちと。最前列右側が筆者）

運がついてる？

前に述べたように「死後の世界」を真剣に考えたりしたのだから、わたしはもちろん唯物論者ではない。といってなにかすでに運命は決まっていると信じる運命論者でもない。

自分の正体を掴みかねて、あっちへふらふら、こっちへふらふらしているだけで、そもそも何々論者とかに論者とか決めてしまうと、おつむに重石がのっかっているみたいで窮屈でしょうがないし、それにその何々論とかかにかに論とはなにかがよく分からない自分自身に出会って立ち往生してしまう始末。

だから結局、おれはおれだよ、とつぶやいてこの八十余年を過ごしてきた。しかしおれ、運がついてるなと思うことは時折あった。

武蔵高校の尋常科三年だった頃（つまり旧制中学の三年、昭和一七〔一九四二〕年）、ある事件があった。学級日誌にわたしが書いた文章がクラス内の「不良分子」の気にさわってしまった。その頃のわたしは道徳家で、「不良分子」の不道徳な行為が気にさわり、彼らを糾弾したらしい。なにをどう書いたかは覚えていないが、まさかこっそりタバコを吸ってることまではばらさなかったと思う。それでも「不良分子」は敏感に反応してきた。

わたしは小学校で「お嬢さん」と仇名されたような色白でひ弱な少年だった。だが「正道」という名前のためか「正義感」みたいなものはなぜか人一倍強かったようだ。腕っ節はからっきしだめだから、溜まったストレスの発散は筆に託すほかなかったのだろう。

考えてみればこの時の学級日誌の文章は、その後のわたしの「筆誅」癖の原点だったのかもしれない。

「不良分子」の使いがわたしに「あの文章を撤回しろ」とねじこんできた。わたしが「いやだ」と言ったら、「どうなるかしらんぞ」と捨て台詞を残して去っていった。ひょっとすると鉄拳制裁を受けるかなと、しばらくの間わたしはびくびくしていたが、だれにも相談しなかった。

わがクラスはこの頃とてもよくなり、なにも問題はないといったわたしへの反論めいた文章が学級日誌に一回載っただけで、その後何事も起こらなかった。

それだけならどうということもないが、一年も経たないうちに、「不良分子」のリーダー格だった諸井が急に亡くなった。子どもの時、顔に大やけどを負った諸井は時々、狂ったようにピアノに向かってベートーベンの「熱情」を弾いていたと、追悼の集まりでとても美人のお母さんが述懐されていた姿をいまでも覚えている。

そして仲間だった江島、伊藤が一緒に落第した。最後の一人松尾は秀才で、級長の常連だったが、翌年の冬、ストーブのお湯がひっくり返り、下半身に大やけどを負った。その話を聞いた時、わたしはわたしに悪さをした報いさと秘かに思ったものである。

以来、わたしには運がついていると思うようになった。どちらかというとわたしが悲観論者でなく楽観論者なのはその思いがついて廻っているからかもしれない。

平凡社に就職した時もそうだった。すでに書いておいた通り、ギリシア哲学の出隆の温情で大学をなんとか卒業したあと、わたしは大学院に進んで学生生活を続けていた。旧制の文学部の大学院にはわたしのように就職できないか、したくないかで残る学生がけっこういた。

だがそういつまでも親のすねかじりでもいられない。わたしは本好きだったから、本に関わる仕事、出版とか図書館とかに潜り込めないかと思って、義母に話したら「図書館なんて」と言われてしまった。

大学でももっぱら図書館に籠もっていたわたしだが、さてそれが自分の職場かと思うと、暗くて地味な印象は拭えなかった。本は本でも出来上がった本に関わるのではなくて、本をこしらえる方が魅力だった。

文学部の就職先といえば大半は教師だ。しかし教師になる気はわたしにはなかった。わたしはその頃すでにアナキズム運動めいたものにのめりこみ、石川三四郎とか松尾邦之助といった人たちにほれ込んでいた。大学でただ一人この人と思ったのは講師の山崎正一だけだった。その辺のことはまたあとで書くことになるだろう。

山崎正一（1912〜97）東京都生。哲学者。桑木厳翼・伊藤吉之助に師事。ドイツ観念論から英国経験論を研究。独自の思想的立場で斯界に多大な影響を与えた。

そんなわけで就職について石川に相談したら、石川は早速、近所の大宅壮一に頼んでくれた。うまい塩梅に大宅は平凡社の下中弥三郎と会う機会があり、哲学事典の編集者を探しているところだから会ってみようということになった。

小さな出版社はすぐ潰れたりするから紹介できないが、平凡社なら大丈夫だろうと、大宅は気を遣ってくれた。その前から大宅にはエマ・ゴールドマンの自伝を換骨奪胎したわたしの処女作『恋と革命と』をジープ社に斡旋して貰ったりして厄介になっていた。

平凡社に入ることが決まり、『哲学事典』の編集委員の一人が大学で唯一敬愛していた山崎だと知って驚いた。山崎の方も驚いたらしい。

早速、山崎は平凡社の顧問で、『哲学事典』にも関わっていた林達夫にハーバート・リードの『詩とアナキズム』を差し上げるといいよと教えてくれた。

わたしが平凡社に入社したのは昭和二七（一九五二）年五月一日、血のメーデーの当日である。その前の年に林は『文藝春秋』に「共産主義的人間」を寄稿し、左翼陣営から煙たがられていた。ちょうどそういう時だったからか、「リードの本を有難う。君と僕は同志だな」と林から声をかけられた。

ちょうどいい塩梅に哲学事典の仕事があり、その編集委員の一人が山崎だったとはなんたる好運と、その時も思わざるをえなかった。当時、平凡社は近藤憲二や岡本潤、松本正雄、神永文三など戦前からの左右の闘士を抱えており、その点もきっ

大宅壮一（1900〜70）大阪府生。評論家。賀川豊彦の影響で社会主義を知る。「人物評論」で集団制作試行。雑草主義。マスコミで新造語と毒舌と反骨の人。

松本正雄（1901〜76）東京都生。評論家・英語学者。平凡社『新興文学全集』編集でプロレタリア文学運動に接近。戦後は日本民主主義文化連盟創設に参加。

と大宅は配慮してくれたのだろう。

もう一つ、兄に「悪運の強い奴だ」といわれたことがある。結婚をひかえていまでの牛込の家の庭をつぶし、小屋を建てたらどうかという案が持ち上がった。だがそれには住宅金融公庫から金が借りられなければならない。

当時、公庫の融資は難しく、抽選に当たらないと借りられなかった。わたしが申し込んだ年の倍率は七倍だった。

抽選の日、わたしは会場の九段会館だったか、千代田区役所だったかに出向いた。抽選は初めに当り数字が出て、あとは七倍だからそれに七つ足した数が当たりになる。数に弱いわたしは会場の雑踏のなかで二、三度指折り数えてみたが、ダメ。がっかりして九段通りを神保町の方へ向かったが、念のためもう一度数えたら、なんと当たっているではないか！　嬉しかったねえ。

そのためわたしは兄のものになるはずの庭に割り込むこととなった。兄が「悪運の強い奴だ」といったのももっともだった。

それから三〇年ほど経って、小屋の敷地に三階建の長屋を建てることになった。これはわたしの小屋を建ててくれた渡部工務店のすすめで、わたしの家の界隈では初めてだった。兄たちが怒り狂ったのはいうまでもない。

ずいぶん昔、大作『日本農民詩史』（全五巻／法政大学出版局／昭和四二―四五〔一九六七―七〇〕）を著わした松永伍一は貸家持ちで生活してるというようなことを、秋山清から聞いたことがあり、なぜかそれがわたしの記憶のなかにずっと残っていた。

いままでわたしの暮らしを支えていた平凡社が左前になり、第一次の人員整理をやった頃である。生活防衛をしなくてはとどこかで考えていたとみえ、工務店のすすめに従ったのだ。

五〇歳台に入ってからわたしの二足のわらじは双方ともほころびだし、疾風怒涛のなかに巻き込まれてしまったから、そんななかで長屋作りは唯一の好運だったかもしれない。

小声と大声

わたしは生まれつき声は小さい方だった。おしゃべりは苦手だし、口数は少なく、「沈黙は金」と心得ていたわけではないが、会話の輪の中に入り込めず、ひとりぽつねんとしていることが多かった。

「大澤さんは孤独だからえらい」と武蔵の高等科二年だったか、神奈川県戸塚の日立工場に勤労動員された時、並んで仕事をしていた中学生にいわれたことはいまでも耳に残っている。随分生意気な中学生だが、そういう風にみられることもあるのかなあとこそばゆく思った。

けれども自分でいうのもなんだが、口下手ではなかった。「大澤は口が上手いからかなわねー」と武蔵時代、わたしと論争して言い負かされた友人が言っていた。平凡社に入ってからしばらくはまったく目立たない社員だった。もう一方のわらじの仕事が忙しく、平凡社はアルバイト先くらいに考えていた。ところが労働組合の総会や職場会議であれこれ発言し始めてから、総会の議長や執行委員に選ばれるようになった。

当時の出版社の労働組合の大半がそうだったように、平凡社労組も共産党に牛耳られていた。だから平凡社で組合が作られた当初、わたしは組合に入らなかった。会社に圧力をかけられたこともあったが、いい気な組合の幹部連中ともまったく肌が合わなかった。

けれどもそれから三年くらい経って会社との間に労働協約が結ばれ、ユニオンショップ制になったので否応なくわたしも組合員になった。

平凡社の組合はストライキが好きだった。春と秋の二度のボーナス要求の際にはかならずストライキを打った。ストをやることで組合員の意識を高める、それが当時の共産党の方針らしかった。

わたしはそれが嫌だった。本当に必要な時にストをやるならいいが、ストをするためにわざわざ要求をつり上げるのはいただけなかった。

ストが年中行事化するとともに、労使ともにスト馴れしてきた。組合員はスト明けとともに猛烈に残業して遅れを取り戻す。ストをしても賃金カットされるわけではないから、残業料分だけ収入はふえる。スト中は部屋に鍵をかけてマージャンに興じるという不届きな連中も出てきた。会社側はそれを見越してストをやらせる。つまり馴れ合いの労使協調である。

それでわたしが初めて執行委員長に選ばれた時、思い切ってストなしの交渉妥結を提案してみた。組合員のなかにはわたしみたいに「慣例スト」はいただけないと思っているひとたちもじつは大勢いて、賛成多数でそれが通った。会社はびっくりしたらしい。「ストなし妥結は組合が出来て以来だ」と総務部長が言っていた。

それ以来、わたしは組合内の無党派層の覚えはめでたく、共産党寄りの意識の高い進歩派からは「会社の犬」とみられるようになった。

もっともそれからしばらくして組合幹部の職制、役員への登用が進み、わたしを白い眼でみていた幹部たちがわたしより先に、課長になり、部長になり、役員になっていった。変な話である。

わたしがそれらの人たちよりずっと遅れて役員になったのはたぶん、わたしの声が小さく、「学校」（平凡社では派閥のことを○○学校と呼んでいた）など作れず、相変わらず無党派層の声なき支持しか得られなかったからだろう。

役員になるよう下中邦彦社長（当時）から話があった時、社長は「どうも今までの役員会は気心の知れた身内同士のなあなあ談義みたいなので、すこし違った意見

下中邦彦（1925〜2002）兵庫県生。下中弥三郎の四男。長兄急死で社長就任。雑誌『国民百科事典』刊行。「太陽」発刊。京都でＩＰＡ（国際出版人大会）開催。

の人が入って、かき回してほしい」と言った。

根がお人好しのわたしはこの言葉を真に受けて、しばしば役員会で異論を唱え、違った意見を出したけれど、大半は取上げられず、なんとなく役員会から浮き上がってしまった。異論を出せとけしかけた当の社長はそういう時、バックアップしてくれるわけではなく、むしろけむったそうな風情だった。

役員会で合理的、客観的な議論が交わされることは滅多になく、主観的、情緒的な雑談と長広舌の大声でチョンになるのが普通だった。

この長広舌の大声君（健在らしいから実名は伏せておく）は、平社員の組合員の時からとめどなくしゃべりまくる弁舌が有名で、組合総会などで彼が発言し出すと、またかよとみんなうんざりしていた。

わたしの小声が生まれつきだったように、大声君の大声も生まれつきだったのだろう。

たしか最後の海軍兵学校出身で、戦後、新日本文学会（新日文）で活動し、共産党除名組と聞いた。それで大声君とわたしの争いを「アナ・ボル対立」と見立てたひとがいたけれど、それはなんでも政治にかこつけたがりやの見当はずれである。

『世界大百科』の編集要員として大声君は入社した。新日文の関係でか、秋山清の紹介だった。

『世界大百科』の編集部には五つの部門があり、第一部門は哲学、心理、宗教、民俗、家庭、趣味、娯楽という雑多な混成部隊で、わたしは哲学、大声君は趣味、娯楽などの雑分野の担当だった。

第一部門の主任・池田敏雄は戦前、台湾で『民俗台湾』の編集もしていた民俗学者で、夫人は池田の教え子で台湾の豊田正子といわれた作家だった。わたしは池田を通じて台湾独立運動の雑誌『台湾青年』を貰っていたので、池田を追悼する席でそのことを話したら、あとで『台湾青年』のことは話さないで下さい、迷惑です、と夫人にきつく叱られた。池田が亡くなったのは昭和五六（一九八一）年、まだその頃、台湾独立は台湾人にとって危険思想だったのだ。

もっともそういう池田の履歴をわたしが知ったのは池田の歿後のこと、わたしにとって池田は物分かりいい、信頼できる上司だった。

『世界大百科』刊行以後、池田は書籍部長となり、『中国古典文学大系』『東洋文庫』『南方熊楠全集』『宮崎滔天全集』等々の大型企画に関わった。日本と中国は同文同種なんていうのは嘘っぱちだということを、わたしは初めて池田から教わった。

池田はまた大の酒好きだった。箱根の強羅温泉へ第一部門の連中が行った時のこと、池田はすっかり酔っ払ってしまった。その酔態をぱちぱち写真に撮っている大声君をみて、「よせばいいのに、あれがコミュニストの非情さだな」と詩人の難波律郎がわたしに囁いた。詩人の鋭い直観の一言はその後も何かことあるごとに思い出された。

それから二〇年あまり経って、わたしは大声君と対決することになる。

問題は新百科の刊行である。

『世界大百科』が平凡社の経営の大黒柱だったことはいうまでもない。戦後平凡社の繁栄を支えていたのは大百科の『世界大百科』と中百科の『国民百科』だった。『世界大百科』は何度か改訂版を出したが、賞味期限はとうに切れ、「新百科」の刊行が早くから待たれていた。

当初、この「新百科」の刊行準備を担当していたのはあの大声君だった。『世界大百科』を越える「最大、最高、最新の百科！」を目標に掲げた大声君はその目標に引きずられて、自分のおしゃべりに酔っ払ってしまった。

酔っ払いはしらふの眼差しをきらう。そばにしらふがいると興ざめするからだ。だから下戸にも無理に酒を飲ませようとする。飲まない奴は遠ざける。理想の百科に酔っ払った大声君は彼の酔いに水を差す連中をきらい、一緒に酔っ払う連中で固まる。

その結果、新百科準備に当たる事典部企画課（大声君は次長で課長）には百科作りのベテラン編集者は敬遠され、大声君好みの未熟の「エリート社員」が群れることになった。

理想はもちろん大事だが、理想に酔っ払うと現実に足をすくわれる。おそらく当時の平凡社で、大声君ほど百科事典に打ち込んだ社員はいなかったろう。もちろんわたしなぞ足下にも及ばない。わたしは大声君と同じ百科育ちだったけれど、百科事典作りにはほとんど情熱を感じなかった。池田と同じで書籍作りが好きだった。

しかし大声君が寝食を忘れて突進すればするほど、新百科の完成は難しくなり、完成されまい、完成されまいと逃げていったのである。

山本直純とシューマッハー

お若い方はご存知ないだろうが、「大きいことはいいことだ！」という森永製菓のCMソングがバカ受けしたことがある。作者は売れっ子音楽家・山本直純、昭和四三（一九六八）年のこと。ちょうど先頃の中国のように、高度成長に日本が浮かれていた時期である。

「大きいことはいいことだ！」は流行語となって、もてはやされた。

それから五年ほど経った昭和四八（一九七三）年、第一次オイルショックに見舞われ、日本の高度成長も終ってしまうのだが、その年、タイミングよく刊行されたフリードリッヒ・シューマッハーの『スモール イズ ビューティフル』が評判になった。

第一次オイルショックといえば、その翌年、創業百年の記念事業を謳い文句に始まった大百科事典の刊行中止を朝日新聞社は決断した。すでに編集長も決まり（だ

山本直純（1932～2002）東京都生。作曲家・指揮者。斉藤秀雄・渡邉暁雄に師事。放送・CM・映画の音楽も担当。

れあろう、のちに平凡社の大百科編集長になる加藤周一！）、他社からの引き抜きまでやって陣容を整えつつあった矢先の決定である。

第一次オイルショックをきっかけに、出版界は構造不況と呼ばれる業種に仲間入りするのだが、朝日新聞社の役員諸公はそこまで読んで決断したのかもしれない。だがこの朝日の決定で一気に緊張のタガが外れてしまったのが平凡社だった。平凡社のドル箱だった『世界大百科事典』はすでに賞味期限を過ぎ、新百科刊行の必要に迫られていた。そこへ持ってきて朝日の大百科！　朝日より一日でも先に出さなければ大変なことになるというので、社内は一本にまとまった。

ところがその肝心の朝日が降りてしまい、ほっとしたのか平凡社はもとのチンタラムードに逆戻り、大声君を中心に百科事典の経験のない若い「エリート」が集って、ああでもない、こうでもないの議論に花が咲くだけで、いつまで経っても新百科刊行のメドは立たずじまいだったことは前に書いておいた。

業を煮やした役員会は大声君を営業へ移し、とにかく刊行のメドを建てろと貧乏くじを引かされたのがわたしである。昭和五二（一九七七）年のことだ。

この人事をめぐってすったもんだの騒動の末、役員会は辞表を出した大声君をなだめ、営業局と事典部の次長を兼務させることにしてしまった。まともな会社では考えられない、こういう変則がまかり通るのが平凡社という「自由な」会社だった。「書籍に未練はないか」と池田に厭味をいわれたけれど、百科あっての書籍の平

加藤周一（1919～2008）東京都生。作家・評論家。医学生で文学に傾倒、渡仏し西洋文化に接触。カナダ・独・米等で教え、広範な文明批評、政治批評を展開。

凡社だから、その百科がダメになったら書籍もダメになるのは必定と思われて事典部に移り、わたしが真っ先にやったのは懸案の進行スケジュールの策定だった。

しかし大声君とその一党はそれは順序が逆さだと、進行スケジュールの議論に入ろうとしなかった。

進行スケジュールが固まってしまうと、外堀を埋められたようなもので、理想の百科像を描くことができなくなる。百科の理想像を描くのが先決で、それから状況に応じて手直しすればいいというのである。

大声君が提起した新百科の理想像は二〇世紀を総括し、二一世紀を眺望する「最大、最高、最新の百科事典」で、それを作るのがわれわれに課せられた使命だと、大声君は大声でまくしたて、新百科は巻数三〇巻以上、項目数十万項目以上にしなくてはならない、と主張した。

けれどもわたしは事典編集の経験からいって、事典の項目数や巻数は当初の予定より必ず増加するものだから、最初は予定の八割くらいに抑えておいた方がいいと考えた。

現に新百科刊行までのつなぎに企画された『国民百科』のオールカラー版は、あれよあれよというまに全九巻から全一七巻に化けてしまった。

『国民百科』は全九巻という中型だったから値段も手頃でよく売れたのであって、一七巻は中型でもなく大型でもなく、中途半端で大失敗に終っている。

もしわたしが朝日新聞社の役員のようにオイルショックで高度成長は終わりを告げ、出版界は構造不況に入ると予測できていたら、百科事典ブームは高度成長期だったから起こったので、これからはそうはいくまいと説得できたろう。

下中社長は長く書籍出版協会の理事長の職にあったのだから、出版界の行く末についてわたしなんかより遥かに通じていなくてはならないはずだが、百科についてはまだまだ売れると信じ込んでいたようだった。

全社をあげて百科信仰に浮かれていたのだろう。

そこでわたしはシューマッハーの「スモール イズ ビューティフル」の流行を引っさげて「大きいことはいいことだ」の大声君に対抗した。

ちょうどその頃、わたしは二足のわらじの一方でせっせと遊戯論を書いており（『遊戯と労働の弁証法』紀伊國屋新書／昭和五〇〔一九七五〕）、当然、「スモール イズ ビューティフル」は読んでいた。なによりもこのタイトルが気にいった。訳せば「小さいことは美しい」である。

「大きいことはいいことだ」はたしかに高度成長の気分をつかんでいた。それに対して「小さいことは美しい」はそれゆけ、どんどんのうわついた気分への反省の匂いがした。そこがよかった。

余計なことだが、いわゆる三・一一以降のエコ・ブームで、もう一度シューマッハーは省みられてもよさそうなものだったが、その気配は一向にみられなかった。

そもそもこのエコ・ブームなるものが、哲学や歴史を欠いた政治の便乗風に乗ったものにすぎなかったからかもしれない。

「最大っていうけれど、〝大きいことはいいことだ〟の時代はもう終ったんじゃないかな。〝最大〟が目玉になるとは思えないが」と小声で主張するわたしに対して、

「わたしもその哲学には賛成です。しかし百科事典は別ですよ。商品性が違うんです」と営業局次長の大声が返ってきた。

「船頭多くして船山へ上る」という古くからのことわざがあるが、民主主義の世の中ではしばしば「会議多くして時計の針逆にまわる」である。

進歩派の人々はとかく会議やら議論が好きで、会議や議論を重ねれば重ねるほど民主的で、いい結果が生まれると思い込んでいるらしい。

けれども会議や議論はいわば本番の準備体操みたいなもので、いくら体操をやっても本番の仕事は動かない。

平凡社の場合がそれだった。わいわいがやがや会議やら議論に日を送っているうちに、肝心の経営はどん詰まりに落ち込み、銀行管理から人員整理へと追い込まれてしまった。

その結果、八〇数名の社員と麹町四番町にあった自社ビルなどを失うハメになった。

これだけの犠牲を払って平凡社は立ち直り、大声君の理想の百科が世にお目見え

したかといえば、じつはそうではなかった。

人員整理から四年経った昭和六〇（一九八五）年にやっと完結した新百科『大百科事典』は全一六巻、約九万項目で、なんとコンパクトをセールストークに掲げていた。

その前に大声君は退社してしまい、またわたしが尻ぬぐいをさせられた。しかし「大澤さんが主張していた通り、最初からコンパクトにしておけばよかったですね」と言う役員も社員もいなかった。

いささか未練たらしくなってしまったが、ついでにこの人員整理の時に社の執筆者群の一部が演じた茶番劇にふれておきたい。これもじつは大声君の仕掛けたものだった。

希望退職という名の人員整理が進んでいる最中、「平凡社応援」と題する声明が話題を呼んだ。

それはそうだろう、加藤周一、桑原武夫、遠山茂樹、藤田省三、丸山真男といった当時の錚々たる学者・文化人が発起人に名をつらね、「平凡社は、従来の自社の経営を根本的に反省し、あらたな方向をめざす積極的な姿勢を示した。社屋を売り払ってまで、体質を改善し、日本文化にとって意味のある本を出し続けようと決心したのである」とまで言い切ったのだから。

破産の危機に追い込まれた一出版社に対して、当代一流の学者や文化人が美辞麗

桑原武夫（1904〜88）福井県生。仏文学者・評論家。経験を価値評価とする文学論を展開。日本の伝統芸術を総括的に批判、京大の人文科研所長も歴任。

遠山茂樹（1914〜2011）東京都生。日本史学者。戦後再建の歴史学研究会の一人。『明治維新』が政治史として注目され、藤原彰との共著『昭和史』は論争を呼ぶ。

句を連ねて応援したなんてことは後にも先にも例を見ない事件にちがいない。

もっとも「この文章を書いたのが、戦後の論壇をリードしてきた文化の送り手であり、決して受け手ではなかったことを思うと、にわかに別の意味合いを感じざるを得ない」と疑問を呈し、「この文章は、そういう疑問をいだかせる政治的〝名文〟である」と断じた「とじ糸」（『日本経済新聞』の名物コラム。筆者は井尻千男）のような批評もあった。

「社屋を売ってまで、とは書いてあるが、社員を大量に整理してまで、と書いてないのはなぜだろう。長年、縁の下の力持で先生方の本を作ってきた大勢の社員の首を切ってでも、『日本文化にとって意味のある本を出し続け』るという姿勢を支持されたんではかなわないな」とある退職社員はわたしに食ってかかった。

社内の実際とあまりにもかけ離れた、高所から見下ろしたようなこの文章には、また進歩的文化人お得意の安全地帯からの「声明」かと、うんざりするほかわたしはなかった。

この応援キャンペーンを買って出た『朝日ジャーナル』の座談会での藤田省三の発言は、不思議なことに一層の人員整理を望む銀行とその意を受けた大声君ら一党の意図をバックアップするものだった（座談会の他の出席者は萩原延寿と大声君）。

藤田省三（1927〜2003）愛媛県生。思想史家。丸山真男に師事。明治国家の体制原理を批判、当時日本が持った普遍的精神の今日的継承を思想の科学研究会で共同研究。

丸山真男（1913〜96）大阪府生。日本政治思想史研究で西洋の近代政治学の方法を適用した学風で、戦前〜戦後体験を踏まえた思想史を貫く構造の関連解明に尽力。

萩原延寿（1926〜2001）東京都生。歴史家。英米の大学に留学後執筆に専念。伝記の形式で近代日本の理想と権力、近代の相克と伝統の問題を追究。

平凡社の落城

希望退職を募っている時、これからはどうせ大声君の天下になるだろうから、割増の退職金を貰って辞めようか、しかしぬるま湯育ちではもう一足のわらじまで履いていけるだろうかと、わたしはあれこれ迷っていた。

そういうわたしの動揺を察知してかどうかは知らないが、専務の中島正清に呼ばれて、辞めては困る、残ってほしいと懇請された。

ひとりでも退職者をふやそうと走っているはずの中島からの懇請は意外だった。中島というと真夏日に大汗をかきながら世界大百科の大貼りを張っていた姿が目に浮かぶ。その頃は冷房なぞなく社内は扇風機頼りだったが、個々の校正紙をあいうえお順に台紙に貼っていく大貼りは扇風機を回すことがかなわず、きびしい職場だった。

たぶん中島はアルバイトでこの仕事に就いたはずだ。しかしあれよあれよという間に中島は労組のトップとなり、営業のトップとなり、経営のトップに上り詰めた。いうなれば平凡社の出世頭だが、人事いじりが大好きで、平《ヒラ》からは恐れられ、憎まれていた。

中島が営業部長になったとき、編集のトップの編集局長に合わせて、営業部を営業局と名前を変えさせ、営業局長に納まるという稚気というかコンプレックスというかのある男だった。

　下中社長は書協など社外の仕事に関わることが多く、社内は専務の中島に任せていたらしい。前に書いた編集と営業の二つの次長に大声君を据えるという、苦しまぎれの人事をやったのも中島だった。

「おれが日本一の労働協約を結んだ」と豪語していた組合時代の中島としか付き合う折はわたしにはなかったけれど、ある争議の折、わたしの団体交渉ぶりをみて「組合はもうがたがただったのに、大澤君はそんなことをおくびにもださず悠々としているのに感心した」と褒めてくれたことがある。

　じつはわたしは組合ががたがただとは少しも知らなかったのだが、わたしもさる者で、そうでしたかと聞き流した。そのせいかそれ以来、中島はわたしに割合友好的だった。

　中島は大声君を可愛がり、おれのあとはお前といっていたらしい。最初の人員整理を取り仕切ったのは中島だったが、大声君配下の「エリートたち」を組合執行部に送り込むという汚い手を使った。

　平凡社労組には執行委員候補辞退という制度があり、「エリートたち」はその常連だった。ところが第一次整理を控えた年の執行委員選挙に彼らは揃って立候補した。彼らは有能な「エリート」で会社に抵抗するだろうと期待され、全員、執行委

平凡社旧社屋（市ヶ谷）

員に当選し、書記長や書記次長などの要職を占めた。

ところが多くの無邪気な組合員の期待を裏切り、彼らは巧みに会社側についたので「裏切り書記長、死ね」という過激なビラまで貼られたが、後の祭り。整理が終ったら、彼らはまた執行委員を辞退し、やがて四〇代の若さで役員になった。

第一次の整理の責任を取る形で中島は退職したが、もう一回人員整理をやるんだぞと大声君に引導を渡し、「分かりました」と大声君がその時だけは小声で答えたという見てきたようなうわさも社内に流れていた。

そんな折だったので、残ってくれという中島の懇請は意外だった。わたしと大声君との仲は情報通の中島ゆえ知らぬはずはない。あの時の中島の思惑がなんだったのか、大声君の万一の尻拭いくらいに考えていたのかもしれない。

しかしともかくわたしは残ることにしてしまった。あの選択が是か非かはいまもって分からない。


昭和五六（一九八一）年九月四日、平凡社は自慢の自社ビルを失った。

下中社長のお好みで、岡山の烏城のように真っ黒な八階建てのビルが麹町四番町の旧社屋の敷地に出来たのは一〇年近く前、第一次オイルショックの前年だった。

古い話になるが、旧社屋は旧満鉄の副総裁だかの公邸で、わたしが入社した頃は広い庭があり、植木屋が入っているのを見た串田孫一が「お金持ちの出版社は違う

串田孫一（1915〜2005）東京都生。詩人・随筆家。大学で教えるが「喋るのがいやに」なり辞職。山と詩と音楽を愛する江戸っ子モラリスト。山岳紀行・随想等。

ねえ」と言っていた。

串田はわたしの最初の仕事だった『哲学事典』の編集委員で、時々社に見えていた。

その庭にもまもなく倉庫が建ち、手狭となる一方、社員の数はふえていき、近所のいくつかの貸ビルにたこの足のように分かれていった。

それだけに全社員が一つの屋根？の下で働ける新社屋の落成は、わたしのような愛社精神なぞあまりない社員でも嬉しかったものである。

一階のひろびろとした玄関ホールは、地方から上京してきた書店のおやじに「さすが、百科事典の平凡社！」といわせたそうだ。

六階は社長や役員の専用フロアーで、大きな円形テーブルの役員会議室は社のご自慢。ほの暗いエレベーター・ホールの壁には時価ン百万円というダリの絵が飾られていた。

しかし編集部の勝手放題は昔のままで、ある時、時ならぬ悪臭が社内に立ち込め、騒ぎになった。犯人は伊豆の式根島出張みやげに持ち帰ったくさやの干物、電熱器で焼いて召し上がっていたのである。

その当時「新ビルを作ると会社はつぶれる」というジンクスが出版界にあった。もっとも講談社、小学館、岩波書店等々にはこのジンクスは通用しなかったが、残念ながら平凡社はジンクス通りになってしまった。

近所の三番町の貸ビルへの引越しが何日かかったか、覚えていない。とにかく机やら本やら書類やらを運び出すのに追われて、最後の感傷にひたっている暇なぞはなかった。

ただ最後の日に下中社長の息子の下中弘が「帰ってくるぞー」と大声で叫んでいたのがなんとも哀れで、いまだに耳に残っている。

平凡社の社屋を買った某アパレルメーカーは、早々に姫路の白鷺城みたいに真っ白に塗り替えてしまった。黒は縁起が悪いとでも思ったのだろうか。

そして貸ビルに移ったわが平凡社はそれから目黒の碑文谷、小石川の白山上、そして最近（平成二四〔二〇一二〕年三月）神田神保町へと流浪の旅をつづけている。

三課長とランボー次長の奮闘

新しく入った貸ビルは麹町三番町で、四番町の旧本社ビルから歩いて五分くらいのところにあった。

わたしは牛込の自宅からずっとバスで通勤していた。新橋―小滝橋間の都営路線で、その昔、練馬区江古田にあった武蔵高校への通学には黄バスといって車体が黄色の、ほぼおなじ路線を走る民営バスを使っていた。

だから通学、通勤ともにバスの厄介になっており、幸いにして国鉄や私鉄の通勤地獄は経験しなかった。もっともバスも渋滞で時刻が乱れ、三〇分から一時間も待たされたり、ぎゅう詰めに押し込まれたりした。

黄バスには女の車掌が乗っていて、一時、わたしもいまでいうストーカーまがいにお気に入りの車掌の乗っているバスが来るまで、何台もやり過ごしたりした。まあこの話はずっと先のことである。

貸ビルに移ってからも新百科は遅々として捗らなかった。ビル売却益の税金逃れと新百科の資金手当てという名目で、大声君らが始めた女性誌『フリー』と『日本歴史地名大系』も例によって理想に走りすぎた結果、赤字の王様と化し、経営を圧迫する始末。遅きに失したが、ようやく下中社長もお気に入りの大声君を諦めざるを得なかったらしい。

またまた大声君の尻拭いに呼び出されたのが翌々年、昭和五八（一九八三）年一〇月のことだった。わたしが編集局長で、大声君は営業局長という人事、六年前の繰り返しである。

ただしあの時と違って大声君配下の「エリートたち」は動かなかった。機を見るに敏な「エリートたち」はいかにも「エリート」らしく大声君を見捨てたのだろう。

だからあの時、社長が腹を括って大声君の辞表を受理し、「エリートたち」を整理してしまえば、新百科は昭和五六（一九八一）年には刊行され、八〇人余の社員だって失われず、貸ビル住まいなぞせずにすんだものを、なぞと繰言をいっても始まらない。

以来、わたしは二足のわらじを脱いで会社のイヌに徹し、急げ、急げ新百科と吠えまくることとなる。

悪い時には悪いことが重なるもので、ライバルの小学館が昭和五九(一九八四)年秋から新百科全書を刊行すると発表した。

まさに前門の虎、後門の狼と追い詰められた非常事態の到来で、理想の百科は棚に上げ、六年前にわたしが主張したように、巻数を半分に落とし、コンパクトをセールスポイントとする大百科事典を、なりふりかまわず大至急刊行することになった。

それからが大変だった。巻数が半分に減ったのだから、随分楽になったろうと、数字の上ではみえるけれど、百科事典はいわば曼荼羅図みたいなものだから、あちこち図柄をつまんで外すわけにはいかない。新規蒔き直しで、項目の選定からやり直さなくてはならないのである。

作業は過酷をきわめた。戦前、戦後を通じてこれほど密度の濃い、死に物狂いの作業が行われたことはまずないだろうと、あとになって言われたほどだった。

商売敵の小学館のセールスマンはあれよあれよという間に出来上がる大百科をみて、あれは『世界大百科』のダイジェストだと言いふらしたそうだが、決してそんなことはなかった。

大百科編集部全体が力をふりしぼったことはいうまでもないが、なかでも編集の中核だった三人の課長と進行担当のK次長の奮闘がわたしには忘れられない。

大百科事典編集部は事典一、二、三課と図版課、校閲課で編成されていた。このうち事典一、二課が文科系、三課が理科系で、この一、二、三課長はいずれも勤続二〇年を越えるベテランで、修羅場の編集部の士気を支えるシンボルとなった。といってこの三課長が突貫工事の機関車だったかというと、そうではない。むしろ逆だった。機関車は別にいた。進行担当のK次長だ。

K氏は助っ人として途中から大百科編集部に入ったのだが、氏が進行の采配を振るわなかったら、『大百科事典』全一六巻はとうてい公約通りに刊行はされなかっただろう。

K氏の采配はこれまでの平凡社の作業常識を次々に破っていった。たとえば従来五工程を要した作業を、作業の組み合わせ方を工夫して三工程に縮めるなど、可能なかぎりの省力化を進めたのだ。だから外部からみると、随分乱暴な省力化に映ったが、実際は必ずしもそうではなかった。「百科のスーパーマン」の意味も込めてランボー次長と異名を奉ったゆえんである。

ランボー次長は入社以来、ほとんど百科作りに当たってきた男で、それだけに事典作りの作業工程をすみからすみまで知り抜いていた。その蓄積がこの修羅場でものをいったのである。「経験の蓄積」がどれほど貴重かを、この一例はよく示している。

　機関車の親玉がランボー次長で、その激烈な督促に耐えながらぎりぎりまで小貼をチェックしているのが三課長だった。

　小貼というのは印字と校正の終った項目のことで、貯まった小貼を五十音順に並べていく。だから小貼が揃わないと、作業はストップしてしまう。

「いま回さないと、明日の進行がストップするんだ。最終チェックは校了の時にでもできるんだから、付箋をつけておけばいいだろう」と、ランボー次長。

「もうちょっと確かめておきたいんだ。今夜一晩時間をくれよ」と、三課長。そんな情景が日に幾度となく繰り返された。時には言い合いがエスカレートして怒鳴り合いになることもあった。

　もちろん、三課長とて進行が遅れていいと思っているわけではない。だが進行担当の言いなりになっては、編集者としての良心が許さない。事典に誤りがあってはならない。それが事典作りの平凡社の伝統であった。

　だが一方で、許された時間はわずかしかないのだから、結局、彼らは休日はもとよりめしを食う時間やねむる時間まで削って、仕事につぎ込んだのである。骨身を削る、とはまさにこのことであろう。

　もっとも三課長が時には声をあらげてまで，ランボー次長の指示に抵抗したのは、実は彼らが次長の手腕を信頼し、自分たちの粘る限度を測っていたからでもある。

仕事の上での相互信頼がこのことを可能にしたのだ。

そしてランボー次長と三課長の間で日夜繰り返されるドラマが、いやが上にも編集部の士気を高めたのである。もし三課長がランボー次長への防波堤ではなく、次長といっしょになって機関車の側に回っていたら、編集部の士気は低下し、仕事はなげやりになり、『大百科事典』は半熟のまま売りに出されることとなったろう。

「めでたく大百科の仕事が終ったら、真っ先に三課長を胴上げしたい」

と、若手のドライな編集部員さえ修羅場の最中につぶやいていたという。

しかし『大百科事典』がめでたく完結したあと、三課長を待っていたのは感激の胴上げではなく、一年後の首切りであった。

四五歳以上は退職！

平凡社はその七〇年の歴史のなかで、戦前に二回、戦後に二回、都合四回、大掛かりな人員整理をやっている。

戦前と戦後では社会環境が違うから、先代社長下中弥三郎と二代目社長下中邦彦との首切りのやり方を単純に比較はできないが、それでも歴然と違う点が二つある。

一番大きな違いは戦前は倒産だが、戦後は「自力更生」。戦後、第一次の時、「自力更生」でいけたのは本社ビルなどかなりの資産があったからだが、ビルも売却してしまった第二次の場合は、経営責任は明らかだから「更生決定」の方がよくはないか、とわたしなんかは主張した。

「更生決定」すれば債権はすべて一時棚上げになるし、役員は社長始め全員退任し、裁判所の任命する管財人に全権が委ねられる。だが債権の棚上げを嫌う埼玉銀行から送り込まれた総務部長や銀行の覚えめでたい「エリートたち」の一人Sなどは断乎として反対だった。

しかし「銀行から役員が入っていてまたおかしくなるなんて普通じゃ考えられない」と首をかしげる日本銀行出の義兄の伝手で埼玉銀行に乗り込み、わたしはあれこれ事情を訴えもしたが、大勢を変えることはできなかった。

「自力更生」というと聞こえはいいが、その実際は銀行その他の債権者は安泰で、経営権も失われない。さらにここが大事なところだが、労働組合も解雇ではないから、見て見ぬ振りが出来る。犠牲になるのは「希望退職」を求められる社員だけなのだ。

……会社からは陰に陽に肩叩きされるし、このまま居座っても居心地は悪くなるだろうし、といってこの年で再就職のアテはなし、しかし会社が先行き立ち直るともかぎらないし、ならばいま割増しの退職金を貰って辞めた方がいいかもしれないし、……

どっちにしても確定できない明日を前提にして思案しなくてはならないのだか

ら、思いは堂々めぐりするほかないのであり、場合によってはそこで奥方のヒステリーに耐えなければならぬこともあろうし、あるいは励まされて元気が出ることもあるだろう。

家族をも巻き込んで、ひとの心を千々に乱れさせる「希望退職」とはなんと罪深いものだろうか。しかも当の仕掛け人は会社、組合双方とも名目上は直接の責任を負わずにすみ、なんとなく罪一等を減ぜられた気分になれるのだ。

そのためもあってか、第二次の時、総務部の不手際でそれでも第一次の時には開かれた別れの社員総会すら開かれなかった。それならせめて退職者を一人ひとり社長室に呼んで長年の労をねぎらってほしいと、わたしは邦彦社長にお願いしたが、「挨拶に来るひともなかにはいるし、一人ひとり呼ぶのもおかしいし」ムニャムニャとかわされてしまった。

一方、先代の弥三郎社長は昭和一〇（一九三五）年秋、二度目の倒産に際して、一〇〇人の社員（この時は一三〇人いた社員を一遍に三〇人に減らした）を一人ひとり呼んで社の窮状を訴え、社の再建が成った暁には必ずまた働いてもらうからこの際退社してくれと懇願したという。

「昭和十年二度目の破産その時に一夜にうちに白髪となりき
何故のショックぞそれは一〇〇人の社員のことはくるしさのため」

これはその折に先代が詠んだ歌である。

わたしはこの話を元社員だった古河三樹から聞いた。古河も首を切られた方だったが、約束どおり、再建なった折に呼び戻されたそうだ。

社長たるもの、このように体を張って経営に当たらなくちゃいけないんじゃなかろうか。

この時、先代はベテランの年配社員を残し、若い社員に辞めてもらっている。再建にはやはりベテランが必要だという、これも真っ当な判断といえる。

ところが二代目はまったくその逆を強行した。四五歳以上の社員に希望退職を迫ったのである。

この四五歳以上退職案は早くから「エリートたち」三人組の間で暖められていたらしい。当初は五〇歳以上で考えたが、それでは銀行が求めている「七〇名整理」にとうてい達しないので五歳繰り下げたといわれている。

四五歳以上退職となれば、『大百科事典』完成の最大の功績者とだれもが認めるランボー次長や三課長も全員その対象となる。

そのくせ『太陽』をついに黒字にできなかった編集長のW（「エリートたち」の一人）は、四五歳になっていないから留任する。

「こんなスジの通らないことをやったらだれも本気で働かなくなるだろう」とわたしは強く邦彦社長に迫ったが、

「功績は功績でたしかにある。そこはむずかしいところで、それは別に評価しなくてはならない。だがどっちにしてもこんなひどいことはないんだから」

というのが社長の答えにならない答えだった。

「こんなひどいことはないんだから」と答えた邦彦社長はだれが「こんなひどいこと」を招いたのか、本気で考えていたとは思えない。

「エリートたち」三人組がこんな不条理な線引きを強行した理由は三つある。

第一は埼玉銀行が求めていた「七〇名整理」。銀行は第一次の時から経営規模を五〇〜六〇名規模にしたいといっていた。けれどもなぜ五〇〜六〇名規模が妥当なのか、それについて銀行は決して説明しようとはしなかった。ちらちらと数字をほのめかし、暗黙裡に圧力をかけてくるやり方は銀行特有なものなのだろう。

とにかく人を減らし、人件費を削減すればいい、それが一番安全な再建策だという財務的な発想に尽きていた。

埼玉銀行は平凡社の創業以来の主力銀行だった。先代の頃は埼銀の幹部といろいろ人的な交流もあったが、二代目になってそういう付き合いは途絶えたらしい。

「銀行はなにを考えているのか分からん。平凡社のブランドは今でも出版界で高く買われている。そのあたりが分かっていないんじゃないか」と、二代目はぼやいていた。

けれども銀行に出向いて積極的にその辺りをついたことはなかった。

銀行も代がかわり、出版という企業に理解や情熱をもつ幹部はいなくなったのだろう。わたしが銀行の役員と話した時も、それは感じられた。

「エリートたち」三人組にとって銀行の要請は無条件だった。社長を突き上げて銀行と渡り合おうとすることなぞ、考えもしなかったらしい。

むしろこの銀行の要請をたてにして、三人組は七〇名という大量の希望退職者を確保するには単純明快な整理の基準を示さざるを得ない。それには年齢で切るしかない、とわたしたちの反対に反論した。

けれどもこれは表向きの理由であって、その裏には別の思惑が隠されていた。ひとつは対組合戦略。つまり四五歳以上と線を引くことで、社内を四五歳以上と以下に分断し、組合全体の抵抗を弱められるという読みである。

この読みは適中したといってよい。なぜなら四五歳以下の組合員の多くはこの「人員整理」を自分の問題と受け止められず、はっきりいえば他人事のようにみていたからである。

第二次整理の翌昭和六二（一九八七）年の年末手当で、平凡社労働組合は数回のストライキを打ち、新生平凡社の屋台骨を脅かしたが、同業の労働組合の間では、「平凡社労組は首切りの時は一度もストライキを打たず、一ヵ月足らずの手当のために何回もストライキをやっている。おかしな組合だ」

と、すこぶる悪評だったそうだ。

三人組のいまひとつの思惑はいずれ自分たちが天下を取る前に、使いにくい年配の社員を全部整理しておけば、「天下安泰」を謳歌できよう、という「邪魔者は除け」の短絡した発想だ。これは当時、社内では公然の秘密で、団体交渉でも組合が遠慮がちに聞いていた。

「今回の減量を推進したのは四五歳以下の役員だったから、四五歳で切ったのだろう。まさに陰謀だというハナシも職場から出ている。真偽のほどは分からぬが、そういう感じ方を全社員に与える線引きは基本的に間違っている。こういうやり方では全従業員を率いていく強力な役員会など出来るわけがない。」（当時の「団交報告」より）

もし彼ら三人組が思慮深く、自分たちの力量を弁えていれば、真っ先に有能な年輩社員の処遇に頭を使っただろうが、温室育ちの「エリート」だったので、有能な年輩者はただの「目の上のタンコブ」としか映らなかったのだ。そこで「目の上のタンコブ」をきれいさっぱり落とすにしくはないと考えたのだが、その報いは日ならずして現れたのである。

「新生平凡社」は三年ともたず、第三次整理という業界でも珍しい悲劇を迎えることになった。

『現代人の思想』あれこれ

書籍をやるようになってからわたしが手掛けたシリーズの二本目が『現代人の思想』全二二巻だが、これにはいろいろと思い出されることがある。

よくできたアンソロジーは広く浅く知識を漁る必要に迫られるわたしのような編集者にとってはとても便利な本で、英語版のアンソロジーを幾つか愛用していた。けれどもなぜか日本ではアンソロジーはあまり出版されていなかった。たぶん日本の知識人には完全主義志向が強く、たとえ読まなくても全文載った本でないと本と認めない見栄があるからかもしれない。

ちょうど河出書房の「世界の大思想」とか中央公論社の「世界の名著」なぞが派手に売り出されていた昭和四〇年代である。

やはり中公が出した「日本の歴史」のバカ売れにあやかってわたしは「思想の歴史」全一二巻を企画、編集したが、歴史のあとは現代ということで、現代をテーマにアンソロジーでと考えたのである。

いつもよそさまの成功にあやかっていたわけだが、柳の下には二匹くらいドジョウがいるらしく、「思想の歴史」もそこそこ売れていた。

研究室の扉に「執筆お断り」と札が貼ってあるので、わたしたち編集者には怖れられていた京大人文科学研究所の島田虔次も書いてくれた。親分の貝塚茂樹が「思想の歴史」の監修だったので、親分の顔を立てたのだろうが、刊行後、「印税で娘にピアノを買ってやった、ありがとう」と礼状がきたのは嬉しかった。

大御所の貝塚で一番思い出されるのは、同乗していたタクシーを追い抜こうと走ってきた車に対して「ぶっつけてやれ」と激しく叫んだ一コマである。随分気性のきつい先生だなと、貝塚といえばまずその時のことが浮かんでくる。

大御所といえば図々しくも東大法学部の丸山眞男に執筆を頼みに行ったことがある。面会日というのが週に一回だかあって、約束の日に研究室に行った。荘重な法学部の研究室は民主主義とはあまり縁がないような雰囲気だった。

有名なスターリン批判以後、いわゆる新左翼が頭を擡げた頃で、黒田寛一とか対馬忠行らとも交流のあったわたしは戦後民主主義には批判的だったから、とりわけ意地悪くそんな感じをもったのかもしれない。

執筆はあっさり断られたが、わたしの方も未練はなかった。当時、政治学で遅筆の横綱は丸山、大関は藤田省三といわれていたから、引き受けられたらどうしようと内心心配していた。

それならなんでわざわざ会いに行ったんだということになるが、たぶん冷やかしてみようと思ったのだろう。丸山はそんなわたしの底意を見抜いて断ったのかもしれない。

島田虔次（—ケンジ／1917〜2000）
広島県生。中国思想史家。文化・思想において異質の西洋と東洋は、文化・歴史の価値では同質という立場で儒教思想の近代の展開を追跡。

貝塚茂樹（1904〜87）
東京都生。中国史学者。内藤湖南・桑原隲蔵（ジツゾウ）に師事、京大人文科研で甲骨文字等を研究、世界的評価を得る。日本学術会議会員。

対馬忠行（1901〜79）
香川県生。アナキストから福本和夫の影響でボルシェヴィズムに転向。日本資本主義論争に労農派シンパで参加。トロツキーの影響で反スターリニストに。

ちなみに人文系の遅筆の横綱は林達夫、大関は久野収だった。「思想の歴史」の監修をお願いしたのは貝塚のほかギリシア哲学の田中美知太郎と現代思想の清水幾太郎だった。

田中はギリシア専門だが、その頃は保守の論客としても発言していた。『朝日新聞』の論壇時評を担当していた折、わたしの文章を取り上げてくれたことがある。当時の保守は反マルクス主義で、アナキズムもどきのわたしの文章が目に止まったのだろう。

あとで知ったのだが、田中は若かりし頃、アナキズムに惹かれて渡辺政太郎の北風会に出入りしていた時期があった。そんなこともあってか、わたしをかわいがってくれた。京都・鴨川の川床で一緒に飯を食ったとき、「アナキズムってのは地下運動がふさわしいんじゃないかな」とぽつりと言っていた。

清水幾太郎とは六〇年安保で松田政男らが六月行動委員会を立ち上げた折に初めてお目にかかった。六〇年安保の時の清水はさしずめ今日の大江健三郎みたいなスター的存在だった。そんな清水が岩淵五郎の春秋社の薄暗い編集室での集まりにいたので、あれっと思った。

けれども安保の波が引いて間もなく清水は進歩的文化人の足を洗い、サルトルまがいの親マルクスから反マルクスに転じていった。もちろんわたしはそれと知って清水に頼んだのだが、それと知らない校正者があれ！　清水さんがこんなこと書い

田中美知太郎（1902〜85）新潟県生。哲学者。ギリシャ哲学で特にプラトン研究・翻訳に尽力。社会的関心強く『愛国心について』『言論の自由について』等執筆。

清水幾太郎（1907〜88）東京都生。社会思想家。羽仁五郎らを通じマルクス主義に接近。二十世紀研究所・平和問題談話会から核兵器支持への思想的転向で有名。

渡辺政太郎（1873〜1918）山梨県生。小学校卒業後各種の職業に就き、キリスト教徒に。片山潜の影響で社会主義運動に尽力。大逆事件後アナキストとして活動。

てると大声を上げた。

六〇年安保のスターだったから、その転向の波紋は大きかったのだろう。ある時「林さん、転向ってそんなに悪いことですか」って清水が言ってたよ、と林達夫から聞いた。清水自身、相当な心の重荷を背負っていたのだな、とその時わたしは思った。

こんな思い出話を書いていたらきりがない。本題に戻ろう。「現代人の思想」の企画を練っている時も、林にはいろいろサゼッションを受けた。

『未開と文明』の編集・解説は山口昌男がいいと薦めてくれたのは林だった。そのころの山口は売り出しの最中で、「岩波にだけは書かない」と意気軒昂としていた。当時の若手の学者には山口のような意気盛んな連中が大勢いた。今になって考えてみると、彼らは学者の砦だった岩波にたむろする古手の学者に強い対抗意識を持っていて、発表の場を求めていたのだろう。

その後山口らが岩波の看板になっていったところをみると、老獪な岩波書店は若手の対抗心を煽り立て、首尾よく成長したところで頂戴するという戦略を取っていたようにも思われる。もっともこれは編集者のわたしのひがみかもしれない。

「現代人の思想」の編集・解説者には山口のように元気のいい若手が多かった。『政治的人間』を担当した永井陽之助もその一人だ。いわゆる現実主義を主張した政治学者で、東京工大の教授だった。

岩淵五郎（1928〜66）出版社編集長。吉本隆明の雑誌「試行」校正を手伝う。全日空墜落事故で急逝。

山口昌男（1931〜2013）北海道生。文化人類学者。アジア・アフリカ言語研究所所長。構造主義人類学の理論を吸収、以降の文化論をリード。天皇制についても発言。

永井陽之助（1924〜2008）東京都生。福島県育ち。国際政治学者。客員教授で渡米、経済学から精神医学まで幅広い知識活動を展開。『平和の代償』『冷戦の起源』

永井を訪ねて東京工大へ行く日は、ちょうど笹本雅敬らのベトナム反戦直接行動委員会の青年たちが、機関銃を製造していた東京田無のH特金属工業に攻撃的なデモを仕掛ける日だった。

何が入っていたか忘れたが、東京工大へ行く前に四ツ谷駅で行動委員会の青年に紙袋を渡して別れた。その時、ひょっとすると幇助でおれもとっ捕まるかなと暗い気分に襲われたことを憶えている。

昼間は「現代人の思想」で走り回り、夜は行動委員会の集まりに顔を出す、というのが当時のわたしの日常だった。よく体がもったと思う。

林のサゼッションで特になるほどと感心したのは、これから大きな問題になるのは機械文明とそれを作った人間との葛藤だから、そういう巻を一巻立てるといいという提案だった。いまやまさにそれが大問題になっているわけで、林というひとは本当の歴史家だったから未来を観ることができたのだろう。

いまや歴史は政治のためにする道具になり下がり、相互の偏見と憎悪を助長するだけの役を務めている。林が生きていたらなんというだろうか。

林の提案は『機械と人間との共生』（昭和四三〔一九六八〕）として最終巻に収め、編集と解説を鎮目恭夫にお願いしたが、林からいい点は貰えなかった。

「現代人の思想」がスタートしたのは昭和四二（一九六七）年五月で、第一回の配本は白井健三郎編の『実存と虚無』だった。猫も杓子も実存主義の時代で、ハイデ

笹本雅敬（ ―マサヒロ／1940～87）鹿児島県生。アナキスト。東京行動戦線所属。66年田無の軍需工場襲撃事件の際のベトナム反戦直接行動委員会指導者。47歳で急死。

鎮目恭夫（シズメ　ヤスオ／1925～2011）東京都生。科学評論家。生物物理研究で出版社嘱託から民主主義科学者協会幹事。海外の重要書紹介に尽力、バナール『歴史における科学』等。

白井健三郎（1917～98）東京都生。仏文学者。中村真一郎らと詩作集団結成。社会的関心が強くサルトルと出会い、現代思想・文学状況を論じ行動する〔参加の文学者〕。

ッガーにサルトル、カフカにカミュ、埴谷雄高などの抜粋をぎっしり詰め込んだ。

白井は大の麻雀狂で、麻雀をしないと原稿が書けないというので、担当の編集者は仲間を集めて麻雀をしながら原稿を書かせるという離れ業をやった。当時、平凡社では賭け麻雀が盛んだったから、仲間はすぐ集まったらしい。

久しぶりに手もとにあった「現代人の思想」をダンボール箱から取り出してみた。すっかり忘れていたが、B6判、8ポ2段組み、平均四〇〇ページ、月報付きという造りに驚いた。よくぞこんなに読みづらい本を作ったものである。若かったんだなあ。しかしそんな気合が入っていたから読者はついたのだろう。

そんな読者の一人に「今泉棚」で伝説の書店人となった今泉正光もいた。小田光雄がインタビューした『「今泉棚」とリブロの時代』（論創社　平成二二〔二〇一〇〕）で、「あれは色んな意味で印象深い企画でしたね。この企画はまず装丁や判型からして、おしゃれだった。白地の箱入りのB6判だからコンパクトで、それまでの思想シリーズとまったく印象が異なっていましたね。／岩波書店だったら、ありえない装丁と判型のように映った。それと参考文献が充実していて読書の幅が確実に広がりました」と今泉は述懐している。

今泉も若かったんだろうか、ぎゅうぎゅう詰めの読みにくさについては何も言及がない。

装丁をしてくれたのは木村恒久である。木村もその頃売り出し中のデザイナーで、

ハイデッガー、マルティン・（1879～1976）ドイツの哲学者。キリスト教神学から現象学、観念論、実存主義の影響で独自の存在論哲学を展開。30年代ナチスに加担したことで現在も論争が起きる。著書に『存在と時間』

木村恒久（1928～2008）大阪府生。デザイナー。広告デザインで社会性を意識した作品を制作。フォトモンタージュで社会批判的な力を表現。

帯を付ける代わりにケースの背に書名と並べてキャッチコピーをつけようと言い出した。そもそもケースは包装紙代わりなんだから、宣伝に使わない手はないというのだ。

これは社内で問題になった。大声君なんかはわざわざわたしのところへやってきて、本の格がおちるから止めろと忠告してくれた。

だがもともと新しいもの好きのわたしは社内の反対を押し切った。もっとも肝心のキャッチコピーは各巻の担当がそれぞれ書いたので、どうも生硬で宣伝効果はあまり上がらなかったようだ。

そのせいかこの木村のアイディアは「現代人の思想」だけの独走に終わってしまった。

『反抗的人間』でぶん殴られる

「現代人の思想」では先にあげた『政治的人間』のほか「……人間」という巻名がいくつもあった。『反抗的人間』『性的人間』『疎外される人間』『組織のなかの人間』といった具合である。

しかしその『反抗的人間』を地でいくような事件がわが身に降りかかってくるとは思いもしなかった。

ロレンス、トマス・E・（1888〜1935）英国生。第一次大戦以後の対中東工作員。考古学・築城学を研究。メッカのシャリフ、フサイン挙兵に呼応しゲリラ戦展開。交通事故で死去。

カミュ、アルベール・（1913〜60）アルジェリア生。仏の作家・評論家。第二次大戦中抵抗運動で活躍。戦後不条理の哲学を小説『異邦人』や評論等で展開、サルトルらと論争。

李珍宇（1940〜62）1958年小松川女子高生殺人事件の犯人として死刑判決。

『反抗的人間』の編集・解説者はいいだ ももだった。小説を書き、評論を書き、新左翼の共産主義労働者党書記長でもあったいいだは八面六臂の才人として知られていた。

そのいいだにふさわしく『反抗的人間』にはアラビアのロレンスに始まり、アルベール・カミュ、李珍宇、奥浩平、アレン・ギンズバーグ、マルコムX等々を連ねてチェ・ゲバラで終わる二九編が収まっていて、内村剛介と武井昭夫が月報に書いていた。

この巻を担当したのは岡本潤が大好きという詩人の鈴木創で、埴谷雄高の『影絵の世界』(昭和四一(一九六六))を手掛けた男だ。

刊行されたのは昭和四二(一九六七)年一〇月二〇日、事件が起こったのは一二月一二日である。

その日は夜、年末手当の労組の総会があり、終わったのはたしか七時か八時頃、帰宅急ぐわたしをあとからSが追いかけてきて話があるという。

歩きながらの話は終わらず、いまはなくなったが、JR市ヶ谷駅前の歩道橋の下で続くことになった。

二、三〇分は話したろうか。その中身はほとんど思い出されないのだが、とっかかりは『反抗的人間』でのゲバラの扱いはなんだという抗議だったと思う。「ゲバラを穢す」とSが叫んでいたような気がする。

奥 浩平(1943〜65)
東京都生。学生運動家。横浜市立大生。安保・日韓条約反対・原潜日本寄港反対闘争等に参加。65年外相訪韓阻止闘争で負傷。退院直後自殺。

ギンズバーグ、アレン・(1926〜97)
米国詩人。20世紀後半ビート運動の代表で後の前衛詩に大きく影響。W・バロウズとの往復書簡は次世代の聖書的な意味を持った。

マルコムX(1925〜65)
米国の黒人指導者。小学校卒。21歳強盗罪で入獄。獄中で回教徒に。27歳でマルコムと改名。アフロ—アメリカン統一機構設立。暗殺される。

押し問答が続き、埒があかないとみたか、「殴ります。眼鏡を取って下さい」とちょっと威儀をただしてからSは宣言した。

それに応じて眼鏡を外したかどうかは覚えがない。

Sが殴りかかってきた時、わたしは殴り返そうとしなかった。攻撃こそ最上の防御だという定理からすれば殴り返すべきだったし、負けるが勝ちの教えからすれば、一目散に逃げ出すかすればよかったと、あとになって反省した。

けれどもけんかにうぶなわたしはSの腕をつかまえてなんとか殴られまいとするのが精一杯だった。何度かもみ合ううちにわたしはSに組み伏せられ、Sは両足でわたしの両腕を抑え、わたしの顔を止むことなく殴り続けた。

一発殴って胸がすっとしたとかよくいわれるが、一発が二発になり、二発が三発になり、殴り続けられるとなると、殴る方も我を忘れてしまい、止めどがなくなってしまうのかもしれない。

初めて恐怖を感じたわたしは声を出して助けを求めた。

幸い市ヶ谷駅の傍のガソリンスタンドの従業員が駆けつけてきて、「もういいだろう」とわたしたちを引き離してくれた。

だれが通報したのか知らないが、パトカーもやってきた。

それをみてやばいと思ったのだろう、Sは素知らぬふりでその場を立ち去ろうとしたが、間に合わず拘束されてしまった。


ゲバラ、エルネスト・チェ・（1928～67）アルゼンチン生。革命家。医学博士。ペロンの独裁を逃れカストロと邂逅。キューバ革命でゲリラ戦指揮。他国の革命を支援するが戦死。

武井昭夫（1927～2010）文芸評論家。全学連初代委員長。学生は労働者階級の指導なしでも階級闘争の主体たりうると主張。新日文の中心で文学者の戦争責任を問う。

わたしもパトカーに乗せられ、近くの外科医院で手当てを受け、それから麹町署に引っぱられた。

わたしは社内での喧嘩だと説明したが、Ｓは六〇年安保以来、何度も警察沙汰を起こしていたから、ひょっとするとすでに警察のブラックリストに載っていたのかもしれない。警察はしつこく訊問しやがった。

ようやく放免になったのは零時を回っていた。Ｓに会っていきますかと警官に聞かれたが、断った。Ｓの顔をみるのは正直、まだ怖かった。

やっとわが家にたどり着いたが、包帯でぐるぐる巻きのわたしをみて、まだ小さかったわたしの娘はわあっと泣き出した。

平凡社がこれまでの縁故採用を改めて公募にしたのは昭和三三（一九五八）年から四年のこと、Ｓはたしか二回生か三回生で、一橋大出身だった。

昭和三五（一九六〇）年の六〇年安保の時、国会南通用門の門扉を壊そうとして逮捕された。平凡社の組合も出版労協傘下で積極的にデモには参加したが、Ｓは穏健な出版労協のデモに我慢出来ず、一人飛び出したらしい。

平凡社労組は逮捕を不当として警視庁にデモを掛けた。その時はわたしもデモに参加していた。わたしがＳの存在を知ったのはその時が初めてである。

その後Ｓは次第に社外の過激な活動に参加し始め、ある時炭労本部の正面玄関のガラス扉をぶち破った。その時はたまたまわたしは平凡社労組の委員長だったので、炭労に謝りに行き、もらい下げてきたことがある。

わたしとSとの直接の関わりはそれくらいだった。だから『反抗的人間』のゲバラのことで難詰されたのは意外だった。まして組み倒され、ぼこぼこに殴られる覚えはまったくなかった。

社内でのSは不遇で、どの職場もSを敬遠し、その時は図書室勤務だった。編集、とりわけ書籍の編集をやりたくて入社したSにしてみれば、「現代人の思想」のような思想シリーズを手掛けているわたしが許せなくみえたのかもしれない。

べ反委（ベトナム反戦委員会）の集会でわたしはSを見かけたことがある。だから志向するところで一致する面もあったはずだが、世の中、そう単純ではない。

べ反委の裁判が始まった時、法廷は荒れに荒れた。それで困ったのか弁護人の杉本昌純はこの次の法廷は静かにするよう傍聴人を説得してくれと同じべ反委の救援をしていたMに頼み、Mは杉本さんがそういってますとわたしに話した。

その頃わたしは被告たちの救援を引き受けていて、目が回るように忙しく、「大澤さんの事務能力はすごい」と杉本におだてられた。

わたしの家を連絡所にしていたので、大勢の家族が訪ねてきた。最初は息子がとんだことをしてなぞと嘆いていた母親が、法廷に傍聴したりしているうちにすっかりたくましくなって、裁判所はひどいというほどに変わっていった。

また足しげく拙宅に来て、息子の様子を心配していた地方に住む父親が事件が終わってしばらくして自殺された。理由は聞かなかったが、その知らせに暗然としたこともあった。

馬鹿正直なわたしはMの言葉を真に受けて傍聴する青年たちを説得したが、驚いたことにMはわたしと一緒に説得するどころか、青年たちの側に立って反論するじゃないか。その挙句、わたしは「同志」の裏切り者扱いされてしまった。

その情報は狭い世界のことゆえ、当然Sの耳にも入っていただろう。裏切り者がゲバラ様をこけにしたと信じ込んで、Sはわたしに襲いかかったとでも考えなければ、Sの暴行は納得いかなかった。

医者の診断では顔面打撲傷、全治一ヵ月ということだったが、殴られた時、全身で抵抗しようとしたのか、翌日は体中が固くなって身動きが出来なくなった。

おまけにその日は午前に健康診断があって胃の検査でバリウムを飲まされていたからたまらない、びろうな話で恐縮だがひどい便秘になって苦しんだ。

親切な編集部員の助言で目が見えなくなるといけないからということで眼科へ行き、頭も心配だからといって脳外科へ行ったりしたが、幸いなことにいずれもパスだった。

この事件でも杉本弁護士が間に入り、社内での争いということで警察沙汰にはならずに済んだ。そのためにSの奥さんがわたしの家へ詫びに来て「わたしはどうなってもいいんです」といった声が耳に残り、哀れだった。しかしご当人は裏切り者を糾弾したといった調子で、興奮のあまり行き過ぎたと謝りには来なかった。

「現代人の思想」の仕事が待っているのでそういつまでも休んではおれず、包帯をぐるぐる巻きのまま出社した。

社ではSの除名をめぐる論議で組合は大騒ぎだった。会社は組合とユニオンショップ協定を結んでいて、この件は組合に任せるということだったらしい。まあうまく逃げたんだろうね。

いつだったか組合総会にわたしも遅れて顔を出した。会場は満席でわたしは後ろの方で立っていた。議長席の近くに座っていたSが立ち上がると、波が引くように一斉に身を引く組合員の様子が見えた。きっと怖かったのだろう。

Sは以前わたしが書いたべ反委の声明を読み上げ、このように大澤は暴力を主張している、にもかかわらずいまは暴力を批判している、おかしいじゃないかというようなことをしゃべった。

わたしは総会で発言するつもりはなかったが、Sの仲間がわたしがいるのを見つけて発言を求めた。仕方がないので敵に対する暴力は主張するけれども、仲間内の過剰な暴力は自制すべきだというのがわたしの立場で、したがってSのわたしに対する暴行は許せないというようなことをしゃべった。

総会が終わったあと、先刻の発言でまた襲われるといけないからと、二人の組合員が家までわたしを送ってくれた。有難かった。

その後、Sは除名になって社を去った。それからの消息は知らない。

ただ相次ぐ爆弾闘争で多くの死傷者を出した東アジア反日武装戦線にSの弟がいると教えてくれた人がいた。

ランダウアー、ブーバー、そして埴谷雄高

戦後まもなくのことである。ある研究会でよせばいいのにランダウアーはクロポトキンの暴力革命を否定しているてなことをしゃべったら、朝鮮の老アナキスト・李亨秀が聞き捨てならんといった様子で、「ランダウアーだかランドセルだか知らないが、革命が信じられなければ死んだ方がましだ」と決めつけられた。

小生意気な学生ごときに何が分かるかと腹を立てたのだろう。李は革命を信じて戦前の革命運動を生き抜いてきた。わたしはそのことを知っていたから偉いなあと尊敬していた。けれども納得はできなかった。

たしかに生き方としては立派だが、化学消防車の出てきた時代に江戸三百年の伝統を誇る火消組のまといを守ろうとする老人みたいなもんじゃないかと内心ではむかついていた。ただランダウアーをランドセルといわれたのが面白く、いまでもよく覚えている。

それにしてもあの頃、なぜわたしはランダウアーのことを知っていたのだろうか。

ランダウアー、グスタフ・（1890〜1919）
19世紀末〜20世紀初頭のドイツのアナキズムの理論的指導者。平和運動家。バイエルン革命で暗殺される。

アナキズムといえば伏字だらけの大杉栄の本でもなかなか手に入らなかった。クロポトキンの全集がたまたまわが家にあったことは前に書いた。クロポトキンの自伝には感動したけれども、『叛逆者の言葉』などに収められたアジプロにはわたしはついていけなかった。

そんなこんなでアナ系の文献がほしいとアナ連の通信紙上で訴えていたら、ある日、「連盟の者です」といって戦前のパンフレットをごっそりもってわが家を訪ねてきた朝鮮人アナキストがいた。宋世何である。宋世何は李亨秀と違って研究会などにはめったに来ず、派手に議論をする人ではなかったが、飄々とした存在自体が力であるようなひとだった。宋は酒が大好き、わたしは下戸だったが、わたしと会うときは決して酒を飲もうとしなかった。そういう気づかいの深い人で、そこが嬉しかった。以来、宋が亡くなるまであれこれ付き合い続けた。わたしが出していた『黒の手帖』にも小説を寄せてくれた。今でも忘れられない在日朝鮮人のトップである。

在日朝鮮人のことが出たのでついでに世話になった太平出版社社長の崔容徳のことにもちょっと触れておきたい。崔はわたしと同じ世界大百科事典編集部にいて、たしか政治部門を担当しており、その頃から威勢のいい男だった。ある編集会議の折に平凡社の営業はなってないというような発言をし、下中邦彦編集局長（当時）と議論になったことがある。

宋世何（ソン・セハ／1908〜74）在日朝鮮人のアナキスト。日本アナキズム連盟に加盟「自由社会新聞」を発行する。

その後平凡社を辞めて太平出版社を起こし、『ユンボギの日記』(昭和四〇〔一九六五〕)など多くの朝鮮ものを出していた。崔自身はどうやら北朝鮮系だったらしいが、A・ベルクマン『ボリシェヴィキの神話』(昭和四七〔一九七二〕)やM・L・ベルネリ『ユートピアの思想史』(昭和五四〔一九七九〕)などなぜかアナ系のものも盛んに出してくれた。わたしの第二評論集『ロマン的反逆と理性的叛逆—全体革命の思想』(同年)なんかも太平出版社のお世話になったが、このいい気な書名については久野収から「君の思いが読者に伝わるような書名にしないといけない」と注意された。まさにその通りだった。編集者でありながら自分の本については読者のことをなおざりにしていたわけで、思い上がっていたのだろう。

わたしの本などを編集してくれた梶井純(長津忠)に聞いた話では、崔は相当なワンマンだったらしいが、さもありなんと今にして思う。それと知らずある有為の若者を崔に頼んで入社させてもらったこともある。それがよかったか、まずかったか、いまでも気にかかっている。

話をもとへ戻す。あの時宋が持ってきてくれた本のなかにはランダウアーはなかった。だからいつランダウアーに出会ったのか、いまでも分からないのだが、分からないといえばそれからずっと今に至るまで、ランダウアーはわたしにとってよく分からないのに気にかかって仕方のない人物だった。

今度、もう一度ランダウアーのことを調べてみようと思い、かつてわたしが出し

ベルクマン、アレクサンドル・(1870〜1936)リトアニア生のユダヤ人。米国へ移住。E・ゴールドマンと交友。徴兵制に反対しロシアに国外追放。ソ連批判で仏へ移動。『ボリシェヴィキの神話』執筆。

ベルネリ、ルイージ−**C・**(1897〜1937)イタリアの哲学者・活動家アナキスト。第一次大戦に参加後反ファシスト運動で亡命、欧州をさ迷う。スペイン内戦参加中五月事件で暗殺される。M・L・ベルネリはその娘。

ていた『黒の手帖』をひっくり返し、長谷川進が書いた「ランダウアー　生涯と思想」（上・下）（一六―一七号　昭和四八〔一九七三〕・一一―四九〔一九七四〕・六）を読んでみて驚いた。

ランダウアーはフランスのモラリスト、ラ・ボエシの『自発的隷従について』（一五四八）をその革命論の出発点の一つにしている。そして今度この本を拾ってくれた三一書房の大西旦に初めて会ったとき、大西はこのラ・ボエシの「自発的隷従」の発想を何度も口にしていたじゃないか。不思議な出会いってあるもんだと感動してしまった。

さらに驚いたことはアナルコサンジカリズムに対してアナルコソシアリズムを唱え、プロレタリアートの階級闘争に反対して農民や一般市民をふくむ「フォルク（民族）」の「自発的隷従」からの脱出を強調し、新たな国家権力を生むにすぎない国家権力の打倒を否定して国家権力に代わる「レーテ（共同体）」を国家権力の外に創れ等々のランダウアーの思想が、そういうのもおこがましいがいかにわたしがあだこうだと模索してきたところと似ていることか。

さてはわたしがずっとランダウアーを気にしていたのは、それと知らずにランダウアーはわたしの「魂の同志」みたいな存在で、ほれ大澤よ、わたしはこう考えていたよってさりげなく導いてくれていたような思いがするのである。あの時の李亨秀の一喝でランドセルならぬランダウアーがわたしのなかに入り込んでしまったの

ラ・ボエシ、E・ド・（1530〜63）
フランス生。ストア哲学者・モラリスト・高等法院判事。専制主義批判。代議民主制に異議を唱え、同時代のモンテーニュに深い影響。

だろう。

ところがわがランダウアーは一九一八年のバイエルン革命に参加し、反革命軍によって撲殺されるという悲惨な最期を遂げる。暴力革命に反対したランダウアーが革命の暴力によって殺されるとは皮肉な運命だが、これも革命の一面なのだろう。

戦後七〇余年、今六〇代以前の世代の人びとにとっては「革命」はもはや過去の歴史になっているようだ。しかしわたしは八九歳だけれど、わたしたちの世代においては「革命」はただの歴史ではなく鼻先に突きつけられた現実だった。

戦前のロシア革命、戦後の中国革命は二〇世紀最大の政治的事件とみえ、共産主義革命か議会主義かの選択を巡って喧々囂々の論争が繰り返されていた。わたしが首を突っ込んでいたアナキズム運動では、李亨秀にみられるような革命一辺倒が主流だった。

ロシア革命は「革命は如何にして為されなければならないか」を教え、その後のボルシェヴィキ革命は「革命は如何にして為されてはいけないか」を示したと言ったのは大杉栄で（『無政府主義者の見たロシア革命』序文）、以来、アナキズム革命こそ本物の革命だと主張されることが多かった。

けれどもどうもクロポトキンの『叛逆者の言葉』などが肌に合わなかったわたしは、のちに述べることになるように一時、シュティルナーの個人主義にはまり込んだが、それもまた飽き足らずアナ連に逆戻りするなどふらふらしていたのだが、そ

大杉 栄（1885〜1923）香川県生。アナキスト。海老名弾正が洗礼。幸徳秋水・堺利彦らを知り平民社に参加。「労働運動」等でボルシェヴィズム批判。関東大震災の折、官憲に伊藤野枝らと共に殺害される。

こでも一番気にかかったのがやはり「革命」だった。

昭和三七(一九六二)年末辺りからわたしはアナ連の機関紙『自由連合』や『思想の科学』などに「古典的革命観からの解放」をテーマにした論文をしつこく書き出した。その頃、共産主義者の間でも新左翼や構造改革論なぞが台頭し、「革命」をめぐって論争が盛んに行われていたから、その影響もあったのだろう。

いま一つ、オーストリアに生まれたユダヤ人マルティン・ブーバーの『もう一つの社会主義』(長谷川進訳/理想社/昭和三四〈一九五九〉/のち『ユートピアの途』と改題)のことも忘れられない。ブーバーはわがランダウアーの若い友人で、ランダウアーの遺稿集なぞを出している。シオニズムに共鳴し、イスラエルの共同体運動キブツの理論的な指導者でもあった。

キブツは昭和三〇年代にわが国でも評判になり、はるばる日本から入植した人たちもいた。あの頃はキブツだけでなく、たとえば山岸会のような共同体が注目され、鶴見俊輔や小沢信男のような知識人まで山岸会の特講と呼ばれた合宿形式の研鑽会に参加し、その感想を公にしていた。

特講というのは山岸会独特の討論会で、わたしも参加を求められたが、もともと出不精なうえ、ひざ付き合わせて終日議論を戦わせるという会合は聞いただけでもおそろしく、失礼してしまった。

それでも東京・高田馬場だかにあった支部には時々顔をだし、山岸会産の野菜を

ブーバー、マルティン・(1878〜1965)
ドイツ生。ユダヤの哲学者。ナチスに追われイスラエルへ。主著『我と汝』は精神病理学・精神分析学に神学・哲学を超えて影響。

買ったりした。そこで知り合った渡辺操は根っからの山岸会人だが、わたしはわたし、あなたはあなたと互いに尊重しあえる大らかな人柄で、今でも年賀状のやり取りをしている。

わたしがブーバーに学んだものはいろいろあるが、なかでもブーバー独特の「我と汝」の哲学にもとづく対話と、国家を社会の補完物と位置づけ、社会の抑圧者に転じた国家を過剰国家と名付け、社会と国家との関係の正常化を目指すという主張は一時期、わたしの愛用したところだった。

もう一人、埴谷雄高のことを書いておかなくてはならない。わたしは一度だけ埴谷に会ったことがある。たしか六〇年安保の時、国会周辺で秋山清から一緒にいた埴谷を紹介された。もちろん街頭での立ち話だからこれといった記憶はない。

会ったのはそれ一回だが、その時分、埴谷が盛んに書いていた革命論は愛読した。例の「あれは敵だから殺せ、殺さなければ殺される」と「敵と思われたものが味方になる」という敵―味方論は面白かった。

ブーバーに教わった社会と国家の関係を論理化しようとしていたわたしは「敵と思われたものが味方になる」が社会の指導原理で、「あれは敵だから殺せ、殺さなければ殺される」が国家の指導原理だなんて拝借した。

「演説の革命から対話の革命へ」（『人間の科学』昭和三九（一九六四）・七）なる論文は当時のわたしの革命論をまとめたものだが、それが埴谷の目に止まり、埴谷

埴谷雄高（1909～97）台湾生。作家。学生時から映画・演劇・政治活動に熱中、アナキズムから共産党入党、戦後党と一線を画する文学運動でアナキズムに接近。

が編集した『革命の思想』(「戦後日本思想体系」六/筑摩書房/昭和四四〔一九六九〕)に収録された。

解説の註で「この解説において、私はマルクス主義とアナキズムを同格に対置したが、大沢正道の『演説の革命から対話の革命へ』は、これまで低調であったアナキズム理論のなかに、単なる純粋理念の保持だけではなく現代の全体を把握しようとする新鮮な視点をもたらして、今後のアナキズム理論にようやく期待をいだかせる萌芽的な一篇である」と埴谷は書いている。

折角埴谷が期待してくれたのにそのあたりからわたしは「純粋理念」からの攻撃にさらされ、おまけにもう一足のわらじの方もすでに書いたように風雲ただならずといった塩梅で、「萌芽」は「萌芽」のままで終わってしまった。

もっとも「存在の革命」を唱えていた埴谷も政治論文は書かなくなり、『死霊』に没頭してしまっている。所詮、アナキズム理論の再生は夢のまた夢だったのかもしれない。未練がましく触れておけば『遊戯と労働の弁証法』(紀伊國屋書店/昭和五〇〔一九七五〕)と『国家と社会』(レグルス文庫/第三文明社/昭和五六〔一九八一〕)などがわたしのあがきの跡である。

『黒の手帖』を支えてくれた人びと

今となってははっきりしないのだが、福岡の井原末九郎が谷川雁と雑誌をやらないか、と持ち掛けてくれたのがことの始まりだった。

井原は副島辰巳とたしか義理の兄弟で、同じ博多人形の製造を業とし、副島没後アナ連の最有力スポンサーだった。三池争議に関わった縁で、谷川を知っていたのだろう。

その頃、谷川は東京でテックという語学教材会社を経営していた。上京した井原を交えてわたしは谷川に初めて会ったのだが、国際情勢を滔々と述べまくり、どう思うかというので、まあそうでしょうねと答えたら「そう簡単に賛成してもらっては困る」とやられてしまった。

まあその時の印象が悪かったし、その後、笹本雅敬から大澤さん、一人でやった方がいいですよと忠告されたので、谷川と組むのはやめにした。その頃、谷川はテックの労働争議で組合を叩いていたということを後で聞いた。

井原も納得してくれたので張り切って準備にかかった。

前にも書いたように当時、わたしは革命論に取りつかれ、『自由連合』などにせっせと書いていたが、なんせ小さな紙面である。とても十分に論理を展開すること

井原末九郎（—スエクロウ／1912〜94）佐賀県生。就職するが病気で帰郷。副島辰巳の関係でアナ連加入、副島と九州地協結成。福岡で博多人形の工房を設立し製造販売。

谷川　雁（1923〜95）熊本県生。詩人・評論家。記者時代共産党入党。新聞社争議を指導し馘首。結核で帰郷し離党。三井三池闘争で活動。新左翼陣営に影響。

副島辰巳（1906〜62）佐賀県生。別名茂十。下村湖人の影響で個人主義を信奉。岩佐の影響で「平民新聞」を刊行し奮闘。人形作家雲月堂として博多人形制作。

はできない。思いきり自由に書けるスペースがほしいと思っていたところである。やはり運がついていたのかもしれない。

ともかくこうして『黒の手帖』は創刊された。昭和四一（一九六六）年一一月のことである。

わたしがいかに張り切っていたかは、創刊号に書いた「『黒の手帖』創刊の弁」をみればよく分かる。ひどい難文でわたしも若かったんだなあとつくづく思う。ああいう調子の文章があの頃は流行っていたのだろうが、それにしてもまずい。

「黒は、暗黒の黒、憤怒の黒、疑惑の黒、模索の黒、犯罪の黒、敗北の黒、不正の黒、死亡の黒、黒死病の黒、黒山の黒、黒旗の黒、黒幕の黒、黒手組の黒、クロポトキンの黒、ブラック・リストの黒、黒書の黒である。どの黒を選択するかは、各人の勝手である」と書き出し、「願わくは、雑誌『黒の手帖』が黒字となり、日本全土を黒い霧で覆わんことを」で結んだのだが、黒字だけは不思議に実現された。最初何部こしらえたか、これもはっきりしないが、たぶん一〇〇〇部くらいだったと思う。

毎号品切れで、途中で部数をふやす勢いだった。東京では神田のウニタ書房と早稲田の文献堂、名古屋ではたしか松栄堂書店、京都では三月書房ともう一軒あたりがとてもよく売ってくれた。

だいぶ以前だが、早稲田へ行った折、文献堂をのぞいてみたが、普通の古書店に戻っていた。ウニタはとうに店仕舞いして、影も形もなくなっており、えっこらさと『黒の手帖』をかついでウニタへ通った日々のことが思い出され、うたた感慨に耽ったものである。ちょっと感傷的かな。

もっとも六年経って一四号出す辺りからは郵税や印刷代の値上げもあって、赤字に転じてしまった。

表紙を描いてくれた高木昭は篠原泰正の友人で、筑摩書房に勤めていた。この表紙はわたしの自慢で、評判がよかった。高木はとてもまじめなデザイナーで、「また出ます」と知らせると、すぐに描いて届けてくれた。いまでも感謝している。

篠原はたしか慶応の学生だった。いや磯谷武郎が慶応で篠原は早稲田だったかもしれない。その頃多かった戦闘的な学生と違い、ふたりとも学究肌で、わたしは期待していた。篠原はわたしと一緒にイタリアのカラーラで開かれた国際アナキスト連盟大会にも参加した。

ところがつまらないことだが、運動内のけちな勢力争いに巻き込まれ、運動から二人とも去ってしまった。

いつも思うのだが、本当の「敵」と戦う前に仲間割れしてしまう「慣例」はなんとかならないものだろうか。口先では万人平等のアナキズムを唱えながら、体の方は「おれこそ第一」の根性そのもの、そんな醜い光景を何度見せつけられてきたことか。それとも「おれこそ第一」の根性こそが人間そのものなんだから、「万人平等」

なんて夢に夢中になるのが間違いの元なんだろうか。

ともかくこうしてわが『黒の手帖』はスタートしたのである。昭和四一（一九六六）年一一月のことである。

水を得た魚のようにわたしは『黒の手帖』に書きまくった。組織論や遊戯論などで、それらはいずれものちに本になった。四〇代から五〇代にかけてのわたしの悪戦苦闘の跡をいま読み返してみると、生硬で真面目過ぎているが、それでもそれなりに少しは時代を先取りした部分もあると思うのはそれこそ「おれこそ第一」の思い上がりかもしれない。

『黒の手帖』には随分多くの人たちが寄稿してくれた。

なかでも秋山清は創刊号から最終の二二号までほとんど欠かさず書いてくれた。「はじめに」でも書いた通り、あの頃、秋山は超多忙をきわめていたはずである。『黒の手帖』は年二回のペースだったか、テーマの多くはアナキズム文学に関わるもので、その後にまとめられた『アナキズム文学史』（筑摩書房／昭和五〇（一九七五））の原型といってもいいだろう。

しかしわたしにとって『黒の手帖』八号（昭和四四（一九六九））に秋山が書いた「アナキストの文学とアナキズムの文学」はたんにアナキズム文学史に関わる問題にとどまらなかった。これもあとで触れることになるが、その年、麦社が主催した講演会に純正派の一味が押し寄せてき、講演会がぶち壊される事件があった。

この事件で受けたわたしのショックは大変なものだったらしい。「足もとの大地ががらがらと崩れ去っていくような衝撃にうちひしがれた」とわたしは書いている（『ロマン的反逆と理性的反逆』（太平出版社／昭和四七〔一九七二〕）の序章「俺は俺である」の「まえがき」）。この時、わたしを支えてくれたのが「アナキストの文学とアナキズムの文学」だった。「このエッセイに目を開かれるおもいのしたぼくは『黒の手帖』九号に僕自身のあらたな出発点を確認するおもいをこめて、ひとつの文章を書いた。それがこの「俺は俺である」だ」と続けている。

その中身を書きだすと際限がなくなりそうだからはしょるとして、『黒の手帖』を媒介にしてわたしは秋山に救われた事実だけを記すにとどめておく。

内村剛介もよく書いてくれた。わたしが内村を知ったのは内村がシベリアの「スターリン獄」から帰国して、現代思潮社から最初の評論集『呪縛の構造』（昭和四一〔一九六六〕）を出した頃だった。

商社の日商岩井に勤めるかたわら、内村は盛んに反ソ、反スターリンの文章を発表していた。ちょうど『黒の手帖』を出す準備をしていた時だったので、そこに目をつけて執筆をお願いしたら快諾してくれた。

以来、わたしはたびたび昼頃をねらって日商岩井に出向き、内村と食事をしながら原稿をもらった。内村は文章も勢いがいいが、喋りの方もとどまるところを知ら

内村剛介（1920～2009）栃木県生。露文学者・評論家。敗戦時ソ連で抑留、56年まで強制収容所に。帰国後商社勤務の傍らロシア的感性に根ざし文筆活動。

ず、わたしはもっぱら拝聴するだけだったが、愉快だった。

『黒の手帖』だけでなく、平凡社で「ドキュメント現代史」というアンソロジーを企画した時には『スターリン時代』（昭和四八〔一九七三〕）の編集をお願いした。また『われらの内なる反国家』（昭和四五〔一九七〇〕）という論集を一緒に編集したこともある。これは太平出版社から出たのだが、編集費をめぐってもめてしまった。やはり商社マンでもあったのかもしれない。

いつだったか「わたしは戦後の日本にいなかったから、どうも日本人と調子が合わない」というようなことを内村は言っていた。それが今でも忘れられない。たしかにそういうところはあった。内村は日本人のことを日本人と言わず、ジャパニーズというのが常だった。ヤポネ？　とロシア語読みしたらもっとよかったかもしれないけれど、ロシア語で俺の右に出る者はいないとばかりに、ソ連びいきの多いロシア文学者にくってかかるあたりは颯爽としていた。

秋山の没後、暮尾淳らの尽力でコスモス忌という集まりがもたれ、内村もかならず出席していた。『朝日グラフ』に寄せた追悼文で、秋山は待ち合わせに遅れたことのない人だったが、一度もコーヒー代をもったことはなかったというようなことを書いた内村に対して、そんなことはない、秋山はわたしと会った時はいつもコーヒー代を払っただけでなく、詩集もくれたと古くからのアナキストが抗議の手紙を寄せたことがあった。

この手紙を取り上げ、コスモス忌での講演で内村は決してこの手紙を認めないと断言した。こういうところもまことに内村らしかった。日本列島の外にいたことがなく、アナキズム運動らしきものに浸かっていたわたしなんかは、秋山はこの老アナキストに仲間意識を持って接したのだろうと察しがついた。一方、内村は一流商社のサラリーマンでもあるんだから、コーヒー代くらいもたせてもいいと思っていたに違いない。それにしてもこの問題を公開の場まで持ち出さなくてもいいのにと、わたしは反感すら覚えた。内村にいわせればいかにもジャパニーズらしい甘ちゃんかもしれない。

『秋山清詩集』が思潮社から出た年だから平成一三（二〇〇一）年の暮れにコスモス忌が開かれた翌々日かに「秋山清はここにあると思う。違いますか」というような言葉を扉に殴り書きした『秋山清詩集』が内村から送られて来た。その年のコスモス忌には若いアナキストたちが大勢来て、気焔を上げていた。それが内村にはカチンときたのだろう。以来、内村はコスモス忌に来なくなった。人との付き合いは難しいものである。

わたしが毎週のように東京・世田谷の石川三四郎宅・不尽草房を訪ねた頃だから昭和二三（一九四八）年頃である。プルードンは近代社会思想の扇の要のような存在なのに、日本では省みなさすぎる。これはフランス語のできる社会運動家の怠慢

プルードン、ピエール・J・（1809〜65）仏の社会主義者。私有財産制を批判。国民議会議員として社会改革を提唱。社会問題の解決を相互扶助に求めた。

のためだ、プルードンを研究しなさいと教えられた。とりわけプルードンの人民銀行に石川は関心を寄せていた。

わたしは石川にいわれるままH・コーヘンの『プルードンの社会問題解決策』やB・R・タッカーの『個人的自由』なぞを読んでみた。これらはいずれも英文で、英語圏でのプルードンの紹介書だったが、英語しかできないわたしにはそれしかできなかった。やさしい石川はあえてフランス語を学べとまではいわなかった。そんなことをいえば大澤はプルードンをやらなくなるかもしれないと危惧したのだろう。

無知の強さでわたしは「プルードンと人民銀行」なる原稿をでっちあげ、それに石川のプルードン論「偉大なプルードン」を加え、矢橋丈吉の組合書店から出す話になった。

矢橋は戦前、村山知義らマヴオの同人で、当時のアナ系の雑誌の表紙を多く手掛けている。戦後は組合書店を起し、石川の「共学パンフレット」の復刻や松尾邦之助のユネスコ論などを出していた。『黒旗のもとに　矢橋丈吉自伝叙事詩』（組合書店／昭和三九〈一九六四〉）がある。

しかし経済学のイロハも知らぬ大学生の原稿である。矢橋はなんとか本にしようと読みこんでくれたが、読めば読むほど分からなくなり、とうとう放りだしたそうだ。

タッカー、ベンジャミン・R・（1854～1939）米国の19世紀個人主義的無政府資本主義者。"unterrified Jeffersonianism"を提唱。定期刊行物を編集・発行。

村山知義（1901～77）東京都生。作家・画家・戯曲家・デザイナー。演出・建築、舞台美術・ダンサーも担当。ドイツで美術を習得し帰国後多方面で活躍。代表作に『忍びの者』

こうしてわたしのプルードン研究は挫折した。以後、わたしにとってプルードンは前のランダウアー同様、気になってしょうがないが、よく分からない存在になってしまった。ちなみにランダウアーもプルードンに学ぶところが多々あったそうだ。またその時の石川の原稿は三〇年近く経って、プルードンを特集した『現代思想』（昭和五二〔一九七七〕・七）に掲載された。

それからまた三〇年あまり経って平凡社から『貧困の哲学』全二巻（平成二四〔二〇一二〕）が翻訳出版され、町の噂では重版になったとか。本当かね。本当なら挫折者としても祝杯をあげたい。ただ気になったのは「本邦初訳」と謳っているところ。全訳は初訳かもしれないが、『貧困の哲学』は『財産とは何か』とか『所有とは何か』というような訳書名で戦前や戦後に何点も出ている。戦後では江口幹と共訳で長谷川進が三一書房のアナキズム叢書の一巻として訳出した（昭和四六〔一九七一〕）。

余談だが、『貧困の哲学』に先立って、同じ平凡社ライブラリーから『プルードン・セレクション』が刊行されているのをこんど初めて知った。この『プルードン・セレクション』はじつは三〇年くらい前にわたしが企画した思想家アンソロジー「世界の思想家」の第一三巻『プルードン』（昭和五二〔一九七七〕）の復刻である。たしかこの巻はわたしが担当したはずだ。

いささか感激した。本は出しておけば、いつかどこかでかならず読まれる、とは

長谷川進（1902〜76）山梨県生。元法政大学教授。アナ連に参加。プルードン、ブーバーなどアナキズムの先駆的な研究者。

わたしが日頃信じているところだが、それがなんとわが身で実証されるとは思わなかった。

挫折したわたしは脇からプルードンを活かすようなことくらいしかできなかったが、正面からプルードンと取り組み、生涯を賭けたようにみえるのが長谷川進である。

長谷川は戦前、新居格らの『自由を我等に』などでスペイン革命の紹介に努めたりしている。戦後、アナキスト連盟にも加盟したが、実際運動とは距離をおいて学者の道を選び、プルードンらの研究に専念した。長谷川も石川の弟子筋だったから、やはりプルードンをやれと薦められたのだろう。

戦前はもちろんだが、戦後もアナキストで大学教授というのはめったにいなかった。大学教授がうじゃうじゃいた共産主義陣営とはまるで違う。それがアナキズムらしいといえばいえるだろうが、アナキズムの弱点だったことも確かである。運動を支える理論形成に後れを取らざるを得なかったからである。

学者の道を選び、法政大学教授となった長谷川を「学者アナ」なぞと避ける向きもあったが、わたしは長谷川を頼りにしていた。

一時、長谷川の自宅でプルードンの講義を聞く研究会を三浦精一とやったこともある。長谷川はとても気さくな人柄で、講義のあとでビールを一杯飲み干したときの笑顔は忘れられない。もっとも聞き手が無能だったのか、わたしのプルードン分

新居　格（ニイ　イタル／1881〜1951）　徳島県生。評論・翻訳家。新聞記者から教授となり日本プロレタリア文芸連盟に参加。アナキスト系運動に協力。戦後杉並区長も務めた。

三浦精一（1902〜95）　長崎県生。別名津島巌。カトリックだったが石川三四郎の会に参加。三一書房刊のアナキズム叢書中クロポトキンとプルードンを翻訳。

からずじまいはあまり変わらなかった。よほど相性が悪かったのだろう。

そういう次第で『黒の手帖』にはあれこれ注文して長谷川に沢山書いてもらった。あの頃、プルードンやランダウアー、ブーバーのような「もう一つの社会主義」と本腰で取り組んでいたのは日本広しといえども長谷川くらいだったろう。昨今、共同体の復活なぞをさも新発見のように説く人たちがいるが、なにを今さら、そんなことはとっくの昔に長谷川進が問題にしていたよって言ってやりたい気がしないでもない。


プルードンらの研究と並んでもうひとつわたしが挫折したのはスペイン革命である。スペイン革命はよかれあしかれロシア革命のような革命の実例をもたぬアナキストにとっては唯一誇り得る革命とみえた。

昭和三四（一九五九）年七月、アナ連は東京市ヶ谷の私学会館でスペイン革命二三周年記念集会を開催し、機関紙の『クロハタ』は特集号を組んだ。三年前のスターリン批判でようやくスターリン主義の堅氷が解け始めた時期である。

べつに早い者勝ちを競うつもりはないが、アナキストたちがスペイン革命に賭けていた意気はこれで分かるだろう。スペイン革命熱はアナ連の若者たちの間で一気に盛り上がった。

しかし難関があった。スペイン革命を知るにはやはりスペイン語ができなくては話にならないというわけで、われもわれもとスペイン語に取り組んだが、ものに出来たのは青島茂一人で、あとはみな脱落した。わたしも脱落組だった。

青島は語学の才能があり、スペイン語のほかエスペラントもよくし、最近亡くなるまでエスペラントの個人誌を出していた。

五、六年ほど前、青島から『スペイン内戦とガルシア・ロルカ』（南雲堂フェニックス／平成一九〔二〇〇七〕）という本が送られてきた。この本はスペイン内戦七〇周年を記念して早大や京都外大などで開催されたシンポジウムの記録で、川成洋や渡辺雅哉らなんと総勢四〇人を越える筆者がひしめいている。青島も「あるエスペランティストが見たスペイン内戦」を翻訳している。

アナ連がほそぼそと記念集会を開いてからざっと半世紀、スペイン革命、いやスペイン内戦の研究者はこんなに多くなったのかと、わが老人はこれまたうたた感慨に耽った。四〇人だって決して多くはないが、わたしたちがやっていた『トスキナア』に毎号載せていた渡辺雅哉の精緻な論文ひとつみても分かるように、そのレベルは相当なものだ。

ただちょっと引っかかったのはスペイン革命ではなく、スペイン内戦となっているところ。五〇年前でもスペイン戦争とかスペイン市民戦争という表記が多く、戦争じゃなく革命だとわたしたちは力んだものである。

ロシア革命や中国革命をロシア戦争とか中国内戦と表記されることはまずないの

に、スペイン革命に限ってスペイン内戦とかスペイン戦争と呼ばれるのは、察するにロシアや中国の革命は成功した革命だという「通説」がいまだにはびこっているからだろう。

けれどもかつてスペイン革命熱に取り付かれた一人としては、一九三六年から三年余にわたるスペインでの動乱は内戦であると同時に内戦の背後で革命が遂行されていたことを無視されたくない思いがある。ひょっとするとその革命が「アナキスト独裁」という結末に至ったかもしれないけれど、内戦や市民戦争とは違う側面があったように思えるのである。

それはとにかくスペイン語脱落組のわたしはプルードンらの研究を長谷川に託したように、スペイン革命についてはホセ・ペイラーツの『スペイン革命におけるCNT』の翻訳を『黒の手帖』に載せることにした。ペイラーツのこの本は当時アナ系の側で書かれた最良の文献とみなされていた。

青島がその紹介を『黒の手帖』二号（昭和四二〔一九六七〕）に書いている。それを読むと青島は全三巻のこの大冊を通読していたことが分かる。だから当然、翻訳も青島に頼んだはずだが、青島は大仕事なので辞退したのか、今村五月（土谷洋子）がやはり同じ二号から第一巻が終わる一七号（昭和四九〔一九七四〕）まで七年間にわたって欠かさず訳稿を届けてくれた。

今村はG・オーウェルの『カタロニア讃歌』に始まる山内明らの研究会の仲間で、

ペイラーツ、ホセ・（1908～89）　スペイン生。CNT（全国労働者連合）活動家。スペイン内戦の敗戦で仏へ亡命。回想録『スペイン革命におけるCNT』執筆。

篤実そのもののような女性だった。片や秋山、片や今村の連載が『黒の手帖』を支えてくれたといっても過言でない。この翻訳は一〇年経った昭和五九（一九八四）年、その第一巻が自由思想社から単行本として出版された。わたしが関わった本はどれも一〇年、二〇年単位の長さで生き延びている。ちょっと世間を騒がせたベストセラーものとはわけが違うのである。

それからも今村は憑かれたようにスペイン革命ものの翻訳を続けている。

シプリアノ・メラ『スペイン革命の栄光と敗北』（土谷洋子名）（三一書房／昭和五七（一九八二））、セサル・ロレンソ『スペイン革命における権力とアナキスト』（JCA出版　昭和五七（一九八二））、オラシオ・マルティネス・プリエト『スペイン革命／アナキズムの墓場』（JCA出版　平成二（一九九〇））などである。

ロレンソの『スペイン革命における権力とアナキスト』を訳了した時、今村は「アナキストの泣きどころをえぐる」というエッセイを『黒の手帖』二一号（昭和五一（一九七六））に寄せ、そのなかでこんなことを書いている。

「…そして、私はといえば、原則と現実のそりが合わないなら、とりあえず現実を優先させようよ、という口です。無垢だの白い手だの純正だのという形容詞はまっぴらごめん。…」

その頃からわたしも原則より現実へとより傾いていたが、それでも今村と一緒に仕事をする機会には恵まれなかった。

メラ、シプリアノ・（1897〜1975）スペインのアナキスト。没後発表の内戦・亡命・監獄生活の回想『スペイン革命の栄光と敗北』

ロレンソ、セサル・M・（1939〜2015）スペインのアナキスト史家。『スペイン革命におけるアナキストと権力』著者。父はO・M・プリエト。

プリエト、オラシオ・M・（1902〜85）スペイン内戦中CNT全国委員会書記長。仏で『スペイン革命　アナキズムの墓場』執筆。

国際アナキスト連盟大会前後――三週間の欧州漫歩

久しぶりに開かれるアナキストの国際大会がイタリアのカラーラで開催されるが、日本も代表を送らないかと連絡があったのが何時で、なぜわたしがイタリアくんだりまで行くことになったのかは今となってはよく分からない。

あの時、アナ連の代表なぞとしゃしゃり出なかったら、あるいはその後背反社などの標的にならずにすんだかもしれないと今となっては悔やまれるが、アナキズムに行き詰まりを感じてばたばたしていたわたしにすれば、「本場」ヨーロッパのアナキズム運動がどうなっているかみてみたい気持ちがあったのだろう。

わたしが国際大会へ行くという情報をキャッチしたのだろう、その年の七月ごろ、「大澤さん、ヨーロッパへ行くのは何時ですか」と背反社の和田某から電話があった。さては妨害するつもりかなと思ったわたしは「まだ日取りははっきりしてないよ」とごまかしておいた。

八月二〇日、銀座のビアホールで開かれたわたしの大会行きとちょうどその時刊行された『大杉栄研究』(同成社／昭和四三〈一九六八〉)刊行祝いとを兼ねた集まりの折、一人の男が受付にいたわたしを黙って一発殴り、立ち去る事件があった。

これはいよいよお出でなさるかなと臆病なわたしは羽田空港へ行ってからも実は

一人でびくびくしていた。羽田へは家族も見送りに来ていたから、家族の目の前で修羅場は見せたくないと思ったのだ。

昭和四三（一九六八）年八月二五日、何事もなく飛び立った飛行機のなかでわたしは胸をなでおろした。

ここでちょっと生涯最初のヨーロッパ漫歩の様子を書き留めておきたい。

土井晩翠の名訳『オヂュッセーア』（冨山房／昭和一七〔一九四二〕）に魅せられてギリシア青年になったことは前にも書いたが、折角の機会だからまずギリシアへ行きたいとわたしはわがままを言った。

カイロで飛行機を乗り換えてアテネへ行った翌日、わたしは待望のパルテノン神殿を訪れた。幸い快晴で、まだあまり観光化されていなかったからか、人影もまばらだった。

そそり立つ石造りの円柱の一つに寄りかかって、わたしは何を考えることもなくぼんやり時をすごした。時間にうるさいわたしはぼんやりしているのは苦手だが、この日はいつまでも座っていたい気分だった。

きっと四半世紀ほど前に夢中になった古代ギリシアの神話のドラマティックな光景が、それとなく甦ってきたような気分だったのだろう。

その後五月革命のパリで学生たちが警官隊に向かって投げまくったという舗道の石塊が土産品として売られているのをみて、へえーさすがヨーロッパは石の文化なんだなと思ったりした。

東京でも大阪でも道路はコンクリート舗装だから、日本の学生は石の代わりに火炎瓶を投げたのかもしれない。

日本最古の「神殿」である伊勢神宮や熊野大社はいずれも石造りではなく木造である。石の文化と木の文化、この違いは社会運動にもみられるんだろうか。

アテネには三日ほどいてローマへ飛んだ。

ローマでは二人の同志がわざわざ出迎えてくれ、その夜いっしょに酒を飲んだが、その酒の強いこと、下戸のわたしはいっぺんに酔っぱらってしまった。その酔っ払いを脇に置いて二人はいつまでもしゃべりまくっていた。

ローマからは大会会場のカラーラまで、別の同志の中古車に乗せていってくれることになった。ところが運の悪いことに途中で車がエンコしてしまい、フィレンツェに一泊、翌朝、やっとカラーラ入り出来た。

イタリアの同志はみな暖かく親身なのが嬉しかった。大袈裟にいえばイタリアでの国際大会の成功を期していたのだろう。

カラーラは斜塔で有名なピサに近く、もっぱら大理石の産地として有名な町だが、イタリアアナキズム運動の拠点でもあるそうだ。裏手の公園にはアナキストの石像が建っていた。

先行の尾関弘に連れられて海岸のバンガローに入った。尾関は関西の若い活動家

『現代のアナキズム運動』（三一書房／一九七一年）

で、帰国後、『現代のアナキズム運動』（三一新書／昭和四六（一九七一））を書いたり、共同体運動をしたりしていた。

大会が始まってからみなが議論している最中に「マンジョーレ　マンジョーレ（飯だ　飯だ）」と大声を上げていた姿が一番、印象に残っている。

大会はその日（昭和四三（一九六八）年八月三一日）の午後六時から始まった。会場はカラーラの中央広場に面した小劇場で、満員の盛況、出だしはよかったが、たしかキューバ革命の是非をめぐって論議が紛糾し始めた。

わたしは遠来の珍客ということで議長団に入れられ、壇上に座らされたが、もとよりイタリア語もフランス語も知らないんだから棚の上のお飾りにすぎない。

その夜、予定されていた市内のデモ行進も取りやめになり、バンガローに帰ったのは深夜だった。

翌日、わたしも日本からの報告を英語でしゃべり、それを尾関がいうにはバクーニンみたいなもじゃもじゃ頭がイタリア語に通訳した。そのなかでこの大勢の会衆がオール白人なのはさびしいと気張ったが、そもそもわたしの英語だからバクーニン君がどう通訳してくれたものやら分からない。大澤さんのスピーチは抑揚がないとあとで尾関に注意された。そのあと宋世何に依頼された朝鮮アナキストのメッセージを読み上げた。

その日だったたか、五月革命の英雄と評判だった赤毛のダニーことダニエル・コー

コーン＝ベンディット、D・（1945〜　）
フランス生。社会学者。ユダヤ系ドイツ人。68年パリの学生蜂起五月革命指導者の一人。ドイツに亡命。以後緑の党加盟でフランスに帰還。

ン＝ベンディットが仲間を引き連れた大会に参加させろと押しかけてきた。コーン＝ベンディットにはフランスアナ連を脱退した前歴がある。だからフランスアナ連はコーン＝ベンディット一味の参加には絶対反対である。

そこで議論がまた紛糾したらしい。らしいというのは大会を取り仕切っているのは主催国のイタリアアナ連とフランスアナ連その他のグループの幹部たちで、大衆討議が行われたわけではない。だから大会はずっと休会となり、一人ぽつねんと議長席に座っているのが馬鹿らしくなったわたしは勝手に議長団から降りた。

ひょっとするとコーン＝ベンディット一派が大会に乗り込んでくるやもしれないというので、急遽、地元のアナキストたちが動員され、大会防衛隊が作られる始末だった。

その防衛隊員だった一人の大理石労働者がわたしに一塊の白い大理石を黙ってくれた。嬉しかった。この大理石は今でも大事においてある。

幸いイタリアアナ連の調停で参加はだめだが、大会場でコーン＝ベンディットが演説することに落ち着いた。

フランスアナ連代表の演説についでコーン＝ベンディットが演壇に立ち、そのあとがスペイン代表フェデリカ・モンセニーだった。モンセニーはスペイン革命中、女性として初、アナキストとして初の大臣だから、わたしでも名前は知っていた。その時は六三歳だったろう。

モンセニー、フェデリカ・（1905〜94）スペインのアナキスト。内戦時第二共和国の厚相。「ソ連とは異なる革命を目指す」と発言。

片やコーン＝ベンディットは二三歳。もちろんフランス語もスペイン語も知らないわたしだからお二人がなにをしゃべったか分かるはずはないが、会場の反応くらいは分かる。コーン＝ベンディットの勝ちだった。

コーン＝ベンディットのオーバーな仕草が鼻に付き、モンセニーの堂々とした演説ぶりに拍手したわたしだったが、残念ながら五月革命には敵わなかった。

それにしてもわたしが驚いたのは各国の代表の長広舌に終始する大会運営である。これじゃ大会というより立会演説会じゃないか、ヨーロッパのアナキストの大会はいつもこういう演説会方式なのかと、ローマからわたしを連れてきてくれたアナキストに聞いたら、そうだという返事、彼はべつにおかしいと思ってはいないようだった。

規模ははるかに小さいけれど、日本アナ連の大会では各地の代表報告はあったが、それはまさに報告で演説なんてものではなかった。大会のメインは会場での大衆討議だった。

ところがこの大会では大衆討議は一度も行われなかった。これは大会が紛糾したせいかもしれないが、理屈をいえばそれは逆でまさに大衆討議が必要だったはずである。

前にふれたが、「演説の革命から対話の革命へ」を提唱したわたしとしてはまったく納得がいかなかった。

といった次第で、はるばるやって来た大会には失望した。尾関はコーン＝ベンディットのグループに合流してカラーラを去っていき、わたしは篠原泰正と一緒に地元のアナキストたちと交流した。

なかでも英語が出来るのでわたしの通訳をしてくれたジェンマとアウローラの双子の姉妹のことは忘れられない。二人はカラーラのアナキズム運動だか労働運動だかのリーダーの娘で、とてもよく面倒をみてくれ、柄になく別れを惜しんだ。

率直にいって大会には失望したけれど、ローマのアナキストや大理石をくれたカラーラの労働者や二人姉妹とその家族の人たちなど、みんな暖かく、親身な人たちだった。

親身なひとといえばローザンヌのマリア・クリスティーナのことも忘れられないひとの一人である。

カラーラから汽車でミラノへ出、ミラノから飛行機でアルプスを越えてスイスのジュネーブについたわたしは、それからまた汽車に乗ってやっとローザンヌにたどり着いた。

レマン湖北岸にあるローザンヌは芸術の都として知られているそうだが、わたしのお目当ては国際アナキスト文献センターである。当時、世界で唯一のアナの図書館と聞いていたのでぜひ行ってみたいと思ったのだ。

図書館といってもクリスティーナの自宅の一角を占める建物だったが、わたしはそこに三日ほど滞在した。どこかホテルへと言ったのだが、ここへ泊ればいい、宿代が浮くだろうとクリスティーナは言うのだった。なかには一週間も二週間も滞在する人がいるとか。

確かめたわけではないが、この文献センターはクリスティーナ夫妻が私財を投じて作ったものらしい。

話は飛ぶが、こういう文献センターの運営はどこでも献身的な奉仕抜きでは成り立たない。日本でも龍武一郎らが富士宮のユースホステルのかたわら日本アナキズム文献センターを始め、奥沢らの協力でいまも続けられている。

しかし大原社会問題研究所やオランダの有名な国際社会史研究所のように、バックに大学や政府機関がついていれば成り立つだろうが、有志支援だけでは容易でない。

本好き、史料好きのわたしはクリスティーナの好意に甘えて三日間堪能したが、なかでもエマ・ゴールドマンがやっていた『マザー・アース』との出会いには感動。『マザー・アース』ってこんな雑誌だったのかとわたしは読みまくり、大逆事件支援を訴えた記事を一生懸命書き写した。

四日目、わたしはクリスティーナと別れを惜しんでローザンヌを出立し、一路パリへ向かった。

パリではまずリベルテール社へ行ったのだが、昼頃だったせいか閉まっていた。

仕方ないのでお上りさんよろしくエッフェル塔へ向かったところ、写真屋風の男に取り込まれ、見事に財布を抜かれてしまい、がっくり。以後、パリの印象は最悪となった。

花のパリと聞いていたが、大通りはごみのパリ、アフリカからの移民と思われる男たちが大きなほうきで掃除をしている。とりわけ地下鉄の通路は汚かった。いまではどこのホテルでもフロントで郵便を受け付けてくれていたが、パリのホテルではフロントがけんもほろろに郵便局へ行けとつっかえされた。

イタリアでもスイスでも優しい人情に触れ合えたのに、どうもフランス人は主知的でとがった感じ、そんなこんなでわたしは意気消沈し、当初はトゥールーズへ行って亡命スペインのアナキストたちに会うつもりだったが、行く元気もなくなってしまった。いまにして思えばあのとき行っておけばよかったと後悔している。

最終地のロンドンではもちろんフリーダム社へ行った。ちょうど何か会議をしているところで、傍聴させてもらい、帰りにフリーダムで出しているパンフレットなどをごっそり買い込んだ。

同社のスタッフからは帰り際に一発「こんど来るときはもっと英語を勉強しろよ」だって。たしかに言葉が出来なくてははるばる外国へ行っても、一知半解に終わるだけかもしれないと、わたしも痛感していた。だからまさに正論なんだが、正論が正しいとはかぎらない。言葉が通じなくても人情を感じられることは、イタリアやスイスの同志と接してわたしは体験した。

それにしても英会話すら達者にできないわたしは、以来外国へ行くのが億劫になってしまった。

日本アナ連の解散など

日本へ戻ってきたわたしを待っていたのは慌ただしい日々だった。

昭和四三（一九六八）年一一月二四日、愛知県常滑市で開かれた日本アナ連の大会で解散が決まった。アナ連は毎年一回、大会を各地方協議会の持ち回りで開いていたが、その年は名古屋地協で小川正夫の息子の潜ら若手の要請で潜の住む常滑で開催することになった。

昭和三九（一九六四）年に没した小川正夫は名古屋地協の中心だったが、異色の博識家、蔵書家でもあり、没後に刊行された遺稿集『性とアナキズム』（同刊行会／昭和四九〔一九七四〕）にはカミュ、ヴェーユなど時代の先端を行く作家、思想家の名前がずらりと並んでいる。

今でも思い出されるが、「私はなぜアナキストになったたか」という連載企画にわたしが書いいたいささか気取った文章（『平民新聞』六一号　昭和二三〔一九四八〕・一一・二〇）を真っ先に褒めてくれたのは小川だった。（「国破れて焦土に立つの巻」「わ

小川正夫（1895～1964）愛知県生。学生時代素行不良だったが、自力で労農図書館、北多摩に共同農園を設立。戦後、アナ連名古屋地協を設立した。遺稿集『性とアナキズム』。潜は彼の三男。

たしはなぜアナキストになったか」に掲載)

またその頃わたしがシュティルナーに夢中になっているのを知って、シュティルナーの『唯一者とその所有』の原書をぽんと送ってくれた。有難かった。この原書をみると、わたしは小川の顔を思い出す。

息子の潜は勤務先との一〇年に及ぶ労働争議を闘い抜き、昭和五五(一九八〇)年、若くして世を去った。若くして世を去ったといえば、べ反委の活動で逮捕された松野猛のことが浮かんでくる。

早大の学生だった松野は未成年だったので家裁送りとなり、早く釈放された。午後七時すぎだったか、杉本弁護士から家に電話がかかり、松野が釈放されるから警視庁まで迎えに行ってほしいとのこと。早速出かけ、横浜で待っていた父親のところまで連れて行ったことがある。松野と無言の対面をした父親の姿は寂しかった。

大学へ戻った松野は大学闘争に関わっていたが、昭和四四(一九六九)年に自殺した。自殺の知らせを聞いたわたしは、あの父親はどんな思いで息子の死を迎えたのだろうと思わずにおれなかった。

父親といえばやはりべ反委のメンバーの父親で、しばしば上京してわたしを訪ねてきたひとがしばらくあとに自殺したことは前にふれておいた。

どんな輝いた闘争にも陰影《かげ》がある。輝くところだけ取り上げ陰影を捨てた歴史は、どんな場合にも危ない歴史になりかねないことを忘れたくはない。

また話が横道に逸れたが、思い出されたことは出来るだけ書き残しておきたいので、お許しいただきたい。

さて常滑での大会だが、連盟解散の是非をめぐって論議が沸騰し、二日目の午後にやっと解散することになった。

もっとも強く解散を主張したのは関西の山口英や向井孝らだった。東京では秋山やわたしが賛成にまわり、萩原晋太郎や三浦精一らは最後まで反対だったように記憶している。

わたしが解散に賛成したのは大袈裟にいえば、アナ連という名目だけにせよ全国組織の形態はこれからの運動の発展の邪魔になるように思われたからだった。

カラーラの国際大会で目撃したフランスアナ連とコーン＝ベンディットとの抗争も参考になった。フランスアナ連は全国組織に固執していたが、それはフランスアナ連が掲げている、わたしのみるところでは古典的なアナキズムを墨守するためのように思われた。

早晩、日本でもコーン＝ベンディット流の新しいアナキズムを掲げるグループが出てくるだろう。そういう状況を先取りしてアナ連を解体し、それぞれのグループに分かれて再発足したらいいと考えたのだ。

戦前のアナキズム運動はそうだった。いくつものグループが各地で生まれたり、消えたりしていた。一時、これらの諸グループの連合体として黒色青年連盟が作られたが、やがて黒連は思想の純化をとなえる純正アナキズムのグループ名になってしまった。

もともとアナキズムは多様な思想なんだから多様なグループがあって当然、それぞれのグループがその奉じるアナキズムを主張して運動すればいいとわたしは考えたのだが、甘かった。

まさか昭和二（一九二七）年（わたしの生まれた年）の昔、文芸解放社の壺井繁治を襲って三か月の重傷を負わせ、壺井をマルクス主義に走らせたような暴力事件をいくつも起こした黒連まがいのグループがふたたび現れるとはわたしは思いもしなかった。

かつて『大杉栄研究』のなかで「社会的理想論」（『労働運動』一次六号／大正九〔一九二〇〕・六）と並んで「個人的思索」（『近代思想』二次　三巻四号　大正五〔一九一六〕・一）を「大正社会主義のマニフェスト（宣言）と呼びたい」とわたしは書いたが、そのなかで大杉はこう述べている。

「この個人的思索の成就があって、始めて吾々は自由なる人間となるのだ。いかに自由主義をふり廻した所で、その自由主義そのものが他人の判断から借り来たものであれば、その人はあるいはマルクスの、あるいはクロポトキンの、思想上の奴隷である。社会運動は、一種の宗教的狂熱を伴うと共に、兎角斯くの如き奴隷を製造したがるものである。僕等は、如何なる場合にあっても、奴隷であってはならな

壺井繁治（1898～1975）香川県生。詩人。アナキスト詩人からマルクス主義に転向、左翼芸術同盟を組織、全日本無産者芸術連盟に参加。戦後新日本文学会に参加。

い。」

本当ならアナキズムほど宗教的狂熱やら思想の奴隷やらから遠い思想はないはずだが、それでも戦前と戦後、思想の純化を唱え、自分たちに同じないアナキストたちを暴力で排除しようとする事件が起こったのをみると、アナキズムにもマルクス主義なぞと変わらない権力主義の芽が隠れているのかもしれない。

一度目は悲劇だが、二度目は喜劇だといったのはたしかマルクスだったと思うが、わたしはその喜劇に付き合わされる羽目になった。

忘れもしない、その年も押し詰まった一二月二六日夕方、仕事をしているところへ背叛社の連中がどやどやと「大澤はいるか」と押しかけてきた。

当時、平凡社は麹町四番町の本社のほかいくつもの分室があり、わたしが所属していた書籍部は中央線市ヶ谷駅から日本テレビに向かう坂を上り切った四つ角に建つ雑居ビルの二階にあった。三階は雑誌『太陽』の編集部だった。

取りあえず片隅の小さな応接室に入れて向かい合った。いずれも初めて見る顔だったが、その日の「手帖」に「△夕方、背叛社ノ牧田、丸山、中村、某ノ4人ガアラワレ、ゴタゴタスル。△全クイヤニナル」とあるから、それぞれ名乗ったのだろう。

なにが話されたか、正直のところまったく記憶にない。それでもたぶん三〇分くらい言い合っていた。中心でしゃべったのは牧田だった。

牧田吉明（1947〜2010）静岡県生。アナキスト・民族主義者・新左翼活動家。背叛社に参加、フーテンも体験、多くの組織、職業を経験。

牧田については三菱重工の副社長の息子で、大学在学中に暴れ、自宅の門にまるで犬みたいに鎖でつながれたなぞという噂は聞いていた。

これがあの噂の男かと、牧田の顔を見ながら応対したが、話が途切れ、しばらく沈黙が続いた。

「これじゃ殴るしかないな」と牧田が言ったとき、応接のドアが開き、

「君たち、まだみんな仕事をしているんだ、静かにしろよ」と社の友人が入ってきた。

友人は外でわたしたちの様子を伺っていたのだろう。形勢緊迫とみて声をかけてくれたのだ。

思わぬ事態の展開にたじろいだか、あるいはこれを奇貨としたか、牧田たちはしばらくして何も言わずにぞろぞろと出て行った。

応接の奥に座っていて逃げるに逃げられず、また殴られるかなと観念していたわたしだったが、この友人のおかげで助かった。

あとで聞いたことだが、牧田たちは最初、本社の総務部に押しかけ、わたしの居場所を聞いてやってきたらしい。

それにしても牧田たちは彼らが罵倒してやまなかったアナ連も解散してしまったあとに、なぜわたしのところへ押しかけてきたのだろう。わたしには話を聞いてもさっぱり分からなかった。

スチューデント・パワー、ブラック・パワーなど世界的に暴力闘争が流行していた頃である。ジャーナリズムでも暴力論が花盛りだった。

しかしわたしにとって暴力はそのような客観世界の出来事にとどまらず、われとわが身に降りかかる暴力の恐怖に鬱々としている身近な問題でもあった。

だからしまね・きよし編集の「日常性の思想」というシリーズの第三巻『青春・暴力』(芳賀書店/昭和四三(一九六八))に寄せた「甦る革命的暴力」なる百枚を越す大論文も、わたしには珍しく先に述べたSの事件の私的な体験から筆を下ろした。

この本が出たのが一一月だったから、それを読んだ平凡社の友人にあんなことを書くからあんな目に遭うんだよと言われてしまった。それはそうかもしれないが、わたしとしてはわが身に受けた暴力について書かずにはおれなかったのである。もっともそのなかで新左翼の内ゲバについては批判を加えたが、背叛社には触れていない。

いや、そもそもこんな長たらしい論文など行動派の牧田らは読んではくれなかっただろう。「大澤は革命的暴力に文句をつけてる」なぞという風評を耳にして憤慨したのか、あるいは後生大事なアナキズムをジャーナリズムの種にして稼いでいるなぞ許せないと衆議一決したのか、ともかく活劇が好きな人たちと筆誅小僧との相性は悪かった。


しまね・きよし(1931〜87)千葉県生。思想史家。思想の科学研究会の転向研究グループ。幕末〜敗戦の社会主義的人物を膨大な『社会主義人物事典』カードで残す。

俺は俺である

年が明けて昭和四四（一九六九）年一月二日の夜、共同通信の記者という知らない男から電話がかかった。今日の発煙筒事件でお宅に家宅捜査が入るかもしれないという情報である。

その日、わたしは家族連れで川崎大師に初詣に赴き、夕方帰宅したから発煙筒といわれても何のことやら分からなかった。

翌日、宮中の一般参賀で発煙筒を焚き、ビラをまいたり、パチンコを撃ったりした事件のあったことを初めて知った。発煙筒を焚いたのは大島英三郎と川本嘉昭で、パチンコを撃ったのは奥崎謙三だった。

奥崎は知らなかったが、大島は戦前からのアナキストで、大島のところに出入りしていた川本にはなんどか会った覚えがあった。

その頃、アナ連の機関紙『自由連合』の発行所はわたしの家になっていたから、その関係でガサに来るんだなと考え、しかるべき文書なぞはすべて始末した。

果たして九日の朝、ちょうど子どもたちが登校したあと、九人の刑事がお出でなすった。ガサガサ家中を引っかき廻していたが、なにもないので面目が立たぬと思ったのか、大島の住所の載っているポケット型の住所録を一冊もって帰っていった。

奥崎謙三（1920〜2005）兵庫県生。56年殺人で懲役10年。出所後69年昭和天皇にパチンコ発射し懲役刑。戦時南洋戦線で戦友を多数失った弔い合戦を継続。原一雄監督の『ゆきゆきて、神軍』主人公。

いち早く家宅捜査を教えてくれた男が誰だったかは分からなかったが、おかげで助かった。ひょっとすると仕事の関係かで『自由連合』を取っていたのかもしれないが、今でも感謝している。

日本アナキストクラブの事務所だった綿引邦農夫の家も家宅捜査をやられ、こちらは突然だったためあれこれ大分もっていかれたという。以来、大島はクラブに出入りできなくなったようだ。

この事件で大島は懲役四ヶ月に処せられた。出所後、原一男監督の映画「ゆきゆきて、神軍」で奥崎に付き合っていたりしたが、しばらくして私財を投じて黒色戦線社を起こし、アナキズム系の文献の復刻出版を始めた。

大島の家は群馬県伊勢崎市近郊の農家で、大島はどうやら家ではワンマンだったらしいが、大島の出版事業は戦後のアナキズム運動に大きく貢献したとわたしは思っている。わたしたちがやった例の『日本アナキズム運動人名事典』だって、大島の出した数々の復刻版がなかったら不可能だったかもしれない。

大杉栄らの『労働運動』一次―四次をはじめ『黒色戦線』『黒旗』『黒色青年』『小作人』等々、新聞・雑誌から書籍を合わせると無慮百数十点にのぼる。大島とその周辺のボランティアの仕事だから学術的には甘いところもあるが、なんといっても質より量である。大変な仕事だったに違いない。

わたしも大島に頼んで「石川三四郎選集」全七巻（昭和五〇〔一九七五〕）を出し

綿引邦農夫（―クニノブ／1895～1975）文選工。元読売従組員（常任執行委員）。戦後の読売新聞争議で活躍。全国労働組合自由連合・アナキストクラブ所属。

てもらった。前に書いた通り清水康雄の青土社から「石川三四郎著作集」全八巻を出すことができたけれど、なんせ著作集なので石川の大著『西洋社会運動史』『古事記神話の新研究』『東洋文化史百講』などを収録することができず、石川に申し訳なく気にかかっていた。

そんな時、大島から石川のものを出したいと声をかけられ、渡りに船とこれこれの大作が著作集に入らず気にかかっているんだがと話したところ、じゃ黒色戦線社から全部出しましょうと言ってくれたじゃないか。嬉しかったね。とにかく本にして世に送っておけばいつかは役に立つことがあるというのがわたしの信念なので、大島の好意に甘えることにしたのである。

しかし大島というと真っ先に思い出されるのは市ヶ谷駅の駅頭などで立ち話に終始したことだ。勿体ないといって喫茶店などに入るのを拒否する大島は、駅前であろうと道端であろうと、かんかん照りの真夏でも、北風の吹く真冬でも長時間立ち話するのである。あれには参った。

アナ連解散後、東京の有志はとにかく運動の拠点として小さくてもいいから事務所を一つ確保しようということになった。

アナ連は発足当時、港区芝新橋の御成門に近い文化工業会館（たしか元改造社ビル）の二階に事務所を構えていた。新橋駅から歩いて一五分くらいのところだった。

アナ連の分裂後は大田区雪谷の近藤憲二宅が事務所兼集会所となり、近藤が病に倒れてからはわたしの家が連絡所になった。

ヨーロッパへ行ってどこの国のアナキストも大なり小なり拠点を構えているのをみたわたしも、再発足の第一歩はしかるべき拠点造りだと考えたらしい。

しかし個人の家なら金は要らないが、一室でも借りるとなれば賃料を工面しなければならない。そこで有志が金を出し合う合資会社のような組織を作ることになり、なにか名前をつけなければならないので麦社とした。

麦社はおそらく近藤が独立して起こした出版社が麦人社と名乗っていたのにあやかったのだろう。確かめたわけではないが、麦人社はバクーニンをもじったものに違いない。

しかし麦といえば山川均も若いころ『日刊平民新聞』で「麦」と署名していたことがある。もっともこの「麦」はバクーニンの麦ではなく、「一粒の麦もし地に落ちて死なずば」の麦だった。

麦社は「バク社」でなく「ムギ社」と呼ばれていたから、「一粒の麦」の思いがあったのかもしれない。

事務所探しから什器の買い入れまで先頭に立ってやってくれたのは前にも書いた萩原晋太郎だった。麦社は池袋駅東口から線路沿いに目白駅方向に向かって一〇分くらいの雑居ビルの二階で足場は良かったが、どこか陰気な雰囲気があった。

近藤憲二（1895〜1969）兵庫県生。「平民新聞」の影響で「労働運動」発行。黒色青年連盟結成・後脱退。戦後石川三四郎らと日本アナ連結成。夫人は堺利彦の娘・近藤真柄。

山川　均（1880〜1958）岡山県生。社会主義運動家・理論家。平民社で幸徳秋水に出会う。日刊平民新聞編集、社会主義運動に接近。日本共産党創設時の一人とされる。

それでも贅沢はいっておれない。長椅子やテーブルが入り、ほっと一息ついたとき、「ここにずらっと本が並ぶといいですね」と嬉しそうに磯谷武郎が言っていたことが思い出される。

五月二五日に総会を開いてやっと麦社は発足したものの、始めのうちは事務所の番をするひとの確保が大変だった。事務所があっても閉まっていては宝の持ち腐れである。誰かが常時詰めていなくてはならないということで、萩原や三浦精一、横倉辰次、それにわたしなどが交代で詰めることになった。朝、平凡社へ勤めに出たわたしは昼間、外回りと称して麦社へ行き、夕方また平凡社に戻るという離れ技をしばらく繰り返した。

ひょっとして背叛社の連中がまた押しかけてきたらなんとしよう、内心びくびくしていたが、幸いそんなことはなかった。

麦社ではまず手始めにパンフレットを発行した。

第一発が近藤憲二の『私の見た日本アナキズム運動史』（昭和四四〔一九六九〕）。これは北九州の飯塚で杉藤二郎夫妻が頑張って出していたガリ版の『平民新聞』に連載された。杉藤夫妻の健闘に応えて書かれた力作で「私の見た」とあるところがいかにも近藤らしい。

そのほか秋山の『アナキストの文学』、磯谷が翻訳したバクーニンのものなど七、八点は出たと思う。わたしもたしかマラテスタの翻訳などをやったようだが、どう

横倉辰次（1904〜1983）東京都生。劇場の座付き作者を経て作家に。長谷川伸に師事。時代小説と時代考証本執筆。日本アナ連で活動。

杉藤二郎（スギトウ　ジロウ／1905〜95）愛知県生。新聞記者。炭鉱労働者。アナ連副島辰巳らと九州地協を盛り立てる。『筑豊の黒旗――思い出の断片』発表。

もはっきりしない。

活躍する磯谷を妬んでか、罵倒する奴が出てきて、磯谷が去って行ったことは前に書いておいた。あれはアナキストのサロンだと嫌味をいう向きもあったが、新しい仲間もふえ、ともかく滑り出しはまあまあで、公安関係らしき人物まで出入りするようになった。

そうこうするうちに長い間病床にあった近藤が八月六日に亡くなり、八日に雪谷大塚の自宅で葬儀が行われた。

その前の年にアナ連は解散したのだが、近藤の死でアナ連は本当に終わったというような思いをわたしは抱いた。

戦前の労働運動社から戦後のアナ連に至るまで近藤はその大黒柱のような存在だった。わたしなんかは大黒柱があるから安心してあれこれ理屈をこねまわし、出たり入ったり出来たのである。

そんな思いを抱いていた矢先、背叛社の爆弾製作事故が大きく新聞に報じられた。ショックだった。わたしにはあの事故は営々として運動を支えてきた近藤の死を一時の発情で汚すもののようにみえた。

だからわたしは葬儀の折の近藤への弔辞で戦前の過ちがまた繰り返されてしまい、申し訳ないというような気持ちを吐露した。それを背叛社へ注進したものがいたらしい。

八月一〇日の「手帖」には「△夕方から麦社で和田問題の会議。大勢くる。」とある。どんな議論がされたかはまったく覚えがない。和田問題とは爆弾製作の中心だった和田俊一の事件のことだ。

和田とはわたしは電話で二、三回話したくらいで会ったことはない。和田たちが爆弾をこしらえてどう使うつもりだったかはもちろん知らない。だがじつは和田はわざと事故を起こしたんだという噂を聞いたとき、和田ならやりそうだなとなぜか思った。

九月一九日夜、水道橋・講道館の横手にあった中央労政会館で麦社最初の講演会が開かれた。司会は篠原泰正で、ほぼ満席の状態だった。どんなテーマだったか覚えがないが、とにかくわたしが弁士でしゃべりだした時、信太裕らの一味が乗り込んできて講演を妨害した。

それから先に浮かんでくるのは竹の棒を振り回す信太や「謝ったんだからもういいだろう」という名古屋から来た中年の聴衆、「大澤さんはこれからも変わらないと思います」といっていた横倉くらい、暴力沙汰にはならず、信太らは引上げて行き、講演会は中止になり、散会した。

ことはそれだけだが、「△スッカリ参る」とその日の「手帖」にあり、翌日は土曜だったが、会社は休み「△マダ気持ガオチツカナイ」と書いてある。

この事件については三年経った昭和四七（一九七二）年にも「足もとの大地がが

らがらと崩れ去っていくような衝撃にうちひしがれた」とわたしは書いている。今になって読むとかなり大仰にもみえるが、たぶんそれが実感だったのだろう。

このことはすでに「私流疾風怒濤の巻」「『黒の手帖』を支えてくれた人びと」のところで触れたが、秋山の田木繁論「アナキストの文学とアナキズムの文学」に目を開かれ、書いたのが「俺は俺である」だ。

これはゲーテの詩「空や空、空なり」に始まり、「伝道の書」から「般若心経」を経てシュティルナーの『唯一者とその所有』に至る空論をまくらにした五〇枚を越す大論文だが、わたしがそこでむきになって論じているのは自分の生きようであり、たどり着いた結論は孤独から出発だった。

次の巻「二足のわらじでえっさっさ」で書かれるように、わたしの青春はアナキズムらしきもので始まっている。

シュティルナーは人間の生涯を子ども・青年・壮年の三段階に分け、青年は「思想によって感激する理想主義者」としている。たしかにわたしはアナキズムらしきものに感激する理想主義者だったかもしれない。

いや、反面、「空や空、空なり」に共感を覚えるニヒリストみたいなところもあったよと言いたい気はするが、とにかくアナキズムらしきものを抜きにしてわたしの青年時代はあり得ない。

その大事なアナキズムらしきものの、わたしにとっては目にしたくもない汚い側

田木 繁（1907〜95）和歌山県生。詩人。戦前プロレタリア運動に参加、戦後小説で前衛芸術の一面を見せる。反体制の抵抗の強さで評価される作品多数。

面を再三見せつけられたとあっては「足もとの大地ががらがらと崩れ去った」のも無理はないだろう。

シュティルナーによると青年に次ぐ壮年は「血の通った、自己自身の、自我的の、第二の自己発見」の時期で、「彼の個人的関心をあらゆるものの上位に置く」自我主義者だそうだ。

シュティルナーは成熟期でなければ壮年にはなれないと言っているが、人間の成熟はたんに年を取ればなるというものではなさそうだ。年を取っても理想に感激する青年もいれば、「非精神的、無思想の、無観念の」子どものような現実主義者だって存在する。

青年から壮年へと転化するには年齢だけでなく、やはり何らかの挫折体験が必要なのかもしれない。自分自身を自分自身で見つめる孤独な時間が必要なのだろう。

その時初めて「俺は俺である」と言い切れるように思われる。

この事件後、篠原らも麦社を去り、奥沢邦成らによる第二の麦社となるのである。

二足のわらじでえっさっさの巻

『アナキズム思想史』（現代思潮社、1966年）

平凡社一年生

わたしが平凡社に入社したのは昭和二七（一九五二）年五月一日のことだった。昭和二七（一九五二）年五月一日といえば、かの有名な宮城前広場でのメーデー事件の当日である。しかしもちろんわたしはメーデーには行かず、教えられるままとしこしこと一日、事典のカード取りをやっていた。

だがメーデーといえばいろいろ思い出されることがある。

戦後最初の復活メーデーは昭和二一（一九四六）年、宮城前広場で盛大に行われた。わたしも結成を目指していた解放青年同盟の仲間ややはり結成間際の日本アナキスト連盟のアナキストたちと参加した。

メーデーの前日、わたしたちは解放青年同盟の溜まり場だった東京・荻窪の白石幸男の家に集まり、メーデー歌やインタナショナルなどの練習をした。白石がこれらの歌詞をガリ版で印刷し、わたしたちは体が熱くなるまで何度も何度も繰り返し歌った。歌唱指導をしてくれたのが誰だったか、白石の父白石朝太郎だったかもしれない。

朝太郎は戦前、新聞印刷工組合正進会の闘士で、井上剣花坊門下の川柳作家でもあった。この白石の家には一時、近藤憲二も同居していたが、近藤が歌ったのを聞

白石朝太郎（1893〜1974）東京都生。川柳作家・俳人。白石維想楼とも。井上剣花坊に師事。民衆芸術としての川柳を指向。「誹謗する時は驚くほど多弁」。

井上剣花坊（1870〜1934）山口県生。川柳作家。新川柳運動を提唱。川柳論争では純芸派や鶴彬のマルクス主義を批判するもアナキスト・リベラリストと親交。

いた覚えはないから、たぶん朝太郎だと思う。

わたしも歌はからきしダメな方だが、その時覚えたメーデー歌やインタナショナルは大好きで、いまでも時折、ひとりで口ずさんだりすることがある。

その日のメーデーで鮮やかに思い出されるのはデモ行進が桜田門の警視庁前に差し掛かった時、警視庁の窓から鈴なりのように顔を出している警官めがけて「やい、出てきやがれ！」と怒鳴った植村諦の晴れやかな姿だ。

戦前、無政府共産党事件に連座し、三年余り入獄し、出獄後も頭を垂れて過ごしてきた植村である。きっと晴れ晴れした思いに溢れていたのだろう。

宮城前広場を出発し、国会議事堂から首相官邸、平河町、四谷見附、新宿通りを練り歩いて新宿駅前広場に集結、やはり戦前の闘士高橋光吉のリードでアナキスト・グループだけが黒旗を振りかざし渦巻きデモをやった。いい気分だった。

けれどもアナキストグループがこのように威勢よくメーデーを戦えたのはこの時が最初の最後だったようだ。翌年のメーデー以来、しばらくわたしはパスしていた。

その後またメーデーに行くようになったのが何時からだったかははっきりしないのだが、たぶん、アナ連に出戻った昭和三〇年代からで、メーデーといえばかならず黒旗をもって行くのが常になった時期もあった。

といっても参加するのは毎年一〇人足らずで、一番惨めだったのは近藤憲二とわたしと若者の三人で、それでも黒旗をかついで労組の列の空き間をしょぼしょぼ歩

植村諦（—タイ／1903〜59）奈良県生。詩誌刊行。植民地朝鮮で独立運動に参加し強制退去、岡本潤・秋山清らとアナキズム文学運動誌刊行。日本アナ連結成に参加。

いた覚えがある。たぶん意地になっていたんだろう。

戦後のメーデーはもっぱら「労働者の祭典」といわれていたが、わたしたちはそれに反対し、メーデーは労働者の闘いの日だとビラを撒いたこともある。

その頃はたしか明治神宮前広場が会場で、明治記念館あたりにたむろするのが慣例だった。常連は近藤や山鹿泰治ら長老くらいで、会津喜多方の新明文吉のように地方からの参加者も時々あった。

今は東京のメーデーも組織・団体によっては五月一日ではなく、その近辺の休日に開催され、まるで惰性で開かれているようにさえみえる。昔は遠くなりにけり、だね。

平凡社に入ったいきさつについては「私流疾風怒濤の巻」の冒頭にすでに書かれているから繰り返さない。

その頃、平凡社は縮刷『大百科事典』が当たって景気が良く、東京駅八重洲口にあった槇町ビルから麹町番町に移ったばかりだった。前に書いた通り番町の建物は元満鉄副総裁公舎で、広い庭まであった。社員はそこで休み時、バレーボールなぞに興じたりしていた。

槇町ビルといえばわたしが面接に行ったのはこのビルの二階だった。狭い応接室で待っていると、隣から「長い間抱いた女だからなあ、わっはっは」という野太い笑い声が聞こえてきた。声の主が公職追放が解除になって社長に戻った下中弥三郎だったかどうか確かめようもなかったが、そのあとにすぐ現れた下中はごつい感じの大男で、田夫野人然としていた。

面接でなにを聞かれたかはまったく記憶にない。しかしこの時の笑い声だけは耳に残った。以来、三五年近くわたしは平凡社で禄を食むことになるのだが、そうなると弥三郎社長は雲の上の人で、新年の訓示以外はほとんど謦咳に接する機会はなかった。

だが敗戦直後に下中が言ったという「教育を高めてさえおけば、その国、その民族は亡びない」の一言はまさに名言で、それが戦後平凡社スタートの理念だったらしい。

平凡社でのわたしの仕事は一冊ものの哲学事典の編集だった。大学在学中はいずれ述べるように哲学の講義なぞそっちのけで、図書館に籠ったり、アナキズムやら個人主義やらに没頭し、東大哲学科の教師で私淑するに足る教師は山崎正一ただ一人と勝手に決め込んでいたわたしである。

本当ならそんな落第生だからとても哲学事典なぞ出来ませんと辞退しそうなものだが、正直のところ平凡社の仕事はアルバイトで、本職は別にあるとひそかに決めていたので、ままよと入り込んでしまったのである。

けれども驚いたことにこの哲学事典の編集委員の一人は山崎で、もう一人は串田だった。このお二人の共著『ヒュームとルソー――裏切者と悪魔』（東京創元社）を以前に読んで、すっかりわたしは山崎に惚れこんでいたのだ。不思議な縁である。

さらに縁といえばこの『ヒュームとルソー』の書評を『日本読書新聞』に寄せた林達夫は平凡社の顧問かなにかで、わが『哲学事典』の新鮮な編集委員の人選に当たっていたのだった。つまりあの洒落た装丁の『ヒュームとルソー』が取り持つ縁で、わたしたちは間接的にすでに知り合っていたことになる。

その前の年、池島信平に勧められて「共産主義的人間」を『文藝春秋』に発表した林は反ソ＝反動的とみられてしまい、近づいたらやばいとばかり林の周りに「沈黙の壁」が作られた。『共産主義的人間』はいまでこそ林の名作とされているが、浮世の流れとはそういうものらしい。

その時「勇気がある」と簡単な葉書で林を褒めたのは福田恒存だけだった。いまからみると福田と林の取り合わせはおかしくみえるかもしれないが、じつは二人は『あるびよん』という雑誌を吉田健一とともに編集に当たった仲で、創刊号（昭和二四〔一九四九〕年六月）と二号の編集長は林だった。ついでに書いておけばこの創刊号に山崎が寄稿している。山崎は福田の学友だったそうだから、福田に勧められて書いたのだろう。そしてその時から林は山崎を見込んでいたのかもしれない。

人脈をたどっていくと色々なことがああそうだったのかと分かってくる。本当の歴史とはそういうものだと思う。文字になった文書だけをさらって戦後史がどうの

池島信平（1909〜73）東京都生。戦後「文芸春秋」編集長。ノンフィクション路線とダイジェスト編集法で部数増加。

吉田健一（1912〜77）東京都生。作家・評論家。吉田茂の息子。英・仏で育つ。翻訳から文学活動を開始、戦後評論・随筆で活躍。反ロマン主義的視点から文芸を捉える。

こうのというような安直な書物が流行っているらしいが、ちっとは『共産主義的人間』の運命に思いを致してほしいものだ。

いやここでわたしが書きたかったのはわたしのような東大哲学科の落第生でも哲学事典をこしらえられたのは、このような普通でない人脈のなかにいたからだということである。もし編集委員が当時の東大哲学科主任教授池上鎌三のような人たちだったらとっくにクビになっていただろう。

変わり者だったらしい

わたしが平凡社で最初に所属したのが単行事典編集部だったことは前に書いたが（「長屋のご隠居の巻」「論より証拠か、証拠より論か」）、部員は全部で六名、つまり哲学事典、政治学事典、経済学事典の各二名で、全体を統括していた主任はたしか編集部次長の兼任だった。

哲学事典が新鮮な顔触れの編集委員から成っていたのと並んで、政治学事典も日本最初の政治学事典という触れ込みで、当時売込み中の丸山眞男らを編集委員に起用していた。

丸山は音に聞く遅筆で、厳しい原稿催促に悲鳴を上げ、「また清瀬行きか」とつぶやいていたとか。当時、清瀬といえば結核療養所として知られていた。

遅筆といえば哲学関係では林達夫が横綱で、久野収が大関といわれていた。

わたしも二人の超難物を抱えていたわけだが、林については双方「大人の対応」を取ったので、問題は起こらなかった。最初はたしかヴォルテールを林が書くことになっていたが、「君、下書きを書いておいてくれよ」といわれ、落第生のわたしの下原稿にちょっと赤を入れてパスになった。幸い哲学事典の場合は項目ごとに筆者名をつけないことにしていたので、それで問題は起こらなかった。

ところが久野の場合はそうはいかなかった。久野はこれも林の推挙で編集委員の一人だったから、進行にも責任をもってしかるべきはずである。丸山が悲鳴を上げたのも責任を感じていたからだろう。

久野も編集委員としての責任は感じていたのだろうが、いざ執筆となるとそんな責任はどこへやら、進行に差し障ると悲鳴をあげるわたしを尻目に納得いくまで脱稿しなかった。

当時、久野は東京郊外の小平町小川（現在・小平市小川町）に住んでいた。中央線国分寺で国分寺線に乗り換え、小川下車、徒歩一〇分である。まだ特快はおろか快速だって通じていなかったから、まず往復で半日は潰れた。

この小平詣でが何十回続いたことか、哲学事典の執筆者のなかで一番手を焼いたのがほかならぬ久野だった。

『世界大百科事典』でもわたしは哲学部門の担当だったので、不幸なことに久野との付き合いは続いた。その頃久野は練馬区石神井町に引っ越していたから、往復はずいぶん楽になったが、こんなことがあった。

なんという項目だったか忘れたが、例によって執筆が滞り、原稿がもらえない。百科事典は一項目でも入稿しないとそこだけ穴になって、進行に支障を来たす。進行係からは連日のように責められ、石神井のお宅へ日参した。

いよいよ仕上がるという日、わたしはお宅の別室で待っていた。そこへどこからか荷物が届いた。電気掃除機だった。まだそれほど家電製品が普及していない時分の話である。書斎から出てきた久野は大はしゃぎで電気掃除機をいじくり回すではないか。あの時くらい電気掃除機が恨めしかったことはなかった。

「おおざわくんはおこらんでにこにこしているからやりにくいんや」と大阪弁で久野はいっていたが、にこにこ顔が怒りを越えた表現であることを久野は察知していたのだろうか。

不幸なことに遅筆な筆者ほどとはいわないが、筆の早い筆者に比べていい原稿を書きがちである。いい原稿はほしい、締め切りは守りたいという二律背反に苛まされるのが編集者の宿命と割り切ってしまえばそれまでだが、なにかこのゲームには「一将功なって万骨枯る」に似た物悲しい調べがある。

久野が生涯を通じて戦ってきたといわれる市民主義の合理と、この調べの不条理との接点はどこにあるのか、わたしにはいまでも謎である。わたしが市民主義に同調できなかったのはこの謎が引っかかっていたからのようだ。

もっともわたしは久野を反面教師として締切だけは厳守する感覚を養われた。そのぶん出来栄えは落ちたかもしれないが。


平凡社での勤務時間は午前九時から午後五時までと最初に聞かされたが、いずこの出版社とも同じで編集部で顔が揃うのはたいてい一〇時から一一時にかけてだった。そんなことを知らないわたしは、はじめのうちはせっせと九時に間に合うように努め、馬鹿な奴だと思われたらしい。

そのうちにわたしも悪習に染まって九時厳守は止めにしたが、それでもなんとなく一〇時前には出社して、早速、湯を沸かし、湯飲みやみんなの茶碗を洗い、お茶を入れることにしていた。

単行事典編集部ではわたしが一番新入りだったので、当たり前だと思っていたし、周囲も有難うでもなかった。冬場はまずストーブを焚きつけた。

いまから思うと随分、貧しい日常だったね。冷房なぞはもちろんなく、たしか扇風機をあちこちに置いて夏場を凌いだ。扇風機の風に原稿用紙が飛ばされ、往生したこともあった。

昼飯はたいてい弁当持ちで、冬はストーブの周りに弁当を置き、温めたものだ。弁当をもってこれない連中はどうしたのか、社のそばの商店街二七通りのそば屋などで済ませたのだろう。二七通りの肉屋では揚げたてのコロッケが好評で、残業の時などそのコロッケで間に合わせたこともあった。

昭和三〇年代のことだから、いまからたった五〇年くらい前、われわれの日常生活は随分豊かになったものだとつくづく想う。

今年は戦後七〇年余り、マスコミは例によって例のごとくしゃっちょこ張って敗戦談義で持ち切りだったが、七〇年の間にすっかり豊かになった日常生活の足取りを辿ることの方がはるかに普通の市民にとっては面白いんじゃなかろうか。

物はたしかに豊かになったが、心はむしろ貧しくなったなんてお説教するひともいるが、あの頃だって別に心が豊かだったとも思えない。だから物が豊かになった分、それだけ幸いだと素直に思いたい。

もっともにょきにょき聳え立つあちこちの超高層ビルやらマンション群をみると、あれが人類の墓場にならなきゃいいがと不安を感じることもある。世の中って難しいものですね。

こんな具合でわたしは一見、真面目で大人しい社員にみえたようだが、付き合いはよくなかった。何時だったか、単行事典の連中が揃って新宿に飲みに出掛けたことがあった。わたしは酒は飲めないし、酒盛りも好きじゃないからいやいやみんなについていった。

ところがその夜の新宿駅はすごい混雑で、わたしはみんなとはぐれてしまった。

これ幸いというわけでもないが、ちょっと探して見当たらないので家へ帰ることにした。

翌日、君、どうしたの、場内アナウンスをかけたんだぜと叱られた。まさかそんな手があるかと「友情の深さに」恐れ入った。

以来、わたしは飲み会には一度も誘われなくなった。ほっとしたような、なんとなく物足らないような複雑な心境だった。

リードの『詩とアナキズム』の翻訳を出してまもなくの頃である。だからわたしがアナキストらしいってことは知れていただろうが、わたしは最初平凡社はアルバイトと割り切っていたから、アルバイト先でオルグなぞする気はまったくなかった。といってわざと真面目な社員を装っていたわけでもない。自分でいうのもなんだが、わたしは根は真面目で大人しいのである。ただどうも「我」がひとの五倍も強いらしく、黙々と「我」を通そうとするから、付き合い難い変わり者になってしまったのだろう。

林達夫の憤激書簡

林達夫はなかなか気難しいひとだった。

にこやかに談笑していても一天にわかに書き曇り、雷が落ちることがまれにあっ

林　達夫（1896〜1984）
東京都生。評論家。唯物論研究会結成に参加。戦前〜戦後の思想・政治・文化動向に鋭い批判と活動を続けた。

た。林にしてみれば我慢して我慢して、我慢しきれなくなってというところなのだが、相手の方は我慢されているのに気付かない。だから突然、雷が落ちてきたように感じるのである。

なかでも林の憤激書簡は有名だった。ある日、一通の林からの手紙が届く。開けてびっくり、雷声がとどろいているのである。

この憤激書簡を受け取ったひとが誰かはいまだに一通も公表されていないので分からない。誰だって己の不明を鋭く突いた文章なぞ公表したがらないだろうといわれている。

しかし高名な林の目に止まっただけでも一丁前の証拠とばかり、本当は貰わないのに憤激書簡を貰ったと匂わせるような不埒な手合いもいないではない。

じつはわたしも林から憤激書簡を頂戴した一人である。といってもわたしの場合は編集実務上の不始末のためだったが、偶然、それが見つかったので全文収録しておきたい。

ことの始まりは世界大百科事典編集部が正式に発足し、林が編集長に就任した昭和二九（一九五四）年六月である。

世界大百科の哲学部門を担当することになっていたわたしはその前から仕事に入っており、いつも通り委員会開催の日取りを速達で林に通知したのが逆鱗に触れてしまった。新体制ではまず編集長の指示を受けるべきなのに、お前はわたしをなんと心得ているかというお叱りである。

六月二十七日

大澤正道様

先週末、世界大百科に関する一切の編集、企畫並びにその事務進行の処理は大百科編集部、特に企畫室（主任・友野代三氏）に一應移されました。従って會合の相談・打合わせは先づ企畫室に持ち込まれそこにおいてなされ、そこで了解され、承認された上、實行に移されるといふ次第です。つまり企畫室を通さぬ、編集長に前以てO・Kをとってゐない仕事は、全部非合法なもので、従って無効となる場合もあることをよく御承知下さい。

編集総務室との必要な交渉、打合、了解事項は、企畫室で内定した上でその主任が直接又はその指示、指令で諸君が代理で行ふわけで、その手續きを踏まない、編集総務室への諸君の直接な連絡、又その逆の編集総務室からの企畫室を差しおいての直接連絡、指示等は、今後一切あり得ないわけです。惰性で、従来のやり方で事を運ぶことは、この際徹底的に一掃すべきで、このことが諸君に強く要請されてゐます。二八日の招集状の、小生への書き方などは従って全然意味をなしません。小生が本来招集する会であり、それを君が代行すると云ふ順序です。

このことがわからなくては、君はわが大百科編集部の一員ではありません。

六月廿四日の編集部結成の総会の、小生の挨拶の言葉で、そのことは理解されてゐると思ひましたが……

目下は編集部としては天下りに受けとった編集部の組織、人員構成を検討、調整してゐる段階で、幾分過渡的な仕事のやり方も已むを得ない場合もありますが、それにしても君のやり方は明かに越権であり、またそれを従前通り、総務室からの指令でやったとすれば、総務室が大百科編輯部を無視した、越権沙汰です。小生は編集部を率ゐることを委任された以上、今後かういふ筋の通らぬ一切のやり方は承認しないし、断乎として糾弾しますから左様ご承知下さい。

下田氏にもこの書簡をお見せ下さい。廿八日は、別にスケデュールあり出席できません。

林　達夫

小生閑人でないこと御諒承下さい。

平凡社以外にも四つ五つの仕事を持ってゐる人間です。

これには参った。林の憤激書簡についてはかねてから聞いていたが、まさかわたしのような小僧が頂戴するとは信じられない出来事だった。

早速、同僚の下田龍子にみせた。読み終わって下田は「でも林先生、こんどはやる気十分みたいね。頼もしいなあ」と感想を漏らした。

たしかにそうに違いない。第三者が読めば任された大百科の編集に対する林の一方ならぬ意気込みが感じられるだろう。おそらくここに出ている編集総務室と権限やメンバーなぞで対立し、いらいらされていたのだろう。

編集総務室なる部署があったことさえ下っ端のわたしは知らなかったが、これまで編集局を仕切っていた幹部たちのことだろう。これらの幹部たちの介入なぞで林はきりきりしていたのかもしれない。

しかしそんな鬱憤をわたしに向けて晴らされてはかなわない、それに林が書いたようななんでも企画室を通すような役所みたいなこのシステムじゃ仕事は進まないんじゃなかろうか、と疑問もあった。

わたしが入社した時すでによくいえば自由放任が平凡社の社風みたいで、久野に編集委員を頼む時も普通だったらしかるべき社の幹部が行くのだろうが、お前たちで頼んで来いといった塩梅だった。

事典編集の基礎であるカード取りは主任から手ほどきを受けたが、それ以外編集者としての基礎をみっちり教え込まれるようなことは絶えてなかった。みな自己流でやっていた。だからおそらく諸式整った一流他社に比べたら随分いい加減にみえたのかもしれない。だが万事自己流でやってきたわれわれからみれば、きちんとしたシステムは不自由でやりにくくしかみえない。

そんなこんなでこの憤激書簡には納得がいかなかったが、もちろん反論なぞするわけにはいかない。すみません、わかりました、今後気を付けますと平謝りするほかなかった。

もっとも前に書いた通り、最初の出会いで「君と僕は同志だな」といわれてわたしはいい気になっていたのかもしれない。「同志」だからこそ鉄槌が下されたんだと勝手に思って自ら慰めるほかなかった。

時は流れて昭和四〇年代になり、個人全集が次々に刊行され始めた。なかにはこんなひとの全集がと思えるようなものあった。それだったら林達夫の全集がなくてはおかしいじゃないかと考えたが、もとよりわたしなんかが提案しても一笑に付されてしまうだろう。そこで一計を案じ、社長から林に話して貰うことにした。

これが見事に成功し、「林達夫著作集」を出すことに成った。そこまではいい気持ちだったが、さて実際に編集にかかると案ずる以上に難問が続出し、これならやるんじゃなかったと思うこともあった。

亡くなった人の場合は死人に口なしで、難しいのは散逸した著作を集めることくらい、収録原稿にいちいち注文のつくことはない。だが著者が健在だと大変である。あの原稿は困るとかあそこは訂正したいとか、つぎつぎに注文が出てくる。

著作集だから過去に書かれたものをそのまま発表するところに意味があるんじゃないですかなんて説得してもなかなか承知されず、すったもんだしたものである。

しかも「林達夫著作集」では著者寄贈本の誤配というとんでもない事故まで起こってしまった。気難しい林先生である、もう著作集は止めたなんて言い出されたらどうしようと、蒼くなってわたしは鵠沼のお宅まですっ飛んで行った。「君がいるから大丈夫だと思ったのに」とじろりと睨まれたが、なんとかお許しをいただけ、ほっとしたこともある。

こんな苦労を重ねて「林達夫著作集」全六巻が完結したのは昭和四七（一九七二）年一月だった。そしてその年の毎日出版文化賞を受賞した。その年の受賞者は梅原猛、島尾敏雄、杉浦民平、庄野潤三の諸氏で、授賞式で林は受賞者を代表して「……この著作集を編むにあたって、私に叱られ、怒鳴られした編集の諸君が受賞を喜んでくれるのを知り、私は賞を受けることにしました」と挨拶された。

「叱られ、怒鳴られした編集」の一人だったわたしはそれを聞いて、編集者とは因果な商売だなあと、ちょっと拗ねた気持ちになったことを覚えている。

アナキスト連盟に出戻り

昭和三一（一九五六）年はわたしにとっても、世界にとっても画期的な年だった。この年の二月一四日、ソ連共産党の第一書記ニキータ・フルシチョフが党大会でスターリン批判の演説を行った。それはマルクス・レーニン・スターリンとお経の

島尾敏雄（1917～1980）神奈川県生。作家。特異な感受性の難解な作品多数。『死の棘』で芸術選奨。奄美・鹿児島へ移住、私小説的手法で日本的リアリズムを超越。

杉浦明平（1913～2001）愛知県生。作家・評論家。出版文化協会勤務。戦後共産党入党。『ノリソダ騒動記』など記録文学発表。離党後に党批判を作品に織り込む。

文句のように崇められて時代の終末を告げる号砲のようなものだった。差し詰めイエス・キリストや釈迦牟尼が絶対じゃないと言われたようなものだから、共産主義者やそのシンパがあわてふためいたことは当然である。

スターリン時代と呼ばれ、スターリンなぞが絶対化された時代で、それでもスターリン・レーニン・マルクスさんたちの共産主義には納得がいかず、あれこれ迷いながらもアナキズムめいた旗にしがみついていたわたしにとって、共産党内部からのこの批判はまさしく我が意を得たものとみえた。

そう思ったのはわたしだけではない。同じ年の三月に福岡でタイミングよく刊行された半月刊紙『クロハタ』の一面トップには「ソ連共産党の理論的変貌　果たして原理的なものか」と題する井原末九郎の論文が載っていた。

おなじ九州の飯塚で杉藤二郎夫妻がみずからガリを切って出したタブロイド倍版四ページの旬刊紙『平民新聞』が五〇号で終刊して以来、三年余り機関紙ひとつ出ない有様を見かねてか、名乗りを上げたのが副島辰巳らの『クロハタ』である。

副島は佐賀の吉田焼窯元の家に生まれた。先代は朝鮮から渡来した陶工だったといわれている。戦前、学生時代に大杉栄に惚れて上京し、労働運動社へ赴いたが、あいにく大杉は渡仏中で会えず、帰郷後、大杉の死を知った。しかし在京中に村木源次郎に紹介されて岩佐作太郎に会い、その影響を受けた。

戦後、雲月堂を名乗る博多人形の製造販売を再開する一方、アナ連九州地方協議

フルシチョフ、ニキータ・（1894～1971）旧ソ連の政治家。スターリン死後、後継者として従来の党路線を大幅に修正。米ソ共同外交を推進。首相兼任で党機構改革と農業政策で失敗、引退。

スターリン、ヨシフ・V・（1879～1953）旧ソ連の政治家。帝政時代非合法活動で逮捕・流刑・逃亡を経験。レーニン公認で党書記長。反対派粛清・一国社会主義・個人崇拝・独裁に死後批判が集中。

マルクス、カール・H・（1818～83）ドイツの経済学者・哲学者・社会主義者。F・エンゲルスの協力で『共産党宣言』『資本論』を発表。プロレタリア独裁の理論を唱える。

会の中心となり、岩佐が始めたサンドイッチマンスタイルの『平民新聞』列車販売など体を張って活動した。雲月堂はまた大杉栄の遺児青木眞子、伊藤ルイらに人形制作を手ほどきし、自立を助けたりもしていた。

半月刊を目指した『クロハタ』だったが、資金難、原稿難で行詰まり、一年余りで休刊に追い込まれた。けれども『クロハタ』の創刊はその後のアナ連の復活に活を入れてくれたといっていい。

副島は終始一貫してアナ連の資金を支えていた。昭和三七（一九六二）年末、病に倒れた副島を見舞いにわたしは飛行機で福岡に飛んだ。病床の副島は「こんなことになってしまって」と元気なくつぶやいたが、やがて家人に毎月の負担金を渡すように言うではないか。わたしはなんとも言いようがなく、そのお金を押し頂いた。副島とはそういう男だった。「わたしは副島辰巳。他の何者でもない」――これが副島の最後の言葉だったという。

孤軍奮闘する杉藤や副島の姿がきっとわたしの心をくすぐったのだろう、わたしもなにか協力しなきゃという気持ちが沸いてきた。

わたしは副島に提案して『クロハタ』に「アナキズム入門」を連載で書くことになった。この連載はその後書き足されて『アナキズム思想史』（現代思潮社／昭和四一〈一九六六〉）となる。

いま読み返してみてもよくまあ一生懸命書いたものよと思われる。

レーニン、ヴラジミール・I・（1870〜1924）ロシア生。ロシア革命指導者。ソ連共産党（ボリシェヴィキ）創設者。旧ソ連初代首相（1918〜24）。

村木源次郎（1890〜1925）神奈川県生。無政府主義者。キリスト教徒だったが服部・荒畑の青年修養会に参加。後、社会主義団体平民結社から大杉の労働運動社に参加。

ロッカー、ルドルフ・（1873〜1958）ドイツのアナルコサンディカリスト。作家・歴史家。亡命で英国・米国と移り活動した。

東大哲学科の落第生のわたしがこんな古今東西にわたる思想史をなぜ書けたのか、不思議に思う方もおられるだろう。その通り、今になって告白するが、当時わたしはルドルフ・ロッカーの大著『ナショナリズムと文化』の翻訳に熱中していた。この翻訳は某社から出ることになっていたのだが、あまりの大著だったためか結局、出版されなかった。

もっともロッカーといっても知っている人は少ないだろうから、ちょっと紹介しておく。ドイツ生まれのアナキストで、アナルコサンジカリズム運動のリーダーだったが、その一方でこの大著を書き上げ、ナチスが政権をとるやロッカーはこの草稿だけを抱えてスイスへ逃れ、ついで米国に亡命、戦後もドイツに帰らず、米国で著作に専念した。

クロポトキンらが第一次世界大戦で連合国を支持した時はこれを批判したロッカーだが、第二次世界大戦に対しては反ナチスの立場から支持を表明している。

『ナショナリズムと文化』はドイツ語で書かれたが、英・仏・伊・和など七ヶ国語に翻訳され、英語版にはラッセル、アインシュタイン、トーマス・マン、ハーバート・リードなぞが推薦の辞を寄せている。

たとえばラッセルは「ルドルフ・ロッカーの『ナショナリズムと文化』は二つの理由で政治哲学に重要な貢献をしている。一つは多くの著名な著作家についての鋭い、また広く啓発させられる分析のゆえであり、いま一つは国家信仰の見事な批判

ラッセル、バートランド・（1872〜1970）英国生。哲学・数学者。第一次大戦中反戦運動で大学を馘首。社会評論・数学の研究に従事。ベトナム反戦運動に尽力、ノーベル賞受賞。

アインシュタイン、アルバート（1879〜1955）ドイツのユダヤ系物理学者。一般相対性理論でノーベル賞受賞。米国に亡命、ナチスの核爆弾開発に危機感を持ちマンハッタン計画を推進。戦後は核兵器禁止・平和運動に尽力。

マン、トーマス・（1875〜1955）ドイツの作家・批評家。第一次大戦当時は非政治的・反民主主義的立場だったが、以後反ファシズムを明確にし、ナチス政権下で米国に亡命。

のゆえである。国家信仰は現代流行の最も有害な迷信なのだ」と述べている。

わたしに宛てた手紙でロッカーはアジアにもまたヨーロッパ同様「一国もしくは数国の提携と強大国家とによる全アジアの主導権をめぐる永続的な抗争が持ち込まれるであろう」と述べていた。当たり前のように国際的な議論を展開するロッカーの手紙を読んで、ともすれば日本中心にしかならないわたしの発想の狭さを反省させられた。反省はしてみたが、晩年にいたるまでロッカーのようにはなれなかった。ロッカーは早急な翻訳出版を希望していたが、それが果たされぬまま昭和三三（一九五八）年に亡くなってしまった。

なお、ついでながら『ナショナリズムと文化』の訳稿は『黒の手帖』一八号から連載し始めたが、『石川三四郎著作集』の仕事が始まり、『黒の手帖』は中止せざるを得なくなり、その連載も中止になった。『クロハタ』にアナキズム思想の歴史を書こうと思い立ったとき、この不運だったロッカーの訳稿やボストン派アナキズムの系譜を辿ったロッカーの『アメリカの自由の先駆者たち』を存分に生かそうとわたしは考えたのである。

そのおかげもあってか、「アナキズム入門」はのちにウィリアム・モリスの研究者としても知られるようになる小野二郎の目に止まった。当時、小野は晶文社を起こしたばかりで、変わった本を探していたのだろう。「アナキズム入門」を晶文社から出したいという小野の申し出に二つ返事でわたしは承諾した。『クロハタ』に

モリス、ウィリアム・（１８３４〜９６）
英国の詩人・デザイナー・マルクス主義者。各分野で多大な業績を残し「近代デザインの父」と呼ばれる。著作に『ユートピア便り』など。

小野二郎（１９２９〜８２）
東京都生。英文学者。大卒後谷川雁の評論集等を編集。新日本文学に関わり社会主義と民衆芸術に傾倒。ライフワークはＷ・モリス研究。

連載中これといった反響がなかったのに、思いがけない小野の提案はとても嬉しかった。「これ一冊で新しい思想史が読めるくらい」なぞと小野は持ち上げてくれた。

早速わたしは一冊の本に「アナキズム入門」をまとめたが、残念なことに肝心の晶文社の経営が苦しくなり、二年か三年刊行を待ってほしいとのこと、がっかりした。その時分、わたしは現代思潮社で「大杉栄著作集」の編集にかかっており、たまたま現代思潮社で新書シリーズを始めることになっていたので、小野には申訳なかったが現代思潮社から『自由と反抗の歩み』と題して出すことになった。昭和三七（一九六二）年六月のことだ。もっともこの時は書名が悪かったためか、さっぱり売れず、これまたがっかり。がっかりさせられる本だった。

しかしそれから四年経った昭和四二（一九六七）年、増補改訂の上、書名を『アナキズム思想史』と改め、新書版ながら上製箱入りで売り出したらやっとよく売れだした。ほとんど毎年版を重ね、たしか一〇版くらいまでいったと思う。時代の流れの中で沈んだり、浮いたりした『アナキズム思想史』だが、それはどこかわたしの人生に似たところがないでもない。

「アナキズム入門」が書き終わらないうちに肝心の『クロハタ』の方が二三号を出して休刊になった。わたしは『クロハタ』に原稿を書く一方、近藤の自宅で毎月開かれていたアナ連の例会にも顔を出すようになり、なんとなくアナ連に出戻っていったのである。

『クロハタ』の休刊が諦めきれなかったわたしは、例会で九州がだめなら東京でやったらどうかと言い出した。それはいいが、東京でやるとして誰がやるという話になり、言い出しっぺのわたしが引き受けることになってしまった。だいたい言い出しっぺにお鉢がまわってくるのは世の常である。たぶんわたしもやる気になっていたのだろう。

わたしは以前『平民新聞』編集局にいたベテランの田戸栄を口説き、昭和三二（一九五七）年一〇月の全国大会で一緒に『クロハタ』を復刊することが決まった。田戸は戦前に活躍した田戸正春の息子で、その頃熱帯魚の飼育が当たって景気のよかった広海貫一の緑鱗窓に勤めていた。広海も旧同志でなにかとアナ連を支援してくれていた。

戦前の旧同志で戦後アナ連を支援してくれた人には広海のほか宇野信次郎、白井新平らが思い出される。支援者にもいろいろあって金は出すが口は出さぬタイプと金は出すが口も出すタイプとに二分される。

もちろんわれわれからいえば前者が理想的なタイプで、宇野がそれだった。競馬で儲けた白井はのちに述べることになる自由クラブの雑誌『アフランシ』の印刷を引き受けてくれたりしたが、なぜかわたしに対しては「東大出のアナキスト」などと嫌味をいわれた。どうやら白井は東大を受験して受からなかったのが根にあったらしい。

田戸正春（1899〜1937）東京都生。大杉栄のサンジカリズム研究会入会。長男・田戸榮（1924〜）は父の後をついで「平民新聞」「クロハタ」編集に従事。

広海貫一（ヒロミ―／1899〜1970）岡山県生。業界紙編集者。「緑鱗窓」熱帯魚商。アナ連の『自由連合』などを支援。

宇野信次郎（1898〜1931）岐阜県生。日本労農党に参加。総連合大会で中央集権組織を批判。その後自由連合組織から離れ、アナ連の経済的支援者となった。

広海は『クロハタ』に高島屋の広告を取れと注文を付けたりし、気の弱いわたしは閉口した。広海は熱帯魚のほか『デパート通信』という業界紙もやっており、戦前は略取をやっていたらしい。「あいつは戦時中、宮城遥拝していたんだ」と秋山は言っていた。白井と広海とどっちがいいですかと石川三四郎に尋ねたら、「馬より魚の方がましだよ、へへへ」と笑っていた。

とにかくこうして平凡社でせっせと働く一方、アナ連も背負っていくという二足のわらじでえっさっさが始まったのである。

安保反対でくるくる舞い

わたしと平凡社労働組合との因縁は「私流疾風怒濤の巻」「小声と大声」で触れておいたように、いわば反主流派の方だったが、それでも組合活動には大体、忠実に従っていた。

昭和三五（一九六〇）年、日米安全保障条約改定をめぐる空前絶後の反対運動が勃発した時、共産党系の出版労協（現・出版労連）に属していた平凡社労組は抗議のストライキやデモ行進を盛んにやり、わたしは大体それに従って動いていた。

当時の「手帖」を繰ってみると三月一九日、東京芝公園で開かれた統一行動とかにはるばる参加している。もっとも大会後のデモはサボって家に帰ったが、それで

白井新平（1907～88）京都府生。社会評論家。アナキズム系の黒闘社、大阪合成労組、大阪自由総合労組に加入。上京後日労組自由連合協議会に参加。戦後競馬紙発行。

も「クタビレテハヤネ」とある。また四月六日には四ツ谷駅前での安保反対の署名活動に一時間くらい参加し、やはり「クタビレ」たようだ。活動的と誉れ高かった平凡社労組といえどもこういう社外活動は自主参加だったはずだから、わたしは熱心な方だったに違いない。

同じ四月一五日には「午前中社デ仕事。午後、安保国民代表者会議ニ出席。5時スギマデカカル。例ニヨッテ例ノ通リ」とある。これは組合の方じゃなくおそらくアナ連関連で出席したのだと思われる。「例ニヨッテ例ノ通リ」とは「平和的大衆動員方針」のことだろう。二六日にはそれでもその「請願デモ」に参加し「ゾロゾロ歩キ」、帰りに「全学連ノ斗イヲミ、7時スギ帰」ったようだ。

五月一九日は自民党が警官を導入して新安保条約の単独採決を強行した日だが、その日の「手帖」では「国会大モメ、安保通ル」とだけ書かれている。しかし翌日は平凡社労組も午後三時から抗議ストに入り「雨ノナカヲ大挙シテ国会ヘデカケ、グルグルデモヲスル。気勢ガアガル。クタビレテハヤネ」している。

二五日には夜、春秋社へ行ったとある。これは松田政男から電話があって出向いたもので、六月行動委員会の会合だった。

六月行動委員会といってももう忘れられてしまっただろうが、秋山が『クロハタ』(五五号／昭和三五〔一九六〇〕・七・一)に書いたところによると「六・一五の学生の国会突入のとき共に広場を占領したただ一つの民間団体」で、「規約や綱領のようなものもなく」、誰でも自由に出入りできる労働者から文化人におよぶ「烏合の衆」だったという。埴谷雄高や吉本隆明らも参加しており、秋山やわたしもアナ連有志ということで行動をともにしていた。

この夜の会合には清水幾太郎の顔もみえた。あの頃の清水は最近の大江健三郎みたいな代表的文化人で、反対運動の先頭に立っていたが、六月行動委員会のメンバーにはならなかった。ちょっと過激すぎると敬遠したのだろう。はっきり覚えているわけではないが、わたしは出版労協との連帯を口にして笑われてしまった。けれどもわたしとしては平凡社労組を袖にすることはできなかった。だから翌二六日の平凡社労組の抗議ストやデモに加わり、「9時半散会、クタビレル」と「手帖」にある。

六月に入って反対は大盛り上がり、『昭和史年表』によると「6・4安保改定阻止第一次実力行使で全国で五六〇万人参加」とある。その五六〇万人分の一だったわたしは「例ニヨッテ例ノコースヲダラダラ歩キクタビレル」と「手帖」に書いている。

一方でアナ連が作ったビラまきを六月三日、一〇日にわたしはやっている。国会への直接行動を訴えた勇ましいビラだったと思うが、どこでまいたかは覚えがない。アナ連もだっまちゃおれないと立ち上がったのだろう。一一日の「手帖」には「国会へ行キ連盟ト行動ヲトモニスル。△南平台マデ行キ、一二時近ク帰ル」とある。

渋谷区南平台は岸首相の自宅のある町で、岸宅を包囲したこの時のデモには六月行動委員会も加わっていた。南平台から渋谷駅に向かう大通りいっぱいに広がった大デモで、大きな黒旗を翻したわれわれの雄姿！　はいまでも目に浮かぶ。

松田と一緒に六月行動委員会を背負っていた春秋社の岩淵五郎が途中で失敬していたっけ。あの岩淵はその後全日空機の事故で亡くなった。いつだったか「手帖」にも書かれていないが、国会周辺で座り込みをしている時、学習会だといって松田にいわれてアナキズムについてしゃべったこともあった。

六月一五日、平凡社労組は午後からストライキに入り、「手帖」によれば「△イツモノヨウニ日比谷カラ国会、米大使館、土橋ノデモ。ツカレテ帰ッタラ、突入事件、二時ゴロマデオキテイル。」とある。

翌一六日、わたしは連盟員に電話をかけまくり、国会へ押しかけろと呼びかけた。まったく記憶にないが、相当興奮していたようだ。その日について横倉辰次は「動員要請の電話が大沢からかかる。この状況下に黒旗が一本も国会周辺に立っていないなんて許されません」とアジられたとのちに書いている（『クロハタ』五五号昭和三五〔一九六〇〕・七・一）。

「手帖」には「△午後、横倉、田中、三谷君ラト国会前デ頑張ル。夕方7時スギニ切リアゲテ帰ル」とあるが、横倉によれば降りしきる雨の中、三時間余り立ち続け、半身ズブぬれになったそうだ。

そして安保条約が自然成立する一八日には今度は六月行動委員会と行動をともにし、「トウトウ首相官邸裏門デ夜ヲ明カス」仕儀となった。それでも「アサ5時ゴロ帰宅。ヒトネムリ、△11時ゴロオキテ、会社へ行キ仕事」とある。その日は日曜だったが、なぜわざわざ出社したのか分からない。忠実な社員だったのだろう。『昭和史年表』をみると「午前〇時、三三万人が徹夜で国会を包囲する」とあるから、わたしはその三三万分の一だったわけで、安保改定が自然成立した午前零時、うおーという圧し殺したような人びとのうめきと、とにかくコンクリートの道路とはやけに固いもんだなという思いとがいまでも鮮明に思い出される。

それにしても「サロンアナキスト」などと悪口をいわれていたわたしがあの時、なぜあれほど行動的に動き回ったのか、わたしを街頭に向かわせたのはなんだったのか、考えさせられる。

あの時、わたしを行動へと駆り立てていった情念は思うに反権力一筋の理念だった。「岸を倒せ」と何百回も叫んだが、さて岸を倒したあとどうするかなんて現実政治についてはなにも考えていなかった。いや、たぶん倒れるとは考えていなかったんだろう。

あの当時、もっとも過激だった新左翼系の学生たちは弾圧に自衛隊を引っ張り出せと力んでいた。自衛隊が出てくれればこれは「革命」になるとみて興奮していたようだ。けれどもろくに武器もなく、軍事訓練もしていない学生たちが実際に自衛隊に勝てると思っていたのだろうか。おそらく「革命」の理念に舞い上がっていただけなのではあるまいか。

細く長くか、太く短くか

安保騒動の波も引き、アナ連はまたしこしこと『クロハタ』を出し続けた。当時の「手帖」をみると、毎月中旬に編集会議を開き、月末近くに田戸へ原稿を渡し、月末に印刷所へ行って大組みと校正、そして月端に発送が繰り返されている。

一通の新聞が出来るにはもちろん原稿の依頼や集稿があり、宛名書きの印刷もある。こんなこまごました実務の一つが欠けても新聞は読者の手許に届かないのだが、そんなことを弁えている読者は少ないだろう。

大半の読者は新聞紙面の記事や論調なぞにだけ目がいく。機関紙ともなればなおさらである。当たり前といえば当たり前だが、こしらえている側からすれば必ずしも当たり前とは受け取れない。こしらえている者の身にもなってよと、苦情の一つも出てくるというものだ。

安保の年の八月に開かれたアナ連の全国大会での思いかけない騒動もそれが原因だった。詳しい事情は思い出されないのだが、安保がらみで連盟に入ってきた東京の一部の学生たちが、わたしじゃ生ぬるくてだめだから『クロハタ』の編集をわれわれにさせろと要求してきた。自分たちの原稿をわたしがそっくり採用しなかったのがご不満だったのだろう。

わたしも腹が立ったから、やれるものならやってごらんと開き直った。勝手に原稿を投じてくるだけで、発送の手伝い一つしようとしない彼らにわたしはかねてから不満を持っていた。東京の事情を知らない地方の連盟員たちは驚いたらしい。すったもんだの末、この騒動は彼らが連盟を去ることで決着した。

しかし考えてみると、この騒動はそれからも繰り返される若者たちの反抗の始まりだった。それはやがてすでに述べた背叛社などの反乱につながっていくのだが、これらの若者たちが連盟に対して背を向けていったのはなぜなのか。

世代の違いということはもちろんあるだろうが、アナキズム運動に対する姿勢というか、もっと基本的にはアナキズム運動というものに対するとらえ方の違いが根底にあったような気がしないではない。

いずれ書くことになるだろうが、わたしが学生時代にアナキズムにひかれたのは、当時学生の間で全盛を極めていた共産主義に対するささやかな抵抗感からだったように思われる。アナキズムとか大杉栄なんて持ち出すと、あいつは反動だと馬鹿にされた。いや反動どころか、本当の革新はアナキズムだなんて力んでも多勢に無勢、勝負にならなかった。

それでも共産党に入る気にはどうしてもなれず、吹けば飛ぶようなアナ連にしがみついたものである。だから当然のことながら自分が生きている間にアナキズム社会が生まれるなぞとは夢にも思わなかった。とにかく時代の逆風に抗してアナキズムの黒旗を一本でもいい、守っていこうという程度だった。

だから当然、アナキズム運動とは細く長く、しこしこと続けていくものと思われた。わたしが一番親近感を抱いたアナキストは石川三四郎だが、その石川は無政府主義の革命は永遠だと主張していた。石川はまた「生活態度の革命」ということを主張し、社会が変わるには一人ひとりの人間自身の革命が必至だと唱え、教育活動を重視していた。

石川と違い、社会革命の実現を目指していたと思われる大杉栄にしても社会革命と並んで「個人革命」（大杉の用語）との一体化を唱えている。そこが大杉の革命論の真骨頂だとわたしなんかは思うんだが、大杉のかっこいい言葉の端にのぼせ上がるだけの連中は「直接行動」こそアナキズムだと受け取って過激な行動に走りたがる。

彼らにとっては細く長くなんてとんでもない、太く短く爆発するのがアナキズム運動なのである。社会や政治に対する反抗心に燃えて運動に入ってきた彼らにとって、自分自身の革命（個人革命）なんぞは目じゃない。華々しい批判や行動こそが運動である。けれどもわたしの経験から言わせてもらえば、多くの場合、彼らはほんの数年暴れるだけでいつの間にかいなくなる。

石川三四郎（1876〜1956）埼玉県生。社会運動家。平民社に参加。幸徳秋水・西川光二郎らと「平民新聞」発刊。黒色青年連盟に係わり日本アナ連盟結成に参加。

太く短く運動を盛り上げていくのならそれはそれで結構だが、思うように運動が盛り上がらないと仲間のはずの細く長く派に矛先を向けて内輪モメに夢中になったり、テロに走ってアナはテロという権力が流すマイナスイメージを裏付けたりする。

かれこれ一〇年くらい前だったか、なにかの集まりで学生の頃にわたしのことを「似非アナ」と罵り、われこそは本物のアナキストだと威張っていた男に出会ったことがある。彼はその時さる大学の教授に納まっていた。

「やあ、しばらく、元気?」とわたしが挨拶したら、奴は照れ臭かったのか「大澤さんはアナキズムのプリンスですね」なんて妙なことを繰り返し言ってござった。かつては「似非アナ」、こんどは「アナキズムのプリンス」！　この男にとっちゃアナキズムはつねにレッテルみたいなものだったらしい。レッテルだから世の中の動き次第で張り替えていったのだろう。

そんな愚痴めいたことをここでいったたって始まらない。ただもし細く長く派と太く短く派とが共存共栄できていたら、わたしも長年連れ添ったアナキズムから自由になりたいなぞとは思わなかっただろう。

大杉といえばわが国の社会運動じゃなんといってもナンバーワンであることは、大杉の全集が戦前戦後を通じて復刻も含めるとなんと六回も出ていることからも明らかだろう。片山潜、幸徳秋水、堺利彦、山川均、荒畑寒村、石川三四郎等々のう

片山　潜（1859〜1933）岡山県生。国際的社会運動家。苦学しイェール大で神学士資格取得。直接行動論の幸徳秋水らと決別。労組・普選運動等・社会運動の先駆者。

堺　利彦（1871〜1933）福岡県生。社会主義者。「萬朝報」から日露戦争時「平民新聞」で非戦論提唱、労農派として日本大衆党等に参加、解党派と非難された。

荒畑寒村（1887〜1981）神奈川県生。社会主義者。海軍工廠の見習い工。堺利彦や幸徳秋水の影響で平民社に参加、大杉栄らと「近代思想」刊行。

ち二度出たのは堺だけ、復刻はゼロである。ちなみにわたしは大杉のほか荒畑、石川の著作集を手掛けた。

わたしが大杉について書いた最初の文章は「長屋のご隠居の巻」「アナキズムから自由になる！」であげたように『平民新聞』（五号　昭和二一（一九四六）・九）に載った「青年のみた先駆者大杉」（もちろんこのタイトルは編集部、たぶん当時はまだアナ連にいた岡本潤がつけたものだ）である。そのなかで「思想に自由あれ。しかしまた行為にも自由あれ。そしてさらにはまた動機に自由あれ」や「美はただ乱調に在る。諧調は偽りである。真はただ乱調にある」という文章が引用されている。自慢するわけではないが、一九歳の青年にしては大杉をよく読んでいたといっていいだろう。

その頃はまだ『近代思想』や『文明批評』の復刻はもとより文庫本もなかった。文庫本はそれから九年経った昭和三〇（一九五五）年、西田勝編『正義を求める心』（青木文庫）が最初である。ただ戦前に出た『正義を求める心』や『自由の先駆』の古本は少し心がけていれば安く手に入った。もっともいたるところ検閲の虫食い本だから、わたしは近藤憲二所蔵の書きいれ本を拝借し、一生懸命伏字を埋めた。

先に書いたように敗戦直後の出版界は共産主義一色で、アナキズムなんかは「保守反動」の片割れくらいにあしらわれていた。「ある雑誌に近頃の青年は幸徳秋水も大杉栄の名も知らないものが多いと書いてあった」と先ほどのわたしの小文は書き出されている。

出版界がアナキズムや大杉に関心を示し出したのは安保の六〇年代に入ってからである。昭和三四（一九五九）年、河上徹太郎が『中央公論』三月号に「大杉栄」を書いている。たぶんこれが一般市販誌に戦後発表された最初の大杉論だろう。当時評判だったコリン・ウィルソンの『アウトサイダー』にあやかった「日本のアウトサイダー」の一章で、大杉は運動家で思想家ではないと断言されていた。

たまたま鶴見俊輔の口添えで『思想の科学』に石川三四郎を書かせてもらっていた縁で知り合った、『思想の科学』の中央公論社側の編集担当だった粕谷一希にすすめられ、わたしは河上への反論の意味も込めておなじ『思想の科学』（昭和三五・九―一一）に「大杉栄論」を書いた。これがわたしの大杉研究らしきもののスタートである。

昭和三八（一九六三）年には現代思潮社から『大杉栄全集』全一四巻、世界文庫から戦前の『大杉栄全集』全一〇巻別巻一巻の復刻が出ている。現代思潮社版の編集責任者は秋山清、久保田芳太郎、小松隆二、中村完、それにわたしだった。

機を見るに敏な瀬戸内晴美（現・寂聴）が伊藤野枝をテーマにした小説「美は乱調にあり」を文藝春秋から出版したのが昭和四一（一九六六）年、四三年には宮本研の「美しきものの伝説」を文学座が初演する。機を見るに鈍なわたしが『大杉栄研究』を出したのもこの年だ。最初の大杉の研究書といっていいだろう。

河上徹太郎（1902〜80）長崎県生。文芸評論家。堀辰雄・中原中也・小林秀雄・大岡昇平らと交友。「近代の超克」座談会司会者。日本思想の潮流を捉えた保守派。

この企画を立てたのは古河三樹松で、文中の写真も古河の提供だ。原稿はもっと早く出来ていたのだが、版元の同成社の都合でなかなか本にならず、同成社社長・岡崎元哉には大分せっつついた。当時わたしは平凡社のぬるま湯に漬かっていて、小出版社の遣り繰りの苦労が分からなかった。

瀬戸内の小説や宮本の芝居はだいぶ評判を取ったが、わたしの『大杉栄研究』は荒畑寒村の序文を頂戴したにもかかわらず、さっぱりだった。同成社に見切りをつけたわたしは法政大学出版局の稲義人に頼み込んで紙型を買い取ってもらい、同社から新装版を出した。昭和四六（一九七一）年のことである。

秋山はこの本をとても褒めてくれ、なにか賞をとってもいいといっていたし、大杉の知名度も少しは上がったようだからと期待したが、大杉の名にひかれるだけで、実を知りたがるひとは少なかった。もちろん賞は取れなかった。賞といえば『思想の科学』に載った「石川三四郎論」は思想の科学賞の二等だった。一等は上坂冬子。以来、賞というものには無縁である。

この年には岩波書店も重い腰を上げて文庫に『自叙伝・日本脱出記』（飛鳥井雅道編・解説）を入れている。二年前の昭和四四（一九六九）年には中央公論社「日本の名著」に多田道太郎編『大杉栄』が入った。大杉の最初のアンソロジーだ。多田は昭和三八（一九六三）年に出た『近代日本の思想家』（「20世紀を動かした人々」講談社／昭和三八～三九）に大杉の小伝を書いている。

ウィルソン、コリン・（1931～2013）
英国の小説家・批評家。諸職業を体験。25歳で古典作家等を独自の視点で分析した『アウトサイダー』を発表。〝怒れる若者たち〟の世代。

粕谷一希（1930～2014）
東京都生。編集者を経て評論家に。時代背後の思想潮流に注目。出版社退社後「東京人」等の編集に携わる。

昭和四九（一九七四）年、思想全集ものが好きな筑摩書房が「近代日本思想体系」全三六巻を企画し、『大杉栄集』をわたしが担当することになった。編集担当の中島岑夫の夫人中島通子弁護士（旧姓広瀬）は学生時代大杉を勉強し、わたしたちの小さな研究会で発表していた。縁とは異なものと感じたことだった。

大杉の知名度が一番上がったのはこの七〇年代前半だったように思われる。なぜかというと筑摩は『大杉栄集』を第二回配本にしている。全集物の成否は最初の数回の売れ行きで大体のところが決まるものだから、たぶん大杉はいけると営業部は読んだのだろう。それが当たったかどうか、中島から聞いた記憶はない。

わたしの大杉研究らしきものはこの『大杉栄集』で終わる。大杉熱が冷めたわけではないが、多情なわたしはひまわりのような大杉に引かれる一方、月見草のような石川三四郎、どくだみのような辻潤にも前から惚れていて、昭和五〇（一九七五）年以降、「石川三四郎著作集」の仕事にかかっている。

平成二六（二〇一四）年から刊行された『大杉栄全集』全一二巻・別巻一巻（ぱる出版）には体調に自信がもてないのでわたしは編集委員を途中で辞退したが、大杉の著作をほぼ完全に網羅している。したがってこれからの大杉研究はこれらの文献を手掛かりして不明だらけの大杉の生涯の追及に移るだろう。

わたしはたしかに大杉に惚れたが、惚れたからと言ってあばたが見えなかったわけではない。しばしば大杉は自由恋愛のチャンピオンのようにみなされるけれども、

中村　完（1932～2005）栃木県生。言語学者。中世～近世の朝鮮語の歴史言語学的研究で著名。

伊藤野枝（1895～1923）福岡県生。女性アナキスト。離婚し辻潤と同棲。雑誌「青鞜」主宰。家族制度を批判、大杉栄と結婚。23年関東大震災の時、大杉らと共に官憲に虐殺された。

古河三樹〔松〕（フルカワ　ミキ〔マツ〕／1900〔1901?〕～95）福井県〔京都府?〕生。無政府主義者。古河力作の実弟。アナルコサンジカリスト。兄が関係した幸徳事件後家族と上京。妹の夫と軍人に糞尿投げつけ事件を起した。

堀保子への仕打ちは人間として決して褒められたものとは思えない。

『初期社会主義研究』第一五号（平成一四〔二〇〇二〕）に載った「大杉研究　拾遺」でわたしが書いた通り、堀保子の献身抜きにして大杉の知的成長も身辺の整理も考えられない。『家庭雑誌』や『近代思想』や自宅での研究会等々での裏方の実務をすべて引き受けたのは病身の堀だった。

「大杉、辻潤、堀、神近、伊藤のふたりの男と三人の女が演じたドラマは、自由への飛翔というような安手なものではなく、人間本来の業の深さをとっくり見せてくれている」とわたしは書いたが、その考えはいまでも変わらない。

自由恋愛は自由競争の一種なんだから、敗者の悲哀は忘れないようにしたいね。

ソ連の原子爆弾はきれいだって！

安保の渦のなかでもまれているうちにいつの間にかわたしは労働組合に深入りするようになった。

前にも書いたが、わたしが入社した翌年に平凡社でも従業員組合が結成され、それに対して会社は嘱託全員を解雇するという争議になった。わたしは五〇人近くいた嘱託の一人だったが、共産党が主導する組合結成のいい気な雰囲気が嫌で、組合には入らなかった。

宮本　研（1926～88）熊本県生。劇作家。終戦前後の体験から自立演劇運動を主導。法務省を退職、社会問題に根ざす歴史劇を軸に民衆と国家の問題を捉える。

飛鳥井雅道（1934～2000）東京都生。文化史・文学史学者。政治小説の再評価で注目され、幕末明治の幸徳・中江などを含むプロレタリア文学に関心、天皇制にも言及。

多田道太郎（1924～2007）京都府生。仏文学者・評論家。大衆文化から日・仏文学等の文化現象分析を主題に日常風俗を軽妙な文章で表現。日本文化論的な批評を展開。

その時、近藤憲二は広告部にいたが、組合結成に積極的で会合の都度、広告部は全員組合に参加させますと言っていた。もっとも広告で組合に入ったのは近藤一人だった。

わたしが組合にそっぽを向けているのを近藤は承知しているはずだったが、決して「君、組合に入れよ」と勧誘はしなかった。そこが個人の自由を尊重するアナキストの近藤らしかった。

ところがそれから三年ほど経って当時組合の委員長だった中島正清が豪語した「日本一の労働協約」が締結され、ユニオンショップ制になったのでわたしも否応なく組合員になっちまった。

組合員にされてからもわたしはしばらくは横をむいていたが、安保反対の大運動のなかでわたしは職場会議などでしばしば発言せざるを得なくなった。

というのは平凡社労組は当時、共産党系の出版労協傘下の有力組合だったから、当然、国民会議の平和的大衆動員路線に沿って活動していた。わたしは先に触れた六月行動委員会のメンバーでもあったから、これに反対せざるを得なかったのだ。

その時わたしがなにをしゃべったかまったく記憶にないが、職場会議といっても大体発言するのは共産党員かそのシンパだったなかで、わたしの発言は目立ったのかもしれない。

それにその頃から平凡社でも縁故採用は止めて、毎年新卒を採用するようになっ

堀　保子（1883〜1924）東京都生。本名大杉やす（大杉栄の内妻）。社会運動家。近藤真柄・久津見房子と赤瀾会結成。

神近市子（1888〜1981）長崎県生。評論家・政治家。青鞜社から記者を経て大杉との事件で服役。社会主義者支援や長谷川時雨らと芸術誌を刊行。議員も経験。

ており、新入社員のなかには新左翼系の全学連主流派に共鳴している連中もいた。そのなかにはのちにわたしをぶん殴ったSもいたはずだが、当時は反共という一点で「同志」？　だった。

職場会議であれこれしゃべった延長で、わたしは組合総会でも発言の常連みたいになってしまった。組合総会での長広舌で鳴らした大声君のことは前に書いたが、わたしの発言は大声君とは反対で「簡にして要を得た」短距離だったから、嫌われることはなかった。

そんなこんなでとうとう総会議長を頼まれるようになってしまった。平凡社労組では総会議長はその都度執行委員会が人選をきめて頼むことになっており、辞退はむずかしかった。

どっちかといえば引っ込み思案の方のわたしである。初めて議長をやらされた時は議事が混乱し、もう二度と頼まれないだろうと思ったが、素直にもたもたしていたのがかえって新鮮だったのか、だんだん議長の常連にされてしまった。

いつだったか、ストライキ中の総会で議長をしていた時、岡本潤がとうとうと日本語論をぶちはじめ、困ったことがあった。岡本はその時たしか校正部にいたのだと思う。

「岡本さん、そういう演説は新日本文学会の総会でやってくださいませんか」といってやったら、いっせいに拍手が起こった。

詩人といえば安東次男もいて、総会の時には岡本に負けずに雄弁を振るっていた。安東は抵抗詩人ということで注目され出した頃で、世に出るにはやはり弁が立たなきゃだめだなと、安東の弁舌を聴きながら思ったものである。

もっともそんな雄弁会だけではなくて、下中邦彦社長がちっとも社長室から姿をみせず、団体交渉が始まらないのでごうごうたる非難の声が起こった時、委員長だった中島が「社長は便がはじまるとなかなか通じない病気なんで待つほかないんだよ」と弁解したこともあったっけ。

いつだったか、五ヶ月だか五ヶ月半だったかのボーナスを獲得したストにストを重ねる大闘争をやった時、わたしは何回も議長をやらされ、「闘争委員では中島が一番、議長では大澤が一番」なんていわれた。

しかし日本一のボーナスなぞと新聞にまではやされていい気になっていた挙句、因果応報かとうとう折角建てた八階建ての真っ黒なビルまで手放す破目になってしまった。

もっともかりにわたしが議長の時、三ヶ月くらいでいいじゃないかなんて提案したら、早速議長は首になっただろう。これもあれも時の勢い、後悔することが多いのが人生というものといまは書くしかないか。

最盛期、平凡社労組は四百人くらい組合員がいたが、そんな小集団だから議長をなんどもやっていると名前が売れてくる。行き着く先は執行委員である。

安東次男（1919〜2002）岡山県生。戦後金子光晴・秋山清らの詩活動に参加。抵抗詩人として出発。「澱河歌の周辺」で読売文学賞。『レ・コミュニスト』等を翻訳。

平凡社労組では執行委員の固定化を避けるために執行委員の立候補辞退を認めていたことはすでに書いておいたが、そのせいもあって新人のわたしは執行委員に当選し、そのうち執行委員長に選ばれてしまった

執行委員長になって最初にわたしがやったことはストなどしないでボーナス交渉を妥結したことで、これには会社も驚き、組合の進歩派からは「会社の犬」とみられるようになったことは前に書いておいた。

もう一つ忘れられないのは原水爆禁止運動である。原水爆禁止は当時の平和運動の柱で、延べ百万人歩いたといわれる龍武一郎らが始めた広島から東京までの第一回平和行進にみられたように、当初は一種の国民運動になっていた。

あの時は龍らアナ連や平凡社労組の有志らと一緒に多摩川の六郷橋から蒲田、大森、大井、品川、新橋と京浜道路を北上し、日比谷公園で解散するまで半日近くわたしも行進し、足が棒になった。そのなかにはたしか中島もいた。

毎年八月に東京で開催された原水協の大会にはいつも山鹿泰治らと一緒にアナ連が加盟していた戦争抵抗者インターナショナルの一員として参加したが、まことに雑然とした大集会で、原水禁大会というと浮かんでくるのは壇上でコップの水を飲んでいた香山健一の姿くらい。香山は全学連代表ということで壇上にいたんだろう。真夏のこと、一般会衆の一人だったわたしはのどが渇いてしょうがなかったとみえる。

香山健一（コウヤマ―／1933～97）東京都生。政治学者。元学習院大学法学部教授。1950年代後半の全学連第2代委員長。

けれども昭和三六（一九六一）年、当時のソ連が核実験を再開して以来、その是非をめぐって国論は二分した。その余波がわが平凡社労組にも及び、大論争になった。

共産党系の連中は米国の核と違い、ソ連の核はきれいだと強弁して、必死にソ連を擁護した。一方、核にきれいもへちまもあるものか、ソ連の正体見えたりと新左翼系や反共派はここを先途と共産党を攻撃した。

このままでは組合が分裂しかねないというので総会が開かれたが、議論はまとまるどころか、さらに白熱化し、深夜にまで及んだ。

核がきれいなはずはないのだが、ソ連の核がきれいでないというならその証拠をみせろと居直り、そこは百科事典の平凡社である、七面倒くさい物理学までもちだす手合いもいて収拾がつかない。

もっとも夢中になって議論しているのは一部の党派的な人たちであって、一般の組合員は最初のうちは半ば面白がって拍手なぞしていたが、そのうち飽きてしまったのか、帰り支度をする者も出てきた。

その様子をみてもう頃合いとわたしは立ち上がり、これだけ議論を尽くしたんだから結論は委員長のわたしに一任してほしいと提案した。

わたしが反共だと知っている共産党派はダメだ、ダメだと絶叫していたが、採決の結果、わたしに一任されることになった。

翌日、平凡社労組はソ連の核実験にも反対すると決定した。出版労協傘下の組合でソ連の核実験に反対したのは平凡社くらいのものだったろう。

いうまでもないが、組合関係の仕事は勤務時間外なのが原則だった。真っ黒なビルができる以前は組合事務所は用務員室に並んで屋外にあった。一〇人くらい入れば満室になるバラックで、執行委員会なぞはいつも時間外、つまり午後五時以降に開かれた。定例は週一回だが、ボーナス交渉なぞが始まると連日なことが多かった。

アナ連と平凡社の二足のわらじでなんとかやっていたわたしだが、それにもう一本、組合が入るともういけない、雑務はともかく『クロハタ』の編集はどう考えても無理だった。

ある時、平凡社の玄関先でたまたま出会った副委員長の長谷川興蔵に秋山清は「平凡社に大澤を取らせるもんか」と言ったそうだが、まさに秋山の本音だったろう。まことに申し訳なかったが、平凡社を辞めてアナ連一本の、当時のことばでいえば「職革（職業革命家）」でいく気はわたしにはまったくなかった。さきに書いたように細く長くがアナキズム運動に対するわたしの信条だったから、自滅するかもしれないような選択はあり得ようもなかったのだ。

もちろん秋山に託した『クロハタ』（のちに『自由連合』と改称）編集以外のアナ連関係の雑務はなんとかやっていたから、その後のわたしは平凡社一足半、アナ連半足といったところだったかもしれない。

国破れて焦土に立つの巻

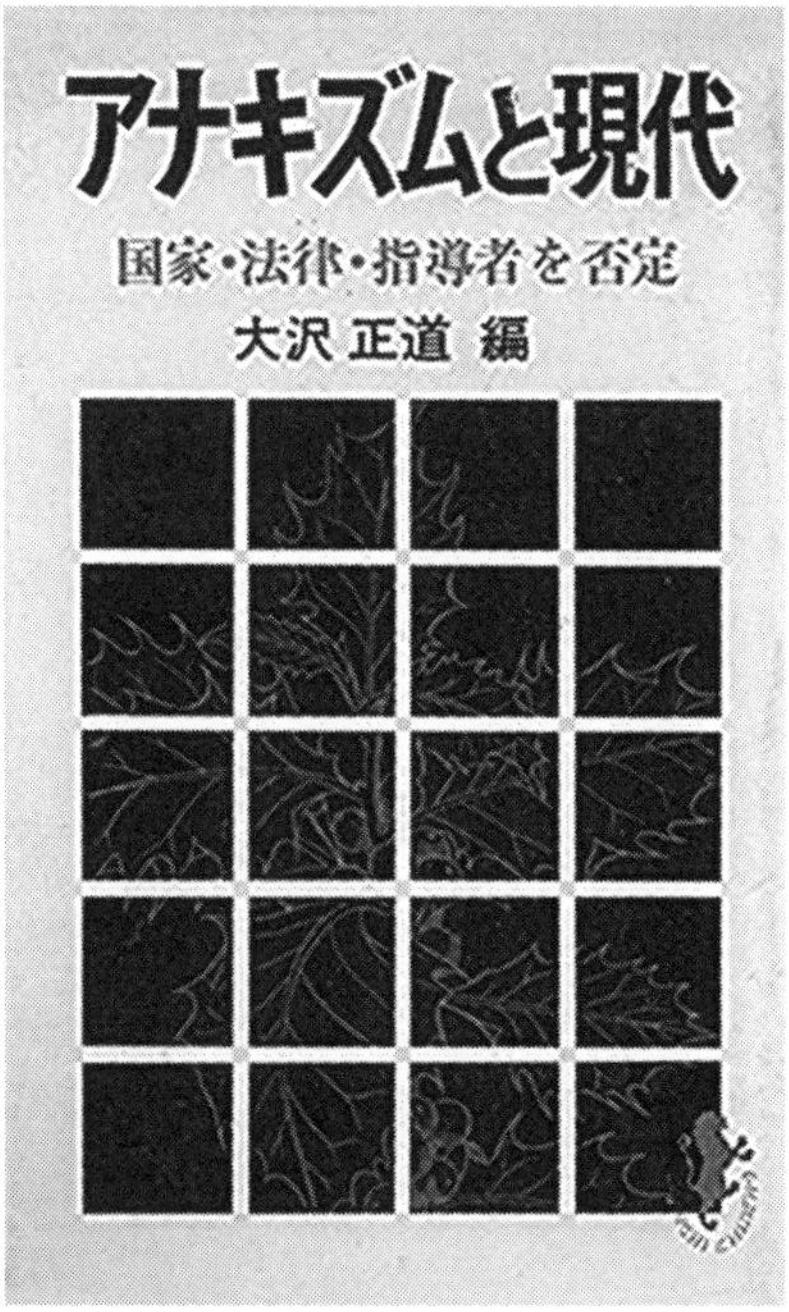

『アナキズムと現代』（三一新書、一九七五年）

空襲の混乱のなかで

昭和一九（一九四四）年一一月二九日、たしか勤労動員のご褒美ということで、わたしたち学生は歌舞伎座に招待された。その時、わたしは武蔵高校高等科一年だった。

演目は「大森彦七」。先々代松本幸四郎が馬にまたがり、花道を下がっていくところで、いっせいに拍手が起こった。それに応えて幸四郎も「学生さん、がんばれ」とでもいうように馬上で扇を振っていた。

それが歌舞伎座最後の日だとはもちろん思いもせずに家に帰ったのだが、なんとその夜の神田や日本橋方面の空襲で、歌舞伎座は焼けてしまった。

その頃からＢ29爆撃機による空襲が激しくなり、わたしは毎晩のように空襲警報で叩き起こされ、ゲートルを巻き、防火頭巾をかぶり、鉄カブトをかぶって防空壕に逃げ込んだ。

「事実、毎晩二時頃に叩き起こされるのは、精神的にも、肉体的にも非常な苦痛である。安らかな夜の休息が古い昔語りになってしまった東京、よし空襲がないとしても、その準備だけでわれわれは参ってしまう。そしてそれがアメリカの望むところなのだ。真綿でのどをしめつけられるような苦しみ」と、わたしは三年目の一二月八日の「日記」に書いている。

　翌年三月一〇日の江東方面についで、わたしたちが住んでいる牛込地区も四月一三日、五月二五日と続けざまに空襲に見舞われた。

　四月一四日の「日記」によると、一三日夜半の空襲で近所にある母校の小学校が延焼し、わたしはそれを消しに出向いたらしい。母校はたしか三階建ての木造だった。

「闘った。火と闘ったのだ。私は逞しい闘志と烈しい熱情をもって火に挑戦した。／私は嬉しかった。私というものが私の空想した通りの私であったから。面白かった。「水だ、水だ」私は自分の声を頼もしげに聞きながら叫んだ。母校を守る、この気持ちが不思議に私の心につき上がってきた。／正直にいって夢中だった。怖ろしくもあった。濛々とした煙が私の眼を痛め、火の粉が大空に捲き上がるのを見た時、これが戦争なのだ、人類の劫火なのだ、われわれの血に狂った叫びなのだと実感した」とある。

　それからひと月あまり経った五月二五日の空襲は他人事ではなかった。燃え盛る火はわたしの家にまで迫ってきたのだ。

　幸い、わたしの家には井戸があった。隣組の人びとがその井戸の水をくんで、なんとかわたしの家までで火を食い止めようとバケツリレーに集まった。

　戦後、何も知らない評論家がバケツリレーなんぞなんの役にも立たなかったと戦中の防空訓練をあざ笑っていたが、少なくともバケツリレーによってわが家は焼けずにすみ、それに連なる隣組の家々も焼けずにすんだのである。

「昨夜から今暁にかけての空襲。それは私達の生活を一変させた。私はいま暗いろうそくの灯の下で日記を書いている。／水は無い。手の汚れものどの乾きも、すべてを黙殺してしまわなくてはならない生活。泥との闘い。それでも家を焼かれたことを思えばどれほどましか分からない。」（五・二六）

たしかにそうだった。焼け出された隣家はトタンを重ね合わせた小屋で過ごすほかなく、父親と娘とがしばしば衝突し、猛烈に怒鳴り合っていた。あっ、またやってる、とわたしたちは窓越しに不幸な親子喧嘩を聞いていたが、もしわが家が焼け出されたらどうだったろう、まったく他人事じゃなかった。

あの晩は母校を消し止めた四月一三日のように勇敢ではなかった。がらがらと屋根から崩れ落ちる瓦に当たって、わたしはすっかり怖気づいてしまった。熱い炎や目に沁みる煙に参ってしまい、わたしは卑怯にも家の中から水をかけた。「こんなことは二度と再びしてはならない」と「日記」に書いているけれども、あの時わたしの心臓は破裂しそうに動悸を打ち、怪我をしたらどうしようと怯えていた。

一夜が明けてわたしの家を境に焼跡が延々と広がっているのを見た。少し長いが、二七日に書いた「日記」を引いておきたい。臨場感に迫っているように思えるからだ。

「焼跡は私の家の二方を取り囲んでいる。大きな丘陵のように、江戸川を谷間に目白台と市ヶ谷台が対峙している。その様子は決して気持ちの好いものではない。もしこれが緑の丘、花咲く丘であったら、どんなに素晴らしいことだろう。しかしこの丘は赤茶けた、焼跡特有の臭いを持つ瓦礫の山である。悲しい、痛ましい話をいくつも生んでいった戦災地である。

私はそこで俯せて血を吐いて斃れていた二人の幼い兄弟を見た。彼らの両親は必死になって彼らを探しているだろう。いや、両親もまた別の場所で死んでしまったのかもしれない。また私は焼トタンをかけられた夥しい黒焦げの死体の山を見た。馬鹿にふくれて、張り切った足が折り重なって並んでいた。なんということだろう。

私は高射砲弾が命中して火の玉になって落ちてゆくB29にそっと合掌したように、この無残な屍の山に目礼を捧げた。」

まだ空襲が本格化していなかった頃、たまたまわたしは真昼間の路上で高射砲にやられて落ちていくB29を目撃した。傍にいたおっさんが「やったあ！　万歳」と叫んでいた。けれどもわたしはそのB29の乗員の死を悼んでなんとなく目礼してしまった。その時のことを思い出したのだ。

前にも書いたが、その時分、わたしはトルストイやクロポトキンの日記やら自伝やらを愛読しており、人道主義的な気分になることがあった。

ちょうど特攻隊が始まった時期で、「沖縄の決戦は続く。／特攻隊、私はどうしてもそれを賞賛できない。私は口にしたくない。ただ弱い日本を嘆くだけである。気の毒な人達。権力者の犠牲となった人達。私は泣きたい／こんな犠牲を払わせ、しかも権力者は不正な態度を恥じず、それどころか自分の犠牲に感謝すらしない。口先だけの賛辞、謝辞。／それ以上に耐えられないのは特攻精神を振り回し、国民をけしかける学者である。学者、彼らに向かって私は死ね、と言う」（四・一三）と書いている。

それでいてわたしは五月に行われた簡閲点呼の時には航空兵を希望し、口先だけでなく、その前からグライダー訓練に参加し、多摩川河川敷の練習場で汗を流していた。三級滑空士の免状を取ろうと一生懸命だった。

「私が祖国のために殉ずるのは、私が祖国から受けた恩に報いるためではない。死は偶然である。私はただ殉ずる一歩手前まで私の生を営んでゆく。死はある場合には運命的な制約にもなるだろうし、考えようによっては自己の発展を期す自律的な選択にもなりうる。私のいまの気持は運命的、諦観的に近いけれども、また一方かよわい者を守り、日本を永続させようとするおいそれた自負心も働いている。この自負心は没我的にみえて決してしからず、とんでもない思い上がりのように思われる。

一言にしていえば名誉という虚ろなものに自分の魂を売り渡す無考えな虚栄心である。

私が秘かに特攻隊員となることを願うのも、このような名誉への憧れに他ならない。私はその捨身の業によって、前途に望みのない私の命を烈しく燃え上がらせようとする。

それはあまりに個人主義的だろうか?」(七・二九)と自問している。

しかし結局、免状は取れず、幸いにして航空兵になる前に八月一五日が来てしまった。

空襲の混乱のなかでわたし自身めちゃくちゃに混乱していたのだろう。

わたしの八月一五日

今では昭和二〇(一九四五)年八月一五日を本当に記憶する人は少なくなった。それはそうだろう、戦後七一年なんだから、七〇歳以下の人たちは昭和二〇年八月一五日には存在していない。記憶できっこない。

しかし日本の歴史にとってこの日は記憶にとどめておかなくてはならない日の一つだとわたしは思う。なぜならこの日初めて日本列島は異国の軍隊の占領下に置かれたこととなったからだ。

その日を日本人はどう迎えただろうか。以前、わたしは『戦後が戦後でなくなるとき』(中央公論社/平成七〔一九九五〕)でいささか調べてみた。

たとえば林達夫は「私はあの八月一五日全面降伏の報をきいたとき、文字通り滂沱として涙をとどめ得なかった。わが身のどこにそんなにもたくさんの涙がひそんでいるかと思われるほど、あとからあとから涙がこぼれ落ちた。恐らくそれまでの半生に私の流した涙の全量にも匹敵する量であったろう。複雑な、しかも単純な遣り場のない無念さであった」(「新しき幕明き」『群像』昭和二五〔一九五〇〕・八)と書いている。

たしかに敗戦で流された日本中の涙の総量は、日本始まって以来のものだったにちがいない。けれどもおかしなことに戦後七〇回、八月一五日がめぐってき、その都度マスコミは競って戦争反対を唱えていたが、この涙の現実はほとんど取り上げられなかった。

もっぱら取り上げられたのは敗戦を喜んで迎えたといういわゆる進歩的文化人の記憶だった。

加藤周一は八月一五日について、まず「生きている」と感じ、次に「生き残った」と感じ、三番目に解放感を味わったと回想している(『ある晴れた日の出来事—十二月八日と八月十五日』(かもがわブックレット　平成一〔一九八九〕)。「ファシズムからの、言論弾圧からの、メチャクチャな狂信主義からの解放感です。非合理主義からの、自由な言論の可能性のないところからの解放感は、とても強いものがありました」と述べている。

これは加藤が七〇歳になってから語った回想だから、どこまで真実か疑うこともできようが、「滂沱の涙」を加藤が流さなかったことは間違いないだろう。

もう一人、大江健三郎は当時一〇歳の子どもだったが、ラジオの前で「大人たちは泣いていた」が、天皇の言葉を理解できない大江は「退屈して遊びに出かけた」。友達の一人が《天皇の声》をまねし、みんなで「声をあげて笑った」（「戦後世代のイメージ」『週刊朝日』昭和三四〔一九五九〕・一・四）と言っている。

天皇の声色は戦後、庶民の間でもしばしばみられたが、八月一五日のあの日、一〇歳前後の田舎の子供たちが泣いている大人をよそにいち早く口まねをしたとは、にわかに信じがたい。ただそれでも大人たちが泣いていたことは大江も伝えている。

わたしがここで当時の「日記」によって「わたしの八月一五日」を書き留めておくのは、ある若い日本の学生が八月一五日前後をいかに過ごしたか、その真っ正直な記憶をきちんと残しておきたいと思うからである。わたしのわがままを許していただきたい。


「八月十五日／陛下は大詔を誦し給うた。／ポツダム宣言は容れられた。／平和は来る。これが勝利であったらどんなにかよいことだろう。しかし現実は敗戦である。敗けたのだ。／それでいい。私はそれを甘受しよう。日本の歴史は傷ついた。しかしわれわれは歴史のために生きているのではない。われわれは生命のために生きているのだ。／新しい日本の再建を目指して、新しい日本の創造は私達の手で行われるのだ。私達の手で。道はけわしい。いばらの道だ。それだからこそいいのだ。／落ち着いて勉強できる。学校があるか否か、それは分からない。しかし前から私は学校を無視していたのだから、それは構わない。私は勉強しよう。考えよう。それあるのみだ。私は復讐を念じまい。そんな事は嫌いだ。私はそれ以上の何ものかを念じているから。

私は語学と文学に主力を注ごう。／1Keatsの詩集　2単語記憶　3大学入試問題集　4祝詞、古事記の研究　5英文学、現代文学の研究（ロレンス、武郎）」

ここで少し註をつけておけば、キーツは当時、もっとも好きだった詩人で「キーツは二十三で死んだ。透谷もそのくらいだ。樗牛も。／私は何をしているのだ。十八にもなって何一つできない。徒らに種々の制約の下に喘いでいる。／曰く校則、曰く愛国心、曰く慣習」（昭和一九〔一九四四〕・一二・二三）と書いてある。

八月一五日、ここでは書かれていないが、どうやらわたしも泣き組だったようだ。早々に勉強の計画なぞ立てているのはあるいは涙を抑えたいためだったからかもしれない。だからこれらの計画はほとんど実行されず、その後のわたしはあろうことかアナキズムなぞの社会運動に取りつかれてしまっている。

翌一六日、「悲しい思い出を忘れないうちに文字にしておこう」と以下のようにかなり詳しく一五日に至るまでの模様をわたしは綴っている。

キーツ、ジョン・（1795〜1821）
英国のロマン派詩人。医師免許を取得するが詩作に転向。長編詩『エンディミオン』は評価されず。イタリアに行き、結核で早世。

「日本が無条件降伏するらしいという報道を聞いたのは、十一日の夕方だった。その時私はなにかほっとしたものを感じた。原子爆弾には大きな注意を払っていなかったが、ソ連の参戦を聞いてもうだめだと思った。これ以上戦うことは不可能であり、無意味だと思った。

翌十二日、私は工場（注・学徒動員で七月から練馬区志村の日東金属という航空機機材メーカーに派遣されていた）へ行く途中でTに会い、戦争継続の是非について議論した。Tは敗けることは分かっている。しかし降伏しても国体が傷つくなら、どうせ日本は滅びる、それならいっそ玉砕した方がよい、と主張した。それに対して私は『ポツダム宣言は天皇の主権を認め、その存立を許している』と反駁したが、彼は頑固に自説を固執した。私が彼の態度は感情的だと批評した時、彼は憤然として『そんなことがあるもんか』と言い返し、それきり黙ってしまった。

その日の帰り私とTはSから無条件降伏のニュースを聞いた。Sの様子が真剣で、興奮していたので、本当だと思って私はTに私の説の通ったことを語ろうとしたが、彼の深く考え込んだ態度は、容易に私に口を利かせなかった。それに私もなにか不快だった。

十二日は不気味なうちに暮れていった。

翌日は艦載機が来襲した。終日の空襲警報は無条件降伏のニュースの真実性を弱めた。

十四日、Tは私に『あれはふられたんだってさ』と嬉しそうに話しかけた。私の心は重かった。『戦車特攻になろう』と言う彼の声さえ厭わしかった。私はお互いの無意味な血の流し合いに愛想をつかしていた。

その前の晩、私は姉と未来の日本について二時間近くも話し合った。その時の私の気持ちは籠からだされた小鳥のようだった。もちろん私は降伏してすぐ自由になれる、などと思ったわけではない。私は自由な意志の下に行動し、銃殺されるかもしれない。しかしそれでも私は満足だ。少しでも私の意志通りに私が行動でき、それで死ぬことができれば私は嬉しい。そういった意味で私は輝きに満ちて姉と話したのだった。

その希望も失せ、私は訳の分からぬ不快さで仕事が手につかなかった。で、Tと一時すぎに帰ってしまった。それが皇国一三六七八工場へのお別れとなった。

私は不愉快なまゝ新宿へ出て、第一劇場で劇団たんぽぽの芝居を見た（注 たんぽぽには明日待子が出演していて、わたしは待子のファンだった）。ちっとも面白くはなかったが、いわゆる国策演劇はこの日を最後に姿を消した。米英への罵倒の言葉も。

その日の七時のニュースは九時に報道のあることを告げて沈黙した。そして九時のニュースは正午に重大な放送があると知らせただけだった。しかしこれで十分だった。私はがっかりして床に入った。夢のような未来への喜びも消えていった。

そして八月十五日が来た。その朝私は陛下が御自ら放送されることを父から聞いた。私は暗然とした。まずい大豆の飯は余計まずかった。私は古事記を読んでみたが、落着かなかった。寝ても眠れなかった。そして私は詩を作った。十一時半、私達四人はうどんをくい、口を清め、顔を洗い、十二時を待った。

私は涙が滲んだ。いままでの努力、艱難、すべては水泡に帰した。内閣告諭、外交交渉の発表、十二時三十分放送は終わった。

敗れた。重苦しい気持ちが私の五体を圧した。私は泣いた。それは苦しいものの涙であった。恥を知るものの涙であった。」

ソ連の参戦でもう駄目だとここでも書いてあるが、もう一つその日の日記を加えておきたい。八月九日付である。

「日ソは開戦した。

何ということだろう。私の信念もこの苛酷な現実の下に挫けてしまった。苦難の日は来た。最期は近づいた。

私はむしろ死にたい。死は生よりも易い。

勝てるか?　私は再び否と言わざるをえない。

敗北だ。どうしても敗北だ。これ以上の戦は無意味だ。

日本は再出発しなくてはならない。傷ましい恥辱に甘んじなくてはならない。日本民族の未だかつて嘗めたことのない恥辱を受けなくてはならない。

すべては運命である。すべては天の命である。

断乎として戦う。それは不可能だ。世界を敵にして戦う。それは確かに壮である。だがそれは小勇ではあるまいか？　一億すべてが正義の下に玉砕する。それも確かにいいかもしれない。しかし果たして日本の標榜するところが正義か否か？

私は悲しい。


すべては狂っている。私は正さなくてはならない。何故に人々は争うのか？　しかもそれは国民の意志ではない。国家の意志だ。

あまりにも国家は国民に干渉する。国家は国民の衣食住をのみ管理すればよいのに、思想を弾圧し、生命を奪取する。

世界は一である。政府は抹殺すべきだ。

無政府主義、それこそ近代の行き着く最後の所であろう。大国と言い、小国と言い、強大民族と言い、弱小民族と言う、それらは一切棄て去るべきだ。

大らかな人間性に還って、自由に神を信じ、人類を愛する。それがわれわれの行くべき道だ。

人類よ、自己の魂を見つめよ、自己を知れ！

名誉や誇りに未練を持つな。

国家的な侮辱を受けた時、人間の採るべき道は二つある。一つは復讐すること、いま一つは国家そのものを抹殺すること。私は後者を取ろう。」

こうしてわたしはアナキズムへと突進していく。

わたしはなぜアナキストになったのか

戦後すぐからわたしがアナキストらしき仕事をしているのをみて奇異に感じるのか、「君はなぜアナキストになったのか」なぞと時折聞かれることがあった。

そういわれてもわたしにもよく分からない。トルストイやクロポトキンは愛読していたが、それも自伝や日記などで、クロポトキンの激しい時事論文などは共鳴できなかった。

前にも書いたが、キーツのような英国ロマン派の詩人は大好きで、分からないながら原文で読もうと努力していた。そのほかD・H・ロレンスとかストリンドベリとかニーチェとか、これはもちろん翻訳だが古本屋を回って手に入れた。

なぜロレンスだったのか、これがさっぱり分からない、『チヤタレー夫人の恋人』（翻訳はなかった）以外のロレンスの小説は『息子と恋人』なぞ大体読んでいた。

しかし『黙示録論』だったか、福田恒存にいわせるとロレンス最高の作にはまったく歯が立たず、以来ロレンスからは離れてしまった。してみるとわたしのロレンス好みは表面的なものだったのかもしれない。

もう一人、ストリンドベリも好きだった。『女中の子』とか『ある魂の成長』などで、これは父親の転勤、転勤で遊び友達ができなかったわたしはよく女中相手に相撲など取っていたのと関係がありそうだが、当時の「日記」をみるとこんなことも書いてある。

「ストリンドベリも言っている。曰く、死はわれわれの面前に在る。それだからわれわれは生きよう、誰のために、如何なる目的にために？　あゝ――／意味深い感嘆詞、あゝ」（昭和一九〔一九四四〕・一二・二四）。

「生と死」これは空襲が本格化し出した当時のわたしにとって差し迫った課題だったのだろう。同じ日の「日記」に「生と死、これに決定的な返答を与えたものはいない。／ニィチェは永劫回帰をもって説明した。／キリストは再生をもって応じた。／しかし問題は解決を告げない。／ストリンドベリの疑問、／それは何人の胸にも閃き、そして黙殺される。」

ニーチェにも飛びついているが、ニーチェは「社会的制約を忘れていた。人間の弱さを忘れていた」と批判的でもある。もっともストリンドベリはニーチェに影響されたというから、その線も考えられる。ロレンス、ストリンドベリ、ニーチェなどいずれもその頃異端者と目された連中である。けれども異端者だからという理由で彼らを選んだ覚えはない。強いて言えば彼らの強い個性、個人主義的な性向に共感を覚えたのだろう。

日本の作家では人並みに夏目漱石もよく読んだが、なんといっても有島武郎の『或る女』がお気に入りだった。もし今でも日本の作家の作品で一番はと問われたら躊躇なく『或る女』を挙げるだろう。

今はどうか知らないけれども、乱読は当時の高校生では当たり前のことで、わたしも高校生並みだったに違いない。ただ女の生涯のようなテーマが多かったのは、これも前に書いたことだが、バス通学で出会った女車掌への淡い思いと無関係ではなかったようだ。わたしが社会問題に目を向けるようになったきっかけはこの思いにあった。ニーチェより女車掌とは可愛かったねえ。

有島武郎（1878〜1923）東京都生。内村鑑三の影響でクリスチャンに。クロポトキンを愛読。信仰を捨て北海道の農場を解放、社会主義者達と交流。

ところで「わたしはなぜアナキストになったか」だが、日本アナキスト連盟の機関紙『平民新聞』に「私はなぜアナキストになったか」という連載があり、連盟員が毎号書いていた。それにわたしも書いている。昭和二三（一九四八）年二月二〇日発行の第六一号である。それを引用しておこう。

「◇WHY?　この疑問詞はアナーキストである。彼は僕にとってもっとも凶悪な、無遠慮なそして辛辣な破壊者の役割を果たした。彼は僕をとことん追い込み、僕が絶望のうめきをもらすと歓声を上げるのだった。僕が諦めの上にあぐらをかいた小利口な処世術に身を任せるまで、彼は僕に襲いかかってきた。ＷＨＹ？　ＷＨＹ？　ＷＨＹ？　……僕は気が狂いそうだった。
◇この無法者が僕を苛め始めたのは僕が性に目覚めた頃だ。こいつは彼一流のあくどさで僕から青春の甘い蜜を吸って、嘲笑とともに僕の真実を幻想にしてしまった。これを皮切りにいくどこいつは虹を追う僕を冷笑し、真実を抱こうとする僕を突き返し、安心を求めようとする僕の願いをにべなく拒絶したかしれない。
　だが僕はぬけぬけと処世術の坐り心地の良いフトンにあぐらをかくことはできなかった。幸いにしてそれほど僕は小利口ではなかったのだ。
◇僕はもう少しうすのろだった。だから僕は真理の林のなかをまごまごしていた。どうしていいか分からなかったからだ。そうこうするうちに僕はしぜんとまごまごするくせがついてしまった。僕は不安と懐疑のゆりかごで眠るようになった。僕はどんなものもこれを自分の所有とする魔術を体得してしまった。僕はいかなる絶対の権威も神聖なシンボルも、これを相対にしかみせないレンズを拾ってしまった。このレンズを僕の目にはめた時、この無法者はどこかへ消えた。
◇すると可笑しなことに世間の人は僕をアナーキストと呼んだ。僕は心の中からアナーキストをオミットしたつもりだったのに。これは僕の歴史のイロニーである。で「なぜ私はアナーキストになったか」という問いの答えはまさにこの問いのはてしない連続の彼岸にある。」

アナ連の機関紙には似合わない気取った文章である。よく突っ返されなかったと思うが、『平民新聞』も原稿不足でアップアップしていたのだろうか。それでもすでに書いておいたとおり、名古屋の小川正夫には面白かったと大会会場で声をかけられた。アナ連にもいろんな人がいたのである。

じつはこの文章を書いたころ、わたしは松尾邦之助に教えられてシュティルナーや辻潤に熱中しており、辻潤が編訳した『螺旋道』（新時代社／昭和四〈一九二九〉）に載っている米国の前衛評論家たち、たとえばベンジャミン・デカッサーズの訳文などにすっかりいかれてしまい、それを真似してこんな気取った文章を書いていたのである。

辻潤というと尺八を携えた放浪生活や悲惨な餓死がクローズアップされがちだが、若いころの辻は大変な勉強家で、だれも手をつけない異端の英米文学者を紹介している。わたしはその恩恵に与かったわけだ。

昭和二四（一九四九）年五月、西村伊作の文化学院講堂で辻潤を追悼する「虚無思想講演会」をやった時、講師の依頼に高橋新吉を訪ねたことがある。

まず驚いたのは高橋の住まいだった。「あれは物置より、馬小屋よりまだひどい」と、その日の「日記」にわたしは書いている。

その陋屋に高橋は端然と座って、仏教を説き、マルクス主義を論じ、日本の将来を弁じて倦むことを知らなかった。仏教はもとよりマルクスもヘーゲルも、ゲーテ

デカッサーズ、ベンジャミン・（1854〜1939）
米国のジャーナリスト・批評家・詩人。個人主義的アナキスト。社会主義を〝二十世紀の幻影〟と呼び、共産主義・集産主義を罵り、資本主義を強く擁護。

西村伊作（1884〜1963）
奈良県生。教育家。欧米建築に関心から文化人と交流、理想の学校教育を目指す。石井柏亭、与謝野寛・晶子夫妻の協力で文化学院創設。

高橋新吉（1901〜87）
愛媛県生。詩人。作品の破壊的精神で虚無主義が注目され、仏教へ傾倒。自分のダダを仏教の擬装と述べ、詩の核心を禅に追求。

もダンテもほとんど読んでいないと言ったらずいぶん呑気だと笑われた。

それでもその頃星光書院から出ていた『虚無思想研究』に書いたわたしの文章は松尾邦之助よりましだと褒めてくれた。デカッサーズ張りが目立ったのだろう。しかし文才の乏しいわたしは長続きせず、それから間もなく普通の文体に戻っている。

この講演会で演壇に立ったのは松尾のほか武林無想庵、新居格、村松正俊、市橋善之助、辻まことなど大勢だったが、出色だったのは高橋で、虚無思想などという奴は自分はバカだというようなものだと毒づき、お経を読んだり、辻潤が好んでいた唄を歌ったり、最後にははいていた下駄を割ってしまう始末、わたしなぞ戦後の若者は呆気に取られた。

講演会が終わった後、高橋は『無定型』という雑誌にこの講演会で自分は盗難に遭ったといい、「他人の財産は自分の財産のように思っているアナキストの連中が聴衆の中にもいて、石川三四郎氏は姿を見せなかったが、矢橋丈吉、大沢正道、大木静雄などの顔も見た。どうもうっかりしていて、おまけに頬をコンクリートの壁に打ちつけて少し擦りむいたりしたが、散々な目に自分は遇った。……」と書いていた。

仲間内ということで講師に謝礼を出さなかったのがまずく、わたしらはアナキストの泥棒呼ばわりされてしまった。あとでビールを一ダース届けたのだが、足りなかったのだろう。

武林無想庵（1880～1962）北海道生。作家・翻訳家。ダダイストとして辻潤と共に話題になる。17年間の渡欧・滞留時「改造」に作品掲載。失明し戦後共産党入党。

村松正俊（1895～1981）東京都生。社会評論家・詩人・翻訳家。第五次「新思潮」創刊者の一人。「労働運動」に参加。

市橋善之助（1894～1969）愛知県生。石川三四郎に師事。日常生活でのアナキズム実践者。戦後アナ連、自由クラブにも参加。英語塾で青少年の教育に尽す。

矢橋についてはプルードンとのからみですでに書いている。戦前，マヴォの同人で、アナ系の雑誌の表紙を多く手掛け、戦後、組合書店を起こし、石川や松尾の本を多く出版した。いつだったかの集まりで小生意気な女に猛烈に腹を立てたわたしをまあまあとなだめてくれたり、辻潤を偲んで開かれた東京駒込の正福寺の会で、首筋をつかまれ、引き回されたり、矢橋というとそんな姿が浮かんでくる。

大木は寺島珠雄の兄で、寺島と一緒に詩誌『武良徒久』を孔版で出した。『武良徒久』は戦後一番早く刊行されたアナ系の文芸誌で、石川三四郎、木村荘太、西山勇太郎、高橋新吉、岡本潤、秋山清らが寄稿している。地元の京成電鉄労組の副委員長になったためレッドパージされた。高橋の告発に対して「人のものは人のもの」と題して優しく高橋をたしなめる文章を『自由クラブ通信』に寄せている。弟思いの温厚篤実な苦労人だった。

「私はなぜアナキストになったか」で書いてみせたように、わたしは自ら「アナキスト」と名乗ることに抵抗があった。それはべつに高橋に「泥棒」と八つ当たりされてはかなわないとか、テロリストと誤解されては困るとかいう打算のためではなかった。

たしかにアナ連に加盟したんだから「アナキスト」とみられて当たり前だが、自分から「アナキスト」と名乗るにはこだわりがあった。たしかにアナ連に加盟はし

辻まこと（1913〜75）福岡県生。別名宇留木内。画家・詩人。辻潤と伊藤野枝の息子。工業学校中退後、父と渡仏。武林無想庵などと出会い松尾国之助らと自由クラブを結成。

矢橋丈吉（1904〜60）詩人・雑誌編集者・イラスト画家。マヴォに参加。戦後出版社を始め、石川三四郎・松尾邦之助らの著作を刊行。

大木静雄（1919〜94）東京都生。寺島珠雄の兄。様々な職業を遍歴、戦後弟と「武良徒久」創刊。日本アナキスト連盟加盟。レッドパージで退職、写真店開業。

たが、それはこの集団がわたしの志向するところに役立つとみたからで、どこまでいっても「わたしはわたしで、他の何者でもない」。大体、「アナキスト」とは何か、今に至るまではっきり答えられないし、自分から「アナキスト」と名乗るとそれに拘束されて気が重くなる。他人様がそう呼ぶのは他人様の勝手で、わたしがそれに拘束される義理はないというのがわたしのアナキスト他称説だった。

ところが秋山清はそれに反対で、「アナキストとはいったい自称すべきものか、他称すべきものか」と問いかけ、「いうまでもなくそれは自称すべきものである」と断じていた。あいつはテロ反対だからアナキストじゃないとか、労組中心だからサンジカリストで、アナキストとは違うとか、アナキズムの定義を振りかざす連中に対して「われわれに特許局はない。オレはアナキストだと自覚し、自称することが第一なのである」というのである。

自称か他称か、それで時々秋山と議論になったが、双方平行線で、お互い言い放しで終わったようだった。

どこでもまともでいられない

小学生時代、わたしは遠足が嫌いだった。といってべつに教室を離れてぞろぞろあちこち回るのが嫌いだったわけではない。

西山勇太郎（1907〜65）東京都生。本名雄太郎。鉄工場勤務の傍ら詩作。出版社も創設。

わたしの時代は学校給食なんて洒落たものはなく、みんな弁当持ちで、教室の席でごそごそ食べることになっていた。しかし遠足となると、気の合った連中同士が寄り合って弁当を開くことになる。

ところがわたしにはそんな気の合った友達が見当たらなかったし、「一緒に食べよう」と友達に頼むのもなんだかいやだった。だから仕方なく一人でぽつんと弁当を開くしかなかった。

たぶん、皆さんにはそんな「ひとりぼっち」の経験なぞ思いも及ばないことだろう。すでに時々書いてきたことだが、父にいわせればわたしは生まれつきの「神経家」（神経過敏）だった。もっともわたしにいわせれば「神経家」なのは父譲りで、おまけにわたしは予定より一月早く生まれた未熟児でもあった。

わたしの父は群馬県桐生市の大地主の長男だったが、学生の頃は自由主義を信奉していて、「はじめに」の冒頭で引用したように大逆事件の死刑の判決を知って「大権ノ活動ニ由リ死一寸ヲ減ズルヲ余ハ望ム」とひそかに「日記」に記したりしている。

ジャーナリスト志望で、東京経済雑誌（日本経済新聞の前身らしい）に勤めたり、『婦人と社会』という一号雑誌を出し、返品の山を築いたりしていた。

しかしおそらく父の父つまりわたしの祖父に諌められて、結婚し、子どもができた三〇過ぎてから就活をしてなんと日本銀行に入った。日銀に入ってからもいわゆる日銀マンと違って暴れ者だったらしいが、銀行員を辞めることはなかった。

わたしは五人兄弟の末っ子で、父の転勤、転勤のために遊び友達を作る機会がなく、もっぱら家で二つ年上の姉や女中相手ですごしていた。そんなことも人見知りする、他人からみれば身勝手な子どもにわたしをしたのだろう。

長じてからも人見知りの性分はちっとも治らなかった。平凡社に入ってからも「付き合い難い変わり者」とみられていたことはすでに書いた。

わたしだって好んで付き合いを避けたわけではない。できれば人並みにおしゃべりをしたり、酒を飲んだりしたいと思った。だがいざその場になるとなぜか意固地になってしまうのである。

わたしにシュティルナーや辻潤を教えてくれた松尾邦之助は大酒飲みで、当然、その仲間たちも酒好きが多く、集まればかならず酒盛りになった。そのなかでもわたしは意固地なくらい酒を飲もうとしなかった。酒を飲むとすぐ真っ赤になり、飲みすぎると吐き気を催したりするが、そういう生理的な事情や酒はよくないという道徳にこだわってのことでもない。

初めのうちは飲め、飲めとみんなから総攻撃されたが、そのうちみんなも呆れたとみえ、無視されるようになった。一人ジュースかなんか飲んでいたが、それでも集まりにはかならず出席した。

七〇代になってからは少しはたしなむようになったが、それでも酒席は大体敬遠

松尾邦之助（1899〜1975）静岡県生。社会批評家。戦前フランス・スペイン・トルコで読売新聞支局長を歴任。現地で日本古典文学を紹介。戦後、「自由クラブ」「個の会」やアナキストの会を主催。

した。『アナキズム運動人名事典』の編集にかかわっていた頃、編集会議のあとはみな連れ立って近所の飲み屋へ行くのが常だった。しかしわたしだけはその前に失礼するのが常だった。

酒を飲みながらの談笑が仲間との親交を深める大事な時間でもあるということはわたしも弁えていたが、その談笑とやらが苦手で、うまくいかなかった。

いまさらこんなことを告白めいて書いたのは敗戦直後、国家は廃止すべきだとアナキズム運動とやらに飛び込んでいきながら、すぐに肺病になってしまったこともあったが、運動に専念できず脱落し、また折角大学に入れたのに大学生活になじめず、いつも遠足の時、一人で弁当を食べていたように過ごさざるを得なかったのは、どうもこの頑固な人見知りするわたしの性格によるもののように思われるからである。

九月に入ってやっと授業が始まったけれど、御多聞にもれず武蔵高校でも「軍国主義教師」の追及が盛んに行われた。先頭に立っていたのはいち早く共産党員になったらしいわたしの同級生たちだった。

その時、わたしはたしかアナキストを自任していて、「学園民主化」には賛成したが、「軍国主義教師退職」にはついていけなかった。学生大会を開いて「某々は盛んに軍国主義を唱えた！　即刻退職しろ！」と先生を呼び捨てにして呼号するあじ演説に、わたしはむしろ反感を覚えた。

　武蔵高校にはわたしが敬愛していた加納秀夫のような英語教師もたしかにいた。わたしがキーツを好きになり、キーツらを通してあの時代にわたしが「自由」に目覚めたのは間違いなく加納のリードによるものだった。

　けれども「軍国主義教師」のやり玉に挙げられた地理や西洋史の教師たちの授業でわたしが軍国主義にかぶれ、特攻隊志願に向かったかというと、そんなことはかけらもなかった。だから彼らは無理に「軍国主義教師」にさせられたようにさえみえた。

　学生大会でそんなことを口にしたら、わたしは「軍国主義教師」の仲間だ！「アナキストは反動だ！」と袋叩きにされた。戦争中もわたしはなによりも日本の「赤化」を恐れていたから、それらが重なって、以来わたしは共産党員を信頼しなくなった。

　翌年、二月七日付『朝日新聞』にアナキストが全国組織を作ろうとしているというベタ記事が載っているの見つけたわたしは早速加盟を申し込み、準備会に出席した。

　東京ではわたしは二番目の申込者。一番目は柳家金語楼の息子の山下武で、山下は法政大学の学生だった。わたしは三月から準備会が置かれていた秋山の事務所にアルバイトとして働きだす一方、国電飯田橋駅の駅頭に手製のビラを貼りだし、結

加納秀夫（1911〜2003）
広島県生。英文学者。武蔵高校教諭から都立大学教授に。英国ロマン派の研究から詩人の内的葛藤を解明。

山下　武（1926〜2009）
東京都生。文芸評論家・演出家。椎名麟三に師事。古書にも精通。落語家・喜劇役者の柳家金語楼の息子。

成をめざしていた解放青年同盟への参加を呼び掛けたりした。

一枚のビラだったが、それをみて一人参加者がいた。江藤正夫で、江藤は孔版印刷屋だったので、解放青年同盟の機関誌の印刷などその後ずいぶん世話になった。ビラ一枚で同志一人獲得、そんな勢いのいい時代でもあった。

共産党の青年共産同盟の向うを張って結成を目指した解放青年同盟が荻窪の白石幸男の家を溜まり場にしていたことは「二足のわらじでえっさっさの巻」「平凡社一年生」ですでに書いておいたが、山下や江藤、それに白石の詩人グループの川崎覚太郎たちが最初のメンバーで、岡本潤や秋山清の指導を受けていた。

もっとも議会主義にこだわった山下は結成前に去り、われわれを指導してくれていた岡本は大映争議の渦中で共産党との共同闘争を提唱し、まもなくアナ連を離れていった。

そんな具合で解放青年同盟も結成早々、前途多難の状態となり、わたしまでその年の秋に肺病になり、脱落してしまった。

たしか九月一六日、アナ連が最初の講演会を開いた数日後である。この講演会でわたしはスペインから帰国して間もない松尾邦之助に初めて会った。ちょうど読売新聞争議が真っ盛りの時で、争議団の中心にいた綿引邦農夫らが講演会場で激しく争議の支援を訴えていた。松尾は同じ読売新聞社でも会社側にいたのだが、争議にさらりと触れた態度は好感を呼んだ。

「ちょっと駆けずり回ったらすぐ病気になった」とわが家ではいい気味だとばかりバカにされ、大憤慨したことを覚えている。父もわたしが運動に深入りすることを心配しており、病気になってよかったと思ったらしい。

わたしが肺病になったと知って近藤憲二と石川三四郎が懇切な手紙をくれた。近藤はその手紙の中で闘病の心得として「気で勝って、体で負ける」という名言を教えてくれた。そうだ！　とわたしは思い、この言葉を拳拳服膺し、わずか数ヶ月で肺病を退治することができた。

以来、友人知人が病気になると知るや、「気で勝って体で負ける」の名文句をかならず送ることにした。たぶん彼らもこの教えを守って快癒したにちがいない。

前にも書いたようにメーデーの時なぞ、わたしは大張り切りで黒旗を振っていたが、それから一月も経たないうちに、「社会運動は余りにも醜い」（五・二四）とか「堪らない共同動作への嫌悪」（五・三〇）などと「日記」に書いている。何があったのか覚えはないが、どうやら宿痾の「孤独病」が頭を持ち上げたらしい。

その頃、わたしは石川のパンフレット『社会美学としての無政府主義』を読み、「無限を無限に戦い抜く」という石川の言葉に感銘を受けたらしく、五月三〇日の「日記」に書きとめている。前に書いておいたが、このパンフレットをくれたのは宋世何だ。なにごとも縁である。もしあのとき宋が石川のパンフレットをくれなかったら、わたしは細く長くアナキズムにしがみついておれなかったかもしれない。

運動に行き詰まり、病気になってしまったわたしはきっと石川に悩みを訴える手紙を出したのだろう。石川からの手紙はその返事だったと思われる。

石川はそのなかでフランスアナキスト連盟だかの標語を引いて、とりわけ教育活動が大事だと懇々と説いてくれた。わたしはなにか救われたような気がしたのである。

今から思うとよくわたしは翌年三月、東大の入試に受かったものである。今と違って文学部だから誰でも入れるとわたしは高を括っていたのだが、直前になって三倍だか五倍だかの倍率だと知り，慌てた覚えがある。

正門前だったかに張り出された合格番号を確認したわたしは帰り道、本郷通りの古本屋で石川の『西洋社会運動史』（大鐙閣／大正一一〔一九二二〕）を見つけ、合格祝いに購入し、愛読した。わたしの西洋社会運動の知識のベースになったのはこの本である。

『西洋社会運動史』といえば石川が獄中で書き上げた苦心の作である。初版は発売禁止になったから、わたしが手に入れた大鐙閣版（口語版）が事実上の初版といっていい。

その後も石川はせっせと手を入れており、戦後、昭和二五（一九五〇）年に千二百ページに近い改訂増補版が学芸通信社をやっていた川合仁の仁書房から出た。ち

川合 仁（1900〜63）山梨県生。別名・山根雪郎。志願兵除隊後平凡社勤務で「文化運動」編集。文芸誌「潮流」創刊。農民自治会に参加。戦後、出版社起業。

ょうど石川の不尽草房でわたしたちが研究会をやっていた時にこの大冊が届けられた。

定価は千五百円。「わあ、高いなあ、ちょっと手が出ない」「割引になりませんか」などと出来立てほやほやの本を囲んでひとしきり話題がはずんだ時、なにを血迷ったか「これ頂けませんか」とわたしは言ってしまった。「へえ！　すげえのが現れたな！」と受けた時の石川の泡を食ったような表情がいまでも忘れられない。世間知らずのわたしはその頃すでに石川に甘えるようになっていたのかもしれない。

大学には入ったものの、講義はどれもこれもさっぱり面白くなかった。いまでも多分そうだとおもうが、大学での授業といえば講義と演習である。

講義は教授が演壇に立つか座るかしてほぼ二時間、延々としゃべりまくる。黒板はあるけれどもあまり使われない。学生との質疑もめったに行われない。

学生はひたすら教授のおしゃべりをノートに書き写す。今はＰＣかなにか使ったり、ちゃっかり録音しているのかもしらんが、わたしの時代はボールペンもなかったから筆記道具は万年筆か鉛筆だった。

「二時間のノートは苦痛以外のなにものでもない。機械的に、何の人間的感動もなく何の悦びも感じられぬまゝ、ノートからノートへと役にもたたない文字を行列させる。これくらい無駄で、非能率的な時間はないだろう」と早くも「日記」（六・

五）で痛罵している。

わたしが在学した時の文学部の教授といえばインド哲学の中村元、ギリシア哲学の出隆、西洋哲学の池上鎌三、倫理学の金子武蔵くらいの名前が思い出される。もちろんかれらの講義にはわたしも出席し、せっせとノートを取ったはずだが、「苦痛以外のなにものでもな」かったのだろう。

いまでも面白かったと記憶に残っているのは新聞学の講義で、教授の名前は憶えていないが「新聞が書き立てれば世論なんかいっぺんに変わるよ」と笑いながら言切っていた。なるほどそんなものかと思ったものである。

いまひとつはなんの講義だったかこれも覚えがないのだが、脳の解剖の現場を見学させられ、めまいを起こしてしまったことだ。よくあんな現場を学生に見学させたものだと思うが、それだけに衝撃は大きかった。

わたしが知りたいと求めていたのはあるがままの現実の姿であって、抽象的な言葉の行列には頭から不信を抱いていたのだろう。そもそも既存の学問というものに不信感を抱いていたのだから、大学に入ったのがそもそもおかしかったのだ。

それなら大学になど進まなければよかった。ところが高等学校を出て大学、それも東京大学へ進むのは既定の人生コースとわたしは思い込んでいた。石川に「大学は人間の屑の行くところだ」などといわれ、わたし自身「人間の屑を作るところ」なぞと「日記」に書いているくせにである。いい気なものである。

池上鎌三（—ケンゾウ／1900〜56）長野県生。哲学・論理学者。「世界の根源的有意義性」を主張。フッサールの哲学を紹介。

金子武蔵（—タケゾウ／1905〜87）高知県生。哲学者・倫理学者。東大で和辻哲郎の後任。ヘーゲル、実存主義の研究で著名。

大学に籍を置いていれば父は何も言わず、生活を保障してくれた。それだけ家に余裕があったのだろうし、父自身、自分の人生をかえりみて何であれ大学卒の切符は必要だと考えていたのだろう。

そんな大学で唯一敬愛していたのが山崎正一だったことはすでに折に触れて書いているが、当時、山崎は講師で英国の哲学者D・ヒュームの講義だかゼミだかを担当していた。もっともわたしが山崎にほれ込んだのは講義などではない。東京創元社から出た串田孫一との共著『ヒュームとルソー』、とりわけ山崎が書いた「はしがき」だった。

ちなみにこの本は昨年末、筑摩学芸文庫から『悪魔と裏切者　ルソーとヒューム』というおどろおどろしい書名で刊行された。わたしはちっとも知らなかったが、この本は昭和五三（一九七八）年にルソー没後二百年ということで河出書房から出ているから、その時この書名に変わったのだろう。余計なことだが、学芸文庫版のカバーに載っている串田孫一の生年月日はまるで間違っている。先人の仕事はもっと大事にしてほしいね。半世紀以上前にこの本を見つけて以来、生涯、宝のように思っているわたしとしては頭にくるよ、まったく。

それはとにかくわたしは早速、山崎に感激の手紙を出し、それが面白かったのか、以来、わたしは東大正門前の横丁を入ってすぐのところにあった万定なる喫茶店でしばしば「私的講義」を受けることができた。今から考えるとよくまあ山崎はわた

ヒューム、デヴィッド・（1711～76）スコットランド生。歴史学・哲学者。商社マンから渡仏し哲学研究。ルソーと出会うが不和に。精神を知覚の束にすぎぬと主張、カントに影響。

しのようなとぼけた一学生のために時間を割いてくれたものである。

　こんなことがあった。山崎ゼミの試験の時、山崎は黒板に「ヒュームについて」と大書し、レポートを提出せよという。山崎ゼミではD・ヒュームの『人性論』を読んでいたのだが、「私的講義」には欠かさず出席していても、ゼミにはほとんど顔を出さず、『人性論』もまるきり読んでいなかったわたしははたと当惑した。

　その頃、わたしもヒュームに夢中になっていたが、ヒュームはヒュームでも、D・ヒュームではなく、T・E・ヒュームだった。しかし山崎は「ヒュームについて」と黒板に大書しただけで、DともT・Eとも書いてはいない、そこに目をつけたわたしはT・E・ヒュームについてのレポートを書いて提出した。

　どんなレポートを書いたか覚えていないが、甲がついて戻ってきた。大学で甲をもらったのは山崎だけで、あとはオール丙か乙だった。のちに万定で会った時、「一本やられたな、へへへ」と山崎は苦笑いされていた。

自由クラブの異人たち

　どこでもまともでいられないわたしだったが、それでもわたし同様まともでおれない人もいるらしく、類は友を呼んでか、それなりに一緒に活動する場ができた。わたしにシュティルナーや辻潤を教えてくれた松尾邦之助の自由クラブである。

名前は平凡だが、自由クラブは世間全般に背を向けた人々の集まりだった。会の規約はわざわざ「無規則の規則」と称し、ふつう同人というところをひねって異人と称した。

「同類、同人、同胞といったように日本人は徒党や同族の意識でかためられ、国家意識、民族意識しか持ち合わせず、最近になってやっと自我だの個人だのが喧しくいわれはじめたのは、この敗戦によって日本人が国家や民族のほこりを失い、急に淋しい個人、或は個体としてつっ放され、より所を失い、急に愕いて自分を凝視したからである。

もう同人、同族などという言葉を止めよう。『僕』に似た人はいくらもいる——が、『僕』と同じ人は全宇宙に一人もいない。これくらい確かなことはない。

自由クラブの同人という代わりに異人という字を使ったのは『僕』と『君』とは類似した思想の持主かも知れない——が、『僕』は『君』に対し、永久に異人だからである」と「アッフランシスムの宣言　まえがき」にある。

アッフランシスムというのは自由クラブが掲げた主張で、アッフランシとはフランス語で「解放された奴隷」のこと、この「解放された奴隷ども」が一丁宣言を出そうということになり、異人がそれぞれアホリズム風の短文を練り、松尾が取捨選択して四五項にまとめたのが「アッフランシスム宣言」で、わたしがいうのもなんだが、いま読んでもなかなか味があるから少し紹介しておこう。

◇我々アッフランシは、ありとあらゆる公式を蛙の小便のように小馬鹿にする。我々は我々自体の存在だけで足り、自己を護るために公式を必要としない勝利者として生きたいのである。
◇我々は公式に頼らない。従って我々自分自身の生活がどんなものなのか明瞭にそれを判断し得ない。我々は日々の生活と呼ぶ行為の上にその身を任せているのだが、それが可なりいいかげんなものだということを正直に徹底的に了解したいのである。
◇我々は強制や思想の統一による羊群収攬の組織としてのあらゆる独裁政治に反対する。と同時に、羊のままの大衆を巧みに煽動し、徒に世を騒がす革命家の虚栄と偽善、その暴力的破壊行為の一切に組しない。
◇我々は神を信じない。けれども神を信じる人々を決して蔑しまない。黒旗を持ち、赤旗を振る世の「宗教人」に対しても同様である。
◇アッフランシは偉大であらんが為にひとつの理想を追うローマンチストでもなく、現実を感傷的に否定する厭人家でもなく、ただひたすら生きんが為に多角に人生を味得し、享楽するリアリストである。
◇だが、アッフランシの享楽は、本能やボンノウを尊重することによって始められるが、それに溺惑する弱者の享楽ではない。何となれば、単なる溺惑が真の享楽を奪い、その溺惑者を憑かれた人間にするからである。
◇そこに集まるために、我々は我々のいる家から出掛けなくてはならない。

この「アッフランシスム宣言」が公開されたのは昭和二四（一九四九）年だが、当然のことながらいわゆるジャーナリズムのなかでは完全に無視された。その年の一月の総選挙で共産党が三五の議席を確保し、草木もなびくように知識人や学生たちは共産主義に引かれていった。前進座の座員総勢六九人が集団入党して話題を呼んだのもこの年である。

松尾は読売新聞の論説委員だったからジャーナリズムにはある程度顔が利いてもいいはずだが、そんなことはなかった。むしろ顔なぞ利かさないところが松尾の身上で、だから「アッフランシ」とか「異人」と名乗っていたのだろう。

敗戦で自由になったなぞと触れ回っている共産主義者やそのシンパが、じつは彼らの批判してやまぬ軍国主義と内通していると感じ取ったわたしたちはあえて少数者の道を選んだのである、といったらちょっと格好よすぎるかな。

自由クラブは一番多い時でも総勢、たかだか地方をいれても四〇人足らずだったと思う。『虚無思想研究』などを出した星光書院の関根康喜（荒川畔村）、組合書店の矢橋丈吉、村松正俊、市橋善之助など戦前派の常連や戦後、松尾の下に集まった若者たちで、なかでもわたしの終生の友となった上原利夫と雨野一雄のことは忘れ

関根康喜（?〜?）
別名喜太郎・荒川畔村・独居庵。出版社経営、辻潤創刊の雑誌「虚無思想研究」を編集・発行、宮沢賢治の『花と修羅』（1924）刊行。

られない。

上原と雨野はたしか芝中だったかの同級生で、上原は鎌倉アカデミアに学び、家業の計理士となり、雨野は藤原工大（のちの東工大）を出て、当時の商工省に勤めていた。二人とも大の酒好きだったが、なぜか話が合うというより気が合った。

雨野は大の文句屋で、会えばかならず役所や自由クラブやなにかの文句、わたしたちはあまり反論せず、もっぱら、うんうんと聞き役に回った。それがよかったのだろう。こころが通じ合ったのだ。

上原はどちらかといえば文学青年風だったが、いい文章が書けるのに作品をこしらえようとはしなかった。一時、川石の収集に凝り、部屋中石だらけとなった。石の趣味はわたしには分からなかったが、気立てのいい穏やかな男で、のちにわたしの義弟になった。

わたしが平凡社を辞めた時、慰労会を大森の葡萄屋でやってくれたのは上原と雨野のふたりだった。しかし二人とも六〇になるかならずで亡くなってしまった。友達運についてないと思ったことである。

青土社の清水康雄についてはすでに「わたしを立ちなおらさせた人びと」で書いておいたが、彼も自由クラブにおり、松尾と衝突して出て行った男である。たぶん昭和二四（一九四九）年五月の虚無思想講演会、前に書いた高橋新吉がトラブルを起こしたときの講演会で異人の一人になった。まだ学生ではなかったろうか。

自由クラブをもっと盛んにしようと知名な自由人、たとえば深尾須磨子、北川冬彦、金子光晴などのような詩人を訪ね歩き、協力の約束を取り付けたりした。松尾はもともと派手好きだから、最初のうちは清水らの活動を喜んでいた。松尾自身も読売新聞の後輩記者を何人か勧誘している。そのなかには渡邊恒雄や氏家齊一郎がいた。

しかし量の拡大はかならず質を低下させる。なにごとにも慎重派のわたしなどはこういう清水らの積極策についていけず、そのことで松尾と議論したこともある。「もし自由クラブが宣伝だけのチンドン屋か、運動のために献身的に奔走を要求するようなとてつもないものになってゆくなら、ぼくはあっさり手を引くだろう」と「日記」に書いたりしている。

ところが幸か不幸か肝心の積極派の松尾と清水らとの間に争いが始まってしまった。争いの原因は世代的なもので、若い清水らは松尾がアッフランシスムを主張する一方で、読売の論説を書いてるなんておかしいではないかといったらしい。

思想の純粋性にこだわる若者などからみればたしかにもっともな疑問である。しかしアッフランシスム宣言をよく読めばわかるように、アッフランシは思想に憑かれることを拒否しているのだから、清水らの批判は的はずれである。だからその点をじっくり議論すればよかったのに、なぜか松尾はかっとなってしまったらしい。

世代の違いに関わりなく接するのが松尾のよさではあったけれども、一つの運動

深尾須磨子（1888〜1974）
兵庫県生。「明星」末期の女流詩人。詩集『斑猫』発表。戦後日本婦人団体連合会評議員。「新日本婦人の会」結成に尽力。

北川冬彦（1900〜90）
滋賀県生。詩人。安西冬衛らと共に新感覚派と呼ばれ、春山行夫らと詩誌刊行。超現実詩人としてプロレタリア作家同盟にも一時参加。

の指導者としては問題があった。そのために折角彼に魅かれて寄ってきた若者をみずから引き離すことがこれまでも何回かあった。

松尾は清水らを「ぐうたら自我人」と決めつけ、「ボク等の望むのは安易な妄想の自由でなく至難で戦いとる現実の自由である。自由クラブが若し方向を示すべきだとすれば、こうした自由への途であり、その為の思索と行動でしかない。異人のあつまりではあるが、ぐうたらの妄想人を相手に貴重な時間をつぶしたくない」と追い出してしまった。

異人とかアッフランシと気取ってみても、なかなか異人やアッフランシにはなりきれないものらしい。おつむはアッフランシでも、下半身は相変わらずの日本人、まあその矛盾を抱えて右往左往するしかないのだろう。

こんなことがあった。自由クラブの機関誌というと大げさだが、まあ異人誌『アフランシ』の編集はわたしがやっていた。ある号で「世代ごとの日本人観」という企画を立て、七〇代の石川三四郎から一〇代の江口幹まで執筆を依頼した。四〇代ということで迂まことに頼んだら「世代とか日本人とかについて考えたことはない、ばかやろ！」と返事が来た。わたしも負けてはいない。「世代とか日本人なんて知らんと言いながら、もっとも日本人らしい〝ばかやろー〟と使うとは、やっぱり日本人じゃありませんか」と反論した。

なおどうでもいいことだが、わが機関誌名は『アフランシ』となっている。これ

江口　幹（1931〜　）岩手県生。アナキストの文筆家。16歳で家出、平民新聞社でアナキズムに出会う。大阪で日労会議書記。戦後50年自由社会主義同盟結成。フランスにも遊学。

は誤植ではない。題字を辻に頼んだところ「アフランシ」と「ッ」が抜けていた。たぶん書き直してもらう余裕がなかったのだろう、そのまま通してしまったのである。

けれども辻まことというと真っ先にわたしが思い出すのは辻のそばの食べ方のうまさである。わたしの知り合いで辻のように見事にそばをすする人はいない。江戸っ子の父親譲りなのだろうか。母親譲りでないことは間違いない。

自由クラブ異人列伝みたいになったついでに渡邊恒雄のことも一言しておきたい。

松尾の勧誘で渡邊が異人になったことはすでに書いておいたが、学友だった氏家齊一郎ら数人の読売の記者が自由クラブの集まりに顔を出していた。そのなかで一番鋭い質問を発していたのは渡邊だった。

実を言うとそれ以前、渡邊が東大文学部哲学科にいた頃、わたしは渡邊を知っていた。渡邊はわたしより一年早く入学していたが、ちゃきちゃきの共産党員でわたし以上に研究室などには寄り付かなかった。

ギリシア哲学の出隆を担いでなんと東京都知事に立候補させたのは渡邊の細胞だったと聞いたことがある。草木もなびく共産党へのご時世だったから、生真面目で世間知らずの学者先生が共産党に入党したり、シンパになったりするのは珍しいことではなかった。

氏家齊一郎（1926〜2011）東京都生。東大在学中に渡邉恒雄の勧誘で共産党入党、その後離党。日本テレビ放送網代表取締役会長。

しかし東京都知事とは！　前に書いておいたようにわたしが哲学科を卒業できたのはひとえに出の温情のおかげだった。その時はまだそのことを知らなかったが、それでも都知事選挙に打って出るとは正義感に燃えたつもりになって出る方も出る方だが、おだてて出す方も出す方だと思ったものである。それで出は東大教授を棒に振ったのだ。

自由クラブで渡邊と再会した時、いやな奴が来たなと思ったが、幸いさっさと抜けていった。以来一度も会っていない。

学生時代の終わり

松尾邦之助の勉強会に精出していた同じ昭和二三（一九四八）年頃、わたしは一方ではほとんど毎週のように石川三四郎の自宅である東京世田谷の不尽草房に通っていた。わたしにとって不尽草房は松尾学校と並ぶ東京大学よりはるかに刺激を受ける空間だった。

松尾学校でわたしはもっぱらシュティルナーや辻潤などを知ったが、不尽草房でわたしは何を学んだか、どうもはっきりしない。プルードンに取り組んで挫折したことはすでに書いたが、石川自身、プルードンについては『西洋社会運動史』（昭和二五（一九五〇））以上の認識はなさそうだった。といって明治社会主義について聞き書きをしたわけでもない。

「石川さん訪問、この頃は毎週だ。大学の講義よりずっと刺激を受ける。／今日の話――最近の青年には明治時代の人達のようなロマンティックな能動性がない。それ故なにごとにも夢中で没頭するということがない。どうしていいか分からない。で、どうでもいいやというところに落ち着く。面倒臭い、踊っちまえ、というわけだ。／それは時代精神だ、と石川さんは言う。」と「日記」（昭和二三〔一九四八〕・二・三）にある。

こんな話をしていたのだとすると、わたしは石川からなにかを教わったというより、石川の人柄に惚れて通っていたのかもしれない。

この不尽草房で毎月、二、三回、青年中心の研究会が開かれるようになったのは昭和二四（一九四九）年の末頃かららしい。その頃、わたしは自由クラブに肩入れしていたし、またエマ・ゴールドマンの自伝『わが人生を生きる』を換骨奪胎して、ゴールドマン伝をまとめる仕事に没頭していたから、研究会に欠かさず出席はしなかった。

このゴールドマン伝は遠藤斌が渡部栄介のペンネームで「愛と闘いと」と題して『平民新聞』百四号（昭和二四〔一九四九〕・一・二四）から連載を始めたが、五回ほどで遠藤の都合で中断され、そのあとを継いでわたしが野田洋（ヤダヨウをもじったもの、辻まことが宇留喜内（ウルキナイ　売る気ない）というペンネームを使

遠藤　斌（―ヒン／1908～?）山梨県生。別名渡部栄介、渡部公平、杉公平、西外二郎。兄の影響でアナキズムに共鳴、翻訳・文筆家。戦後平凡社入社。「自由思想」刊行。「平民新聞」の編集にあたる。

っていたのを真似した）の名前で続けた。

遠藤の訳は逐語訳だったが、わたしは思い切って意訳にした。その方が新聞向きに思えたからだ。ゴールドマンの原書は上下二巻の大著である。これを逐語訳していったら何時終わるか分からない。肝心の『平民新聞』がそれまでもつかどうかも分からないとたぶん考えたのだろう。案の条『平民新聞』はそれから間もなく刀折れ矢尽きて休刊になった。（『エマ・ゴールドマン自伝』〔上・下〕は小田光雄・小田透＝共訳で二〇〇五〔平成一七〕年にぱる出版から刊行された。——編集部）

だがわたしはその後もしこしこと換骨奪胎の作業を続け、昭和二五（一九五〇）年六月、やっと完成した。スーパー意訳でも四百字原稿用紙で六百枚近かった。わたしは石川に連れられて近所の大宅壮一を訪ね、出版方を頼み込んだ。

近所に住んでいただけでなく、大宅は大正一一（一九二二）年、一〇年ぶりに帰国した石川を出迎えに行った折、いきなり西洋流でキッスをされて面食らったことがある。戦後、生活に窮していた石川をなにかと支援し、石川の『東洋文化史百講』や『古事記神話の新研究』の改訂増補版の出版をジープ社という新興出版社に世話したりしていた。

その伝手でわたしの原稿もジープ社に潜り込ませようという算段だったが、幸いにしてジープ社は引き受けてくれた。大宅の顔のおかげだろう。その年の九月三〇日、『戀と革命と』（四六版／四三六ページ／カバー装／定価二四〇円／送料三〇円）と題して出版された。

わたしの処女出版である。わたしも素人ならこの本を作ってくれた大柄な女性編集者も素人らしく、巻頭にページ一杯のゴールドマンの顔写真はついているものの、わたしの序文もあとがきもなく、奥付に検印の表示はあるが検印は押されておらず、いかにも敗戦直後に慌ただしく拵えられた本だった。

それでもわたしはとても嬉しく、神田・東京堂書店の平台に置かれているわが本を眺めて悦に入っていた。幸いなことにいくらだったか覚えていないが、印税も頂戴した。しかしその後まもなくジープ社は倒産し、石川は印税を取りはぐれたらしい。「印税さへ出ればジープ社のやうなガラクタ本屋が却って僕のやうな浪人にはふさわしいと思ふが、金がないのが欠点です」と、唐沢隆三にあてたはがきで愚痴っている。

話が逸れた。そこで石川宅での研究会だが、大門一樹、椿宏治、唐沢隆三、山口健二、井上美奈子、伊福部舜児らが常連だった。いずれものちにその道の逸材となる人たちだ。

簡単に紹介しておくと、大門は経済学者でベストセラーになった『原価の秘密』（三一新書／昭和四五）などの著者。椿は解剖学者で順天堂大学教授、学内に献体者の白菊会を作り、山鹿泰治、望月百合子ら多くのアナ系が参加。唐沢は高校教師を務めるかたわらソオル社を起こし、七百号を数える個人誌月刊『柳』をはじめ『石川三四郎書簡集』『福田英子書簡集』などを発行、非商業出版に徹する。山口は国内・

大門一樹（ダイモン　カズキ／1907〜95）大阪府生。経済学者。評論家。著作に『原価の秘密』『経済社会の衰退課程』等。

椿　宏治（1907〜95）新潟県生。解剖学者。横尾安夫に師事。長崎に転任後東京に戻り順天堂大で教える。

唐沢隆三（1918〜2011）長野県生。社会運動研究家。石川三四郎に師事。自由律俳句研究・個人誌「柳」を刊行。

山口健二（1925〜99）神奈川県生。アナキスト・政治活動家。第一次日本アナキスト連盟に参加。戦後社会・共産両党に二重加盟、のち共に除名される。

国外の反戦運動、革命運動の活動家としてその名を馳せ、東大闘争で安田講堂攻防戦を指導したとも伝えられる。井上は当時は山口と一緒だったが、その後離れ、茅辺かのうのペンネームで『階級を選びなおす』（文藝春秋／昭和四五）などで注目される。伊福部は犯罪社会学者で、犯罪者の更生などに尽くす、といった塩梅である。

研究会では石川がルイズ・ミッシェルを語り、椿が人類学からみた人間の歴史を、山口が唯物弁証法を、伊福部がフランス実証主義を論じたりで、テーマも多岐にわたっていた。わたしもH・リードについて話している。リードの『詩とアナキズム』をロンドンのフリーダム・プレスから手に入れ、翻訳にかかっている時分である。

石川はこの研究会にとても熱心だった。そして近代学校という夭折した教育活動もここから生まれた。記録によると昭和二六（一九五一）年九月三〇日、この研究会の席で大門、椿そしてわたしらと近代学校開設の話が出たことになっている。

近代学校というネーミングはスペインのフランシスコ・フェレルの近代学校にあやかったもので、たしかわたしが提案した。けれどもなぜ研究会が急に学校まで発展したのか、わたしも参画していたはずなのに記憶にない。

講師と講義科目の交渉は順調に進んだ。講師陣には新居格、松尾邦之助、村松正俊、草野心平、大江満雄、鶴見俊輔、大門一樹、椿宏治、唐沢隆三等々の名前がみえる。石川のつもりでは本多顕彰、木々高太郎にも声をかけたかったらしい。もち

望月百合子（１９００〜２００１）
山梨県生。政治運動家。石川三四郎と渡仏、ソルボンヌ大で歴史研究。神近市子らと雑誌創刊に参加。戦後「自由で平等な社会」を説く。

フェレル、フランシスコ・（１８５９〜１９０９）
スペイン生。教育・革命家。国鉄職員から反政府運動に関わる。自由主義的学校を設立。20世紀初頭の反政府暴動で逮捕・処刑さる。

ろん講師料はタダ、それでも石川の熱意にほだされて承知したのだろう。

一期三ヶ月、毎週月曜午後六時〜九時開講で、募集人員は三〇名前後、授業料は一期二百円（分納可）、一回の聴講に限り三〇円という企画である。一〇月の時間割は石川「社会運動の現代的意義」、鶴見「ハーバート・リードの思想」、村松「世界の思想概観」、松尾「革命とフランス文学」で、九〇分ずつ、各二回となっている。

難航したのは教室の確保だった。石川は「近代学校の校舎はこの全宇宙、全自然にある。われわれはそこから無限の智慧を汲みとろうとしている」と宣言したが、やはり野天を教室にするわけにはいかない。

いつだったたか、わたしは石川のお供で池袋西口にあった秋田雨雀の舞台芸術学院へ行ったことがある。教室の借用が目的だったのだが、秋田に経営難の話を聞かされ、用件を切り出せぬまま辞去したように覚えている。

その帰り道だったたか、夕暮れ近く、一面に広がる西口の荒涼とした焼け跡に佇んで「日本は大丈夫だろうか」と腹の底から絞り出すように呟いていた石川にわたしは感動した。その姿はいまだに忘れられない。

ところが思わぬところから救いの手が差し伸べられた。おそらく宋世何の口利きだったのだろう、文京区本郷一丁目にあった大韓民国居留民団東京本部の一室を使えるようになった。東京本部の執行部を丁賛鎮、鄭哲らアナ系が占めた余得だったようだ。三階か四階建てのがっちりした建物だが、なかはコンクリートがむき出し

草野心平（1903〜88）福島県生。詩人。詩誌数誌刊行。「第百階級」でアナキスティックな生活感情を詠う。庶民的人間感情と諷刺精神をもつ詩的造型を追求。

秋田雨雀（1883〜1962）青森県生。劇・童話作家。詩作から小説に転じ現実への懐疑から社会主義思想を抱き、ソ連訪問。エスペランティスト。戦時中弾圧される。

鄭　哲（チョン・チョル／1909〜？）朝鮮生。東興労働同盟入会。北海道で炭鉱労働者。在日朝鮮居留民団で活動。のち離脱。

になっているような焼けビルである。しかし贅沢はいっておれない。早速、開講したのが一〇月八日だった。

講義のトップバッターは石川で、二番手が鶴見だった。集まった聴講者は石川によれば一二、三人とあるが、それから二〇数年経って開催された「石川さんを敬愛する老・中・青の三世代の集まり」（昭和五一〔一九七六〕年一二月一日　駿河台・雑誌会館）での鶴見の話では「本郷の焼けビルの一隅を借りた教室に集まったのは、石川や彼（鶴見）を入れてわずか八人、びっくり仰天したそうだ」。この会には老・中・青合わせて百人近くが集まり、五〇人くらいを予定した会場だったので、けっこう盛会にみえたらしく、あの時に比べて今日の「盛会」は感無量の思いがすると鶴見は結んでいる（大沢「石川没して二十年」『朝日新聞』夕刊／昭和五一〔一九七六〕・一二・二五　による）。

いずれにしても寂しいスタートだったことは間違いないが、近代学校にはさらに苛酷な運命が待ち受けていた。一〇月一五日、二回目の講義が行われたあと、事情は分からないが、丁賛鎮らの執行部が退陣となり、教室も借りられなくなってしまった。

こうして九月に発起され、資金作りに石川は蔵書まで処分した近代学校はあっけなく幕を閉じたのである。

独我論から実在論へ

近代学校で鶴見俊輔がやったハーバート・リードについての講義はのちに『アフランシ』に載っているが、リードにお熱だったのは鶴見ではなくわたしの方だった。いつ、どこでリードのことを知ったのか、いまとなっては定かでない。だが、昭和二五（一九五〇）年七月二一日の「日記」をみると暑さの中で「今日は十枚、三頁ほど訳した。リードの〝Poetry and Anarchism〟だ。僕にとってこの本はまさしく干天の慈雨といってよい」とべた褒めしている。

この年の六月に前に書いたゴールドマンの伝記を仕上げており、その折の「日記」をみると「リードの『詩とアナキズム』を入手して翻訳したい」（六・一一）と書いてあるから、それを信じればそれから一月足らずで入手したことになる。

しかしわたしが訳出した『アナキズムの哲学』（法政大学出版局　昭和四三〔一九六八〕）に付した「訳者あとがき」によると、「ぼくは、その頃、フリーダム・プレスから送られてきた同社発行のパンフレット、『詩とアナキズム』、『アナキズムの哲学』、『実存主義・マルクス主義・アナキズム』（「自由のきずな」――本書では「自由の鎖」と改訳――は付録）をむさぼるように読み、読んでいるだけでは満足できず、翻訳したのである」とあるから、おそらく六月以前にすでに注文していたのだろう。

「創造するためには破壊が必要である。そして、社会における破壊の起爆者は詩人なのだ。わたしは詩人が必然的にアナキストであり、詩人はわれわれが過去から受け継いでいるものばかりか、未来の名の下人民に課そうとしている、国家についてのあらゆる組織された概念に反対しなくてはならない、と信じている。この意味で、わたしはファシズムとマルクス主義の間に差別をつけない。」というリードの言葉はまさしく天来の福音のように響いたものだ。

けれどもわたしがリードから学んだのはもっと哲学的な問題だった。リードを知る前にわたしがもっとも影響を受けた哲学者はシュティルナーで、大学の卒業論文のテーマもシュティルナーを選んだ。この卒業論文にまつわる因縁話についてはすでに「長屋のご隠居の巻」「口は災いの元です」で触れたから繰り返さないが、この卒論などを下敷きにして著わした『個人主義』（青土社／昭和六三〔一九八八〕）でわたしは以下のように述べている。

「哲学としての個人主義を認識論的に問いつめていくと独我論に到達します。ご承知のように独我論はデカルトに始まる西洋近代哲学の独壇場であり、その典型はドイツ観念論ですが、西洋思想に強烈なエゴセントリズム（自己中心主義）を裏打ちしているのが独我論にほかなりません。」

シュティルナーの哲学は一般には最も極端な独我論とみられている。しかしわたしの理解するところではそうではなくて、むしろシュティルナーは西洋近代の独我論をきわめることによって、骨と肉のある個人（唯一者）の世界を開こうとしていた。少なくともその方向を目指していた。目指してはいたが、唯一者というようなドイツ観念論風な術語にみられる通り、独我論を十分に克服していたとはいいがたい。

わたしがシュティルナーから学んだのはむしろ再三強調してきた通り、「俺は俺である」という生き方であって、世界認識の哲学ではなかった。

世界認識の哲学なんていうと青臭い哲学青年の言い草のようにみえるが、その青臭い哲学青年でもあったわたしが夢中になっていたのは、これまでも言及してきた英国の詩人哲学者T・E・ヒュームである。

T・E・ヒュームといってもいまではリード以上に知られていないだろう。わたしが初めてT・E・ヒュームを見つけたのは敗戦の年の秋、D・H・ロレンスを特集した『詩と詩論』を求めた折だった。

戦争中からなぜかわたしがロレンスの小説を読み漁っていたことは前にも書いたが、リードは『詩とアナキズム』のなかで産業革命以来、英語国民の間で「真の大詩人にふさわしい詩人はたった二人しか現れていない。ホイットマンとロレンスがそれである」と書いている。わたしはこの二人を愛読していたのだから、わたしの触覚も満更でなかったらしい。

この『詩と詩論』にヒュームの「燃えがら——新しい世界観のスケッチ」が訳載されていて、一読、すっかりヒュームのとりこになってしまったのだ。さらにその後、ヒュームの『ヒューマニズムと芸術』（長谷川鑛平訳／作品社／昭和一二〔一九三七〕）を古本で見つけ、耽読した。

T・S・エリオットやエズラ・パウンドらに大きな影響を及ぼし、第一次世界大戦の際、バートランド・ラッセルと平和と戦争をめぐって論争したというヒュームは、自ら軍国主義者を名乗って戦場に赴き、三四歳で名誉の戦死を遂げた。余談だが、ヒュームの平和論、戦争論は戦後、『塹壕の思想』と題してやはり長谷川訳で法政大学出版局から出版されている（昭和四三〔一九六八〕）。また『ヒュマニズムと芸術の哲学』も法政大学出版局の同じシリーズ「叢書　ウニベルシタス」に収められている（昭和四二〔一九六七〕）。

ヒュームの主張でわたしがとりわけ目を見張ったのは、人間の可能性はバケツの水のように汲めばすぐ涸れてしまう程度の有限なものであり、世界は始めから多元で、無統一で無目的であり、一見、秩序正しく整っているかに見える世界も、じつは燃えがらでしかない世界に建てられた一軒家の話にすぎず、世界になんらかの統一あるいは秩序をもたらそうとする試みはすべて昔ながらの誤りであり、すべての平面上に張りめぐらされた路線がことごとく閉ざされた結果、それまで平面上に完全性、無限性を求めていた精神が一点に集約され、そこから垂直直線が平面に直角

パウンド、エズラ・（1885〜1972）米国生。詩人・批評家。欧州遍歴したイマジスト運動の指導者。第二次大戦中ファシズム宣伝放送に関わり拘束されるが精神異常で無罪。

に伸びる、これが宗教的態度というものだ等々いまだかつてお目にかかったことのないような斬新な発想だった。

世界はもともと燃えがらでしかないというヒュームの言葉に出会った時、わたしの心にはすぐさま米軍の空襲の後、わたしの家から見渡した焼野原の情景が浮かんできた。そうだ、これが世界の実体なんだ、いまはまたぎっしり家が立ち並び、人びとが行き交っているが、それもあの焼野原の上に立っているにすぎないし、いつ何時ふたたび焼け跡に戻るかしれたものではないという暗い思いを払いのけることはできなかった。

この思いは哲学史や思想史の書物で学んで得た知識ではなく、いうなればわたしの人生で得た一種の体感であった。だからそれはわたしの生涯につねに付きまとい、わたしの心底にこびりついていたのだろう。

思想史的にいえばこれは反進歩、反近代、反ヒューマニズムである。民主主義や自由主義、社会主義やアナキズムとは正反対の方向である。「わたしはアナキストだ！」と宣言して、孤立を恐れず猪突猛進さえしたわたしだったが、その心底にはアナキズムとは正反対の思いが沈殿していた。だからわたしは結局、アナキズムにも個人主義にも徹することができず、その周辺をうろちょろしていたのかもしれない。

もっともこのヒュームの遺稿を編集し、わたしを熱狂させた『ヒュマニズムと芸術の哲学』（法政大学出版局／昭和四五〔一九七〇〕）を世に送ったのはほかならぬハーバート・リードである。リードもヒュームと同じように第一次世界大戦に参加したが、ヒュームと違ってその戦争に賛成したことは一度もなかった。「戦争が始まった時から終わるまで、戦争を憎み続けて来た」と『詩とアナキズム』（創元社／昭和二七〔一九五二〕）のなかでリードは明言している。

『ヒュマニズムと芸術の哲学』の「編者の序」でリードは「ヒュームは信ずるところあっての軍国主義者で、その信念にもとづいて稀にみる熱誠をもって行動した」と書く一方、ヒュームの「軍国主義的イデオロギーの知的弁護」は軍国主義者たちを驚かしたばかりでなく、平和主義者たちをも驚かした「奇妙なものであった」と突き放すように評している。

ヒュームの軍国主義には反対だが、にもかかわらずヒュームの遺稿を編集して世に送ったのは「彼（ヒューム）は確かに、われわれが、四百年間支配をつづけてきた考え方の終末にさしかかっていることをよく知っていた、このことと、その、より絶対的な生の哲学の予告とにおいて、彼は新しい世代の理想を提出したのである」（「編者の序」）とリードは考えていたからだろう。

「四百年間支配をつづけてきた考え方」――それはデカルトに始まる「われ思う、ゆえにわれあり」の独我論にほかならない。そしてそれに代わる新しい考え方は「われあり、ゆえにわれ思う」の実在論以外にあり得ない。

「リードはわれわれの経験する事実は一つであり、それ故真理も一つだと言っている（『詩とアナキズム』）」とわたしは「日記」（昭和二五〔一九五〇〕・七・一一）に引用し、続いて「しかしぼくは事実はたしかに一つだが、それはchaosだと考える。事実のうちに自然法則が働いているとは考えない。それは人間が事実に与えたものだ」と反駁している。

この段階ではわたしはまだ独我論から抜けきっていなかったようだが、やがて「実在についての法則、リードに言わせれば自然法は、人間の自由と幸福の保証である」（九・九）と書くにいたる。

こうしてわたしはリードの力を借りて独我論から実在論へと脱皮したのである。

五人兄弟の末っ子の巻

市谷亀ヶ岡八幡宮（東京都新宿区）

あだ名は「がいこつ」

わたしは昭和二（一九二七）年に名古屋で生まれた。略歴などで「名古屋生まれ」と書いたので、名古屋出身と時々間違えられるが、名古屋で生まれはしたが、翌年、東京へ移っているから名古屋で育ったわけではない。

たった一年しか名古屋にはいなかったし、思い出せることはなにもないのだが、それでも名古屋というとなんとなく身近さが感じられるから不思議だ。

生まれたのは名古屋市東外堀町だった。「外堀」というからたぶん名古屋城の周辺だろう。無精者のわたしは一度わが誕生の地を訪ねてみたいと思いながら結局、行かずじまいだった。

わたしが生まれた時、すでに兄が二人、姉が二人いた。今と違って当時は五人兄弟も珍しくはなかったようだ。確かめたわけではないが、当時のことだから産院とか病院ではなく、自宅での出産だったろう。予定日より一月くらい早い出産で、産婆が駆けつけてきたに違いない。

父は当時、日本銀行名古屋支店営業主任で、わたしが生まれた時は高野山に出張中だったという。帰ってきたら赤ん坊が生まれていて驚いたそうだ。四三歳だったというから、ずいぶん遅く出来た子だった。

未熟児だったためか母乳は出ず、牛乳で育った。そのためか赤ん坊なのにやせて神経過敏で、あだ名はなんと「がいこつ」だったとか。ふたつ上の姉はわたしに母を取られて気が立ったのだろう、父に叩かれてもいうことをきかず、泣き騒ぐ有様で毎晩大騒ぎだったようだ。姉のあだ名は「くまねこ」である。

頼まれて生まれてきたわけではないから、「がいこつ」と呼ばれたわたしは知らず知らず身の不運を嘆いていたかもしれない。四囲に歓迎されて育ったようではなさそうだ。

いまはどうか知らないが、当時の日銀はじつに人使いが荒く、わたしが生まれた翌年、父は本店検査部に転勤となり、もちろん一家揃って東京へ引っ越した。引っ越し先は牛込北山伏町。ここに祖父の東京宅があり、父も学生時代からそこに住んでいた。牛込北山伏町にはわたしが今現在も住んでいるから、百年余りお世話になった土地ということになる。大通りをへだてて北が北山伏町、南が南山伏町である。

江戸時代の初めに山伏の修験者が住んでいたのでこの名がついたのだそうだ。山伏はその後下谷の方に住み替えとなったが、町名だけはそのまま残った。ところが平成二(一九九〇)年だったかに区役所による住居表示変更の暴挙で「新宿東何丁目」だったかに変えられそうになり、猛然と町ぐるみ反対運動が起こった。わたしも一兵卒として反対署名を集めたり、反対集会に参加したりした甲斐あって、牛込地区だけは昔ながらの地名が残ることとなった。

今でも山伏町をはじめ二十騎町、細工町、加賀町、矢来町等々江戸時代以来の町名が使われており、読みづらいけどいいですねなぞとタクシーの運転手に褒められたりしている。町名はただの符号じゃない。それぞれに歴史があるんだ。

歴史といえばささやかながら大澤の家にも歴史はある。

群馬県桐生市の織物業者だったわたしの家は「大嘉」と呼ばれていた。「大嘉」こと大澤嘉平の代で大きくなったらしいが、明治一六（一八八三）年、浪人崩れの強盗団に襲われ、皆殺しになった。夏のことで、強盗団は蚊帳の外からぶすぶす刀を突き刺したと言い伝えられている。

生き残ったのは嘉平の子で、わたしの祖父である福太郎で、福太郎の結婚の夜の惨事だった。まだ御年一六歳だった祖父は進取の気性に富んだ人だったらしく、断然家業を畳んで上京し、慶応義塾に学んだ。新知識を身につけて帰郷した祖父は実業家として頭角を現した。

己の体験に学んで祖父は子どもたちをみな東京に遊学させた。その拠点となったのが北山伏町の家である。北山伏町のわが家の近所には尺振八の豪邸があった。尺はその昔、中浜万次郎らに英語を学んだという英語学の草分けで、その縁か市河三喜、斉藤勇ら英語学の大家の屋敷もあった。斉藤勇が孫に刺殺されるという事件が新聞に載ったりして、まあ二流の屋敷町だったが、今は尺邸は特別養護老人ホームとなり、斉藤邸はほの暗い小公園となり、すっかり変わってしまった。変わらない

尺　振八（1839～86）
江戸（東京都）生。幕臣。教育者・洋学者・官吏・通訳。共立学舎創設。公務員を辞して英語教育に専念。田口卯吉と島田三郎は門下生。

斉藤　勇（タケシ／1887～1982）
福島県生。英文学者。文学史研究で英国の国民性と時代思潮に注目。

のは林羅山一族の墓所だけである。

東京にいることたった一年で、また父の地方支店回りが始まる。最初が福島支店。福島から連想されるのは信夫山くらい。しかしこれもあとから知った記憶のたぐいだろう。

福島には二年足らずで小樽支店へ。この小樽についてもなんの記憶もない。一枚、姉と並んで写った写真があるが、それをみても思い出されることは何もない。冬だったのか、毛糸のセーターにくるまり、毛糸の帽子をかぶり、ぬくぬくしている。毛糸尽くめのせいかふっくらしていて「がいこつ」の面影はない。

小樽にいること一年で、岡山支店に支店長となって赴任する。日銀では支店長は一国一城の主で、父は岡山へ来てやっと羽を伸ばすことができたという。岡山市の官庁街である内山下の銀行に隣接した行舎に住むことになった。

岡山に来てようやくわたしの記憶も確かになってきた。といってもまだまだ断片的である。岡山へ来た翌年四月、わたしは幼稚園に入ったが、一日通っただけで止めてしまった。なにが気に入らなかったのか、覚えはない。幼稚園に行く代わりに近くの百貨店天満屋へ女中を連れて日参したといわれている。

日参したのだからたぶん毎日なにか買ってもらっていたのだろうが、まことにわがまま坊ちゃんである。軍服に鉄兜をかぶった写真が残っているが、七五三で写したものらしい。世は軍国主義の時代に入っていたのである。

林羅山（1583～1657）山城国（京都府）生。禁書を講義し弾圧を経験。徳川家で儒学を講じ大坂の陣の発端となった方広寺鐘銘について発言。百科全書的な研究を残す。

幼稚園は一日で辞めたが、小学校は義務教育だから辞めることはできない。けれども小学校にもなぜか馴染むことはできなかったようだ。友達といえば繁華街にある「襟豊」という呉服屋の娘だけ。子どもながら姉御肌だった彼女はいつも一人ぼっちのわたしを可哀想に思ったのかもしれない。いじめられたのか、校門のところで砂利を投げまくったことだけは一番はっきり覚えている。

偶然だが、その年の夏休みの「おさらへ帖」が残っている。それをみると担任は女性だったようで、「批評欄」に「エヲヌラナイノハイケマセンネ。一タイニ字ガキタナイカラ注意シナサイ。乙下」とある。絵や字が下手できらいなのは生まれつきだと分かる。

夏休みで一番面白かったこととして「小ドシマニイッテカンカケイニイッテヒバントマツテカヘリマシタ」と書いているのには驚いた。

なぜなら小豆島の寒霞渓山頂での月の光はいまでも鮮明に目に焼き付いているからだ。子ども心に強い印象を受けたに違いない。そのせいか今でもわたしは月の光を見ると仰ぎたくなる。月探検なぞもってのほかである。自然征服とやらは人類の自滅の始まりだと信じている。

この小豆島行きは東京から遊びに来ていた祖母を含めて一家総出の家族旅行だった。祖母や母は駕籠に載り、寒霞渓を登った。一城の主となった父の大盤振る舞いだったのだろう。

この寒霞渓旅行にはもう一つ後日談がある。戦後、わたしがアナキズム運動に首を突っ込んでいた頃、父は寒霞渓山頂での清く澄んだ月の光の美しさはいまだに忘れがたい、その時小学校へあがるかあがらないか位の年頃だった三男がいまアナキズムに共鳴しているが、あの時の月光の美しさと無縁ではなさそうだと書いていたのである。

寒霞渓山頂の月光とアナキズム……なんてわたしに似合わぬお話ですね。

赤鬼校長に褒められる！

岡山には三年ほどいて、本店考査部長となった父とともにまた東京に戻った。五月だったので、市谷尋常小学校に二年の途中入学となった。

市谷小学校は赤レンガの塀に囲まれた木造三階建てで、左右の校舎をつないで雨天体操場（今は体育館と呼ばれる）があり、左右の二階は渡り廊下で結ばれていた。けっこう高い廊下で、渡るのが怖かったからか、よく夢に出てきた。

夢に出てくるといえば学校の共同便所も時々出てきた。小汚い便所だったから記憶に残っていたのだろうか。夢といえば市谷のほか武蔵高校の校舎もたまに出てくる。しかし一番多いのは平凡社時代で、アナ連関係は暴力事件以外ほとんど夢に出てこない。

空襲で焼け始めた校舎を守りに駆けつけたことはすでに書いたが、わたしが入学した翌年に二・二六事件が起こり、武装した兵隊が一時、校庭に駐屯していた。ちょっと緊張した覚えがある。

市谷は公立だったからいろんな階層の生徒がいた。近所の八百屋、畳屋、洗濯屋からわたしのような銀行員や会社員などのサラリーマン家庭まで、種々雑多だった。いつだったか家庭の事情で急に転校する生徒がいて、その朝、母親が教室で半分泣きながら挨拶したことがあった。異常な光景にみんなしーんとしていたのがいつまでも忘れられなかった。

朝鮮人の生徒もいた。朱某といったが、担任の青田薫はきびしい教師で、反抗的な生徒にはしばしば暴力を振るった。とりわけ朱にはきつく当たり、教室で朱を投げ倒したりするのに反感を覚えたこともあった。

青田といえば教室の机の配列を成績に準じて優等生組から劣等生組まで五列に並べさせた。わたしは優等生組だったが、この配列は子ども心におかしいと感じていた。もちろん教師に苦情をいうようなことはできなかったが、生徒の間でも不満は出ていた。「大澤はうまいなあ、一番右で」なぞと左の方に回された友だちに嫌味をいわれたりした。

あれはたしか五年生の時だったが、その年の二学期にわたしは初めて副級長に選ばれた。わたしに票を投じたほとんどは劣等生組の生徒たちだった。だからもしかするとこれは青田担任に対する劣等生らの不満の現われだったかもしれないなんて、いまになって思ったりしている。

そういえば平凡社の組合でもわたしを支持してくれたのは意識の高い、組合運動に熱心な連中ではなく、いわば普通の組合員が多かった。意識の高い組合員に引っ張りまわされるのがいやなので、彼らとは少し離れているわたしに目をつけたのだろう。

この五年の頃から成績が上がりだした。一〇点がほとんどになったが、図画、手工、書方は八点、七点と下がる一方である。心配した母が図工の教師に付け届けしたら、つぎの学期にはなんと一〇点がついた。まさか一〇点とは、これには驚いた。

こんなことを書くと，市谷小学校はとてもひどい学校と思われるだろうが、なぜか牛込区内の小学校のなかでは市谷が一番の学校という評判だった。

北山伏町の家はわたしたちが地方回りをしている間、父の弟一家が住んでいた。そのため東京に戻ってきたわたしたちは北山伏町と市電通りをへだてて南側の加賀町の借家を借りていた。当時の学区では加賀町は愛日小学校に属していたが、市谷の方がいいというので、わざわざ北山伏町に住んでいることにしたくらいである。

小学校時代のあだ名は「お嬢さん」。これは中学の時かもしれないが「ヤンキーガール」とも言われた。色白で優男?だったからかもしれない。下校後、敵味方に分かれて戦争ゴッコをした折、わが方は路地に追い詰められ、怖くなったわたしは泣き出してしまった。「泣いたぞ、引き上げだ」と敵方は勝ち誇って帰って行った。とにかく弱虫だった。

当時は相撲が盛んで、校庭でもチョークで円を描き、勝ち抜き戦をやった。わたしはそれでもまあ強い方だった。ある時、相手をつり上げたのはいいが、そのまま自分が円の外に出たら負けになると思って、つった手を放したので相手は転げた。相撲のルールにうとかったのだろう。「手を放すなんて無茶だ」と相手は怒っていた。

相撲と並んで盛んだったのはキックボールだった。けっこうわたしはよく飛ばし、うまかったので、チームでは頼りにされた。わたしが蹴る番になると、相手方は「大澤だぞ、気を付けろ」と戦列を整えていた。

体操では器械体操はだめだが、なぜだかマット転回が得意で、そのせいか体操の教師には気に入られていた。だから母は付け届けせずにすんだ。

当時は水泳は教科になく、夏休みに海水浴にいくこともなかったので泳げなかった。そこで六年の時だったか水泳の講習会に行った。ところが少し泳げるようになったとき、耳に水が入り中耳炎になってしまった。以来、泳ぎは諦めた。

運動ではないが、自転車は大好きでよく近所を乗り回した。母が病気になってからはほとんど毎日のように近くの市谷八幡（正称・亀ヶ岡八幡）へ自転車で行き、平癒を祈願したりした。加賀町の家から市谷八幡まではいくつも坂があり、その坂を上ったり下ったりするのが楽しかった。

その頃も受験準備の過熱化が社会問題になっており、わたしが受験する昭和一五（一九四〇）年からはペーパーテストは禁止になった。父や叔父も近所の府立四中の出身だったし、市谷からは四中に多く入っていたから、本命は四中だったはずだが、なぜか武蔵高校の尋常科を受けることになった。内申が低くて府立受験は難しかったのか、府立の教育を父が避けたのか、とにかくわたしは親のいうままだった。

父の二高の時の友人高橋泰が武蔵高校の英語教師だったので、その年の秋に父に連れられて高橋宅に頼みに行った。父は四中から一高を受けて失敗し、二高に回されたのである。

高橋は授業中、イタリアへ行った折の体験で、スパゲッティはこんな風に食べるんだと実演してみせ、その妙技に人気があった。父との話のなかでふと「人生っていうのはだいたい曇りだね。時折、青空がのぞくことがある、そういう結論を得たよ」と高橋が言い出した。久しぶりに級友に会い、日頃の感懐をもらしたのだろう。なんと父が答えるか、わたしは期待を込めて耳をすましたが、父は否定も肯定もせずただにこにこしながらうなづくだけだったので、ちょっとがっかりした覚えがある。父にしてみれば子どもの前で人生論を開陳するのをためらったのか、案外シャイで自分のことを語りたがらなかったのかもしれない。

武蔵の入試には父兄の口頭試問もあり、すでに満洲中央銀行理事になって満洲の新京（現在の長春）に単身赴任していた父ははるばる飛行機で飛んできてくれた。

母が病んでいたこともあるが、有難いことだった。それがどうやら評判になり、そのおかげでか、わたしは目出度く合格した。

口頭試問は子どものわたしの方もあった。その時、校長の山本良吉から内申書には親孝行と書いてあるが、どんなことをしてるかと聞かれ、市谷八幡へ自転車で毎日祈願に行ったりと口ごもって答えたら、あんまり孝行してないみたいだなとひやかされた。

この山本校長は金沢の出身、西田幾太郎、鈴木大拙らと四高の同期で、大の親友だった。山本はまたなかなかの暴れん坊だったらしく、薩摩人で固めた学校に反対するいまでいうサークルを組織し、軍事教練を無断欠席したあげく退学させられた。いわば学生運動の先駆けである。西田も山本に同調し、山本の後を追って退学したそうだ。

私立最初の七年制高校である武蔵高校を軌道に乗せたのは山本で、武蔵高校の三つの理想は山本の教育理念でもあった。

一、東西文化融合のわが民族使命を遂行し得べき人物を造ること
二、世界に雄飛するにたえる人物を造ること
三、自ら調べ自ら考える力を養うこと

わたしも一応、武蔵の卒業生だが、どうやら「自ら調べ自ら考える力」だけは身につけることができたようだ。

西田幾太郎（1870〜1945）石川県生。哲学者。西洋哲学から脱却し禅を主とする東洋的思考から絶対無の形而上学という独自の哲学の樹立を目指す『善の研究』執筆。

鈴木大拙（1807〜1966）石川県生。宗教家。「大乗起信論」英訳。『禅と日本文化』発表、英米で講義。世界危機の根源を西洋の合理主義に求め東洋的叡智で回避を提唱。

武蔵では山本は修身を担当していたが、とてもきびしい教師で、学生の間では「赤鬼」と呼ばれ、卒業したらぶん殴ってやると息巻く生徒にも事欠かないほどだった。成績の上がらないものは容赦なく落第させ、退学も珍しくなかった。

わたしが尋常科三年の時に山本は亡くなったから、晩年になって少しは優しくなったのかもしれない。入学した昭和一五（一九四〇）年の夏休みにわたしは兄弟揃って父のいる新京へ行ったので、山本校長に手紙を出した。おそらく夏休みに校長に手紙を出すといいと担任にいわれていたのだろう。

すると山本からお褒めの葉書が来たと、病気で東京に居残っていた母から次のような航空便が届いた。

「正道君に　今朝山本校長先生可ら御葉書頂きました／大変感心したと有りました、どんな事書いて出したのですか／正道にしては珍らしい事、受持の先生にも出しましたか　御葉書廻はしても帰へる迄届くか如何か分かりませんから原文を書きませう、『満洲からの御手紙有難く拝見　新京の事共詳しくわかり難有存候　今迄一年生の手紙にてあれ程詳しく現状のわかりしは御手紙が初に候　感心致候、』アノ校長先生から御褒めの御言葉を頂くとは実にえらい事だと母さんも感心しました、それで先生方に絵葉書なりともお土産に持参しては如何ですか　校長先生、漢文先生などに例の硯がいゝと思ひますが、帰へり間際になつて手に入ゐります可ね、間に会はねば写真帖でもいゝと思ひます、満人百貨店などに何か変つたものは有り

武蔵高校講堂（絵はがき）

ませんかね、お父さんとも相談して宜しくお願ひします／……」

母は翌々年に亡くなった。わたしは末っ子のわがままな甘えん坊で、母には随分迷惑をかけた。口頭試問の折に山本にひやかされたようにあまり孝行なぞしなかった。けれどもこの山本の葉書はずいぶん母を喜ばせたようで、今でも赤鬼校長には感謝している。

勤労動員あれこれ

なかば忘れられているようだが、太平洋戦争が始まったのは昭和一六（一九四一）年一二月八日である。すでに書いたようにその年の一二月二三日から日記というか感想記のようなものを「思いの儘の記」と題して私は書き始めている。

冒頭に「病床にありて私の性格を思う」とあるからどこか悪かったのだろう。不思議に思えるくらい、その日の日記には戦争のせの字も出てこない。「満州事変」「上海事変」「支那事変」と相次ぐ戦争でまた戦争かくらいに受け止めていたのだろうか。

わたしが戦争を本当に身近に感じだしたのは授業を中止して勤労動員とやらに駆り出されてからだった。

最初の勤労動員は昭和一七（一九四二）年一一月だった。下谷の凸版印刷へわずか二日間だったが行っている。その頃はまだ勤労動員でなく、勤労奉仕といっていた。国債（軍票ともいわれていた）の印刷で、大きな輪転機から出てくる印刷紙が詰まらぬように見張っている作業で、わたしが担当していた時には一度も紙詰まりは起こらなかった。

詰まったら工員が駆けつけてきて手当をするのだから、正真正銘の見張りである。だからど素人の学生で間に合ったのだろう。

輪転機なぞ初めてお目にかかる大きな機械で物珍しく、面白かったが、「しかしものすごい騒音と濁った空気、ガソリン臭い匂いには閉口した。毎日する中に馴れるのであろうか、油まみれになって労働する人達は決していやそうにはみえなかった。しかしも少し日光の関係とかそういった衛生方面にも戦時下だからこそ注意をはらいたい」と生意気な感想を書いている。

翌年八月には一週間ほど赤羽の陸軍補給廠で働いた。ここでの作業は倉庫の整理、純粋な肉体労働で、相当にへばったようだ。重さ二〇貫もする上陸用舟艇の付属品を運んだり、積んだり、降ろしたりの間、一瞬たりとも手抜きは許されない、うっかり手を抜けば相手に怪我をさせかねないからだ。あの時の相互扶助の気持ちを「永久にそして常時保ち得たならば人びとは平和を保ち得る」と感想を記している。

初めにも書いたが、その頃わたしはトルストイやクロポトキンなぞを感激して読んでおり、肉体労働もちゃんと思索に結びつけていたらしい。「トルストイは「勤労を幸福になしうる人は真に幸福なひとである」と云った。しかし私は到底この勤労をし、汗を流し、肉体を傷つけて幸福を感ずる事は今の所は出来ない」とも正直に述べている。

勤労動員はどういうわけかちょこちょこ行われたらしく、八月下旬にも三日ほど東武東上線成増駅に近い飛行場建設作業に駆り出されている。完成予定は昭和二二（一九四七）年だったそうだから敗戦で中止になったことだろう。夏の労働で真っ黒になった、こんな辛い労働もしたことがないと嘆いている。だんだん物珍しさから嫌気に移っていく様子が窺える。

その年の一一月には国鉄（現在のＪＲ）品川検車区での列車の清掃作業ときた。期間は一週間。これもまた大変だった。車内と車外の清掃で、二班に分かれ日替わりで交代した。車外の清掃はホースで車体に水をかけ、ブラシでゴシゴシこするのだが、こすり方にはルールがあって、いまははっきり覚えてはいないが、下からまず大きく円を描き、それからだんだん円を小さくして、最後に残った隅を拭きとるという塩梅である。このルールの順守がけっこううるさかった。それに一一月のことで水で手が切れるように冷たくなった。

けれども車内の清掃ははるかにおおごとだった。トイレが汚れていようものなら目もあてられない。バケツで水をかけ汚物を流し、手つきのブラシできれいにしなくてはならない。マスクをしても汚物の匂いは鼻を衝く。正直、まったくいやだったね。

車内から出てくるゴミをかき集めては燃やしているお婆さんの様子を見て、「毎日あんなことやって暮らしているお婆さんは可哀想だなあ」と友人がわたしに話しかけてきたことがあった。わたしもうなずくほかなかった。

わたしたちの作業はたった一週間だが、作業自体は毎日行われており、毎日それに従事している人がいる。せめてわたしたちに出来ることは車内を汚さないよう心掛けることだと思ったものである。もちろん勤労動員は戦時下の労働力の不足を補うために実施されたのだが、一面、こういう教育的な効果もあった。

農村へ麦刈りにも行った。翌年六月末のことで、一〇日間。赴いた先は埼玉県大寄村（現・深谷市）である。それぞれ二人ずつ農家に分宿した。わたしが厄介になったのは旦那が出征した若い嫁さんと姑の二人家族の家だった。人手不足に悩んでいたのだろうが、とても歓迎してくれたように思えた。

初めての麦刈りは大変だった。麦を束にして鎌でスパッと切るのだが、そのスパッとがなかなかうまくいかない。麦の束が残ってしまうのだ。そうなると厄介である。おまけに終日、半かがみの作業だから腰が痛くなる。下手をすると指を切る。

事実、鎌で麦ではなく自分の手を切る事故も起きた。手を切ってしょげかえっているY君をみて「この切れ方はY君が秀才の証拠だ」と引率の体操教師小野寺某が励ましていた。「なるほど、ああいう言い方もあるんだな」とそれを聞いてわたしは妙に感心したものである。

武蔵には校長の山本をはじめ、担任の加納秀夫、歴史の増井経夫のような忘れがたい教師がいたが、この小野寺も一見識のある独特な教師で、わたしには忘れられない。定年退職後、保険の勧誘にわが家にまわってきたが、勧誘などそっちのけで手を背中に回して肩をつかむと命が延びるというようなことを教えてくれた。

麦刈りのほかキュウリだかナスだかを取りに畑を回ったこともある。そんなある時、一天にわかに掻き曇り、猛烈な土砂降りに見舞われた。宿る場所とてないので持ってきたリヤカーをひっくり返して嫁さんと二人雨宿りした。その時、関東平野とはなんと広いものかと実感した。

農作業もきつかったが、七月から始まった赤羽近辺での一週間の疎開家屋の撤去作業はもっときつかった。空襲で延焼を防ぐために一定の家屋はすべて撤去され、空き地化されたのだ。ずいぶん乱暴な話だが、戦時下で反対することもできなかった。

わたしの住んでいた山伏町は辛うじて疎開の線引きから外れ、ほっとしたものだ。たしかに空襲で焼夷弾がぼんぼん落ちてきたとき、疎開で出来た空き地は延焼の防止にとても役立った。疎開がなかったら間違いなくわたしの家も延焼していただろう。

しかしそうはいってもそれはあとの話で、ぎっしり建っている家屋を容赦なく打ちこわし、倒した木材や壁土を運び出す仕事は学生の手にはあまるものだったと思

増井経夫（―ツネオ／1907～95）東京都生。東洋史学者。中国の清朝史を中心に研究範囲が広く、人間を通じて歴史を説明。

う。まさに塵埃にまみれての労働で、風の強い日など眼も開けられなかった。

そのうえほこりで汚れた体を洗う場所とてなく、おまけに作業の手順が悪くて無為に過ごすことも多く、皆不平たらたらの体となった。その時、引率の加納秀夫が「君たちは学生だ。学生たるの誇りを持て」というような名演説をぶってその場を収めた。

加納は英語の教師だったが、英語の授業中もよく時局にふれた話をし、わたしはそれに共鳴していた。

「加納先生は言われた。「もうすぐ軍人になり散華してしまうのだから、勉強などどうでもいいや、と言うような頽廃的な気分がこの頃の学生の中には充満しているが、それは是非改めて、よく日本の将来に思いを致して貰いたい」と。／こう言われて、確かに私の胸に響くものがある。私もともすればそうなりがちではなかったろうか?」（昭和一八〔一九四三〕・九・三）と「日記」にある。あるいは、

「加納先生はおっしゃった。「学問へのひたすらこそ追及こそ、学生の本分である。焦土と化した日本から新時代の理念を萌えせしめるのが君らの務めである」と」（同年九・二五）等々。

この年の三月、学徒動員通年実施が決まった。事実上の学校閉鎖だが、なぜか文部省は学校閉鎖に踏み切らなかった。一年間勤労するのは賛成だが、それで進級させるとは何事ぞと、わたしは大いに憤慨していた。一年間ろくに勉強しないまま進

級したら、学力の低下は目に見えている。「日本に政治家なし。目明き盲人（ママ）ばかりだ。後世の歴史家は評して何というか」と力んでいる。すでにわたしは筆誅小僧だったね。

はじめにも書いた通り、通年動員でその年の九月から翌年の三月までわたしは神奈川県戸塚の日立製作所に行くことになった。

旧態依然たる授業にいらいらしていたわたしは当初この日立行きをよろこんだ。それは「飛行機を作るのは学生さんがいるから大丈夫だ」という義姉の父である鎌田海軍少将の言葉に感激していたからでもある。鎌田少将はジャワ島へ赴任する際にわたしにそう言ったのである。

鎌田少将は職業軍人のわりには気さくでやさしい人だった。長期の工場行きに嫌気を感じていたわたしもこの一言にはっとしたらしい。今のような授業より飛行機造りのほうがましだと思ったのだろう。

残念なことに鎌田少将は敗戦後、ジャワ島で戦争犯罪を問われ、死刑になった。どんな経緯があったかは知る由もないが、現地の司令官ということで否応なくやられたと聞いている。惜しい人をなくしたと今でも思っている。

わたしの住む牛込から戸塚までは横須賀線で片道一時間以上かかる。七ヶ月は長い。一番の心配は健康だと考えたわたしは「起床　午前五時半　勉強　午後七時―九時十分　就寝　九時三十分（ただし馴れたら十時）」という日程を立てた。今考えてもよくまあ体がもったと思う。

　仕事はU‐3改という航空機用無線機の部品の組み立てで、単純な座業であった。やはり動員されてきたたしか湘南中学の中学生と二人一組となり、午前八時から休息一時間を挟んで午後五時までの労働である。

　当初の感激もすぐさま消えて疲労が高まるとともに不満も増大した。わたしはその労働にまったく魅力を感じなくなってしまった。ほんの腰掛け的な気分でしか仕事はできなかった。そのために作業は滞り、わたしのところが一番遅れてしまった。

　それでも残業をしてでも後れを取り戻そうという気には少しもならなかった。相棒の中学生には気の毒だが、時間がくればさっさと帰った。

「U‐3改が出来なかったので決戦に負けた。こう言われると極めて苦しい。無線なくして飛ぶ荒鷲の困り切った姿が眼に浮かぶ。／と同時に、米英思想に、共産思想に国中が荒れ狂い、疲弊しきっている戦後の日本の姿が思い出される。／人間には職分がある。各自は第一に自分の職分を果たさなくてはならない。／私は頑張る。正しく、強く学問に専心する。私は一生学問から離れない。工場の立場には決して立つまい」（昭和一九〔一九四四〕・九・一五）と早くも「日記」に書いている。学生の本分を忘れるなという加納の教えに心底共鳴していたのだろう。

　会社側の職員とわれわれ学生との懇談会が開かれた席で、ある職員がとにかく米軍が太平洋の日付変更線を越えて攻め込んで来ているんだから、すべてをなげうって生産増強に励まなきゃとはっぱをかけてきたのにカチンと来たわたしは「学生の本分は学問にあります」と反論した。一座は緊張したが、一人の友人が「大澤、それを言うな」ととりなしてくれ、事なきを得たようなこともあった。

疲労や不満や焦燥が鬱積した日立製作所での作業の思い出は苦渋に満ちていた。作業場の大時計がわたしの真向かいにあり、わたしはほとんど一〇分おきに大時計を見て針の歩みの遅いのに嘆息したものだ。

「嬉しい。あと十三日で戸塚生活は終わるのだ。十三日。満期釈放だ」と翌年二月一五日の「日記」にわたしは書いている。

こうしてやっと日立通いは終わったが、それからは「国破れて焦土に立つの巻」「空襲の混乱のなかで」で書いておいたように、あいつぐ空襲で東京の大半は焼け野原になってしまった。

それでも七月になってまた動員がかかった。こんどは板橋区志村の日東金属で、航空機の材料工場では関東一だという。わたしは現場ではなく、事務の方に回されたが、連日のような空襲騒ぎで仕事どころではなかった。

ある日曜日に工場が機銃掃射を受け、わたしも知っている若い工員が亡くなるという事件まで起こった。日曜でなかったらわれわれも恐ろしい目に会い、ひょっとすればひょっとしたかもしれないぞと囁き合った。

そんな有様だから工場の方もフル操業とはいかず、時間を持て余して早引けすることもしばしばだった。

こうしてわたしの勤労動員は尻切れとんぼに終わり、やがて八月一五日を迎えるのである。

おわりに

発端は『日本アナキズム運動人名事典』の発刊を祝う集まりの折だった。月の輪書林の高橋徹に「大澤さん、自伝を書かないんですか」と言われた。二〇〇四年九月八日のことである。

本書の「はじめに」で書いたように、自伝はかねてからのわたしの課題だったが、うろうろしていてなかなか手を付けられずにいた。しかし『トスキナア』も出たことだし、ここは一丁やる気になった。

「倒叙まさじい自伝の下書き」と題して『トスキナア』一〇号（二〇〇九年一〇月一五日）からスタートした。「下書き」とつけたのはちょっと謙遜してみたってわけ。

『トスキナア』は二〇号で終わりになり、したがって自伝の方も一一回目の「『反抗的人間』でぶん殴られる」で一休みとなった。二〇一四年一〇月だった。

ところが翌年五月、大西旦の尽力で出版の話が決まった。また尻切れとんぼかと諦めていたから、嬉しかった。

大西は『トスキナア』に洒落た原稿を二回ほど寄せてくれていた。編集委員だった渡辺雅哉の斡旋だった。大西と渡辺はスペイン内戦でつながっていたらしい。たぶんその時、大西はわたしの自伝を読んでくれていたのだろう。よくぞ目をつけてくれたものである。

張り切って執筆にかかったが、その頃からわたしのベストハーフが病に倒れ、慌ただしく年の暮れに去って逝った。どうもうまくいかない。こりゃひょっとすると自伝を書くなということかななぞと弱気にもなったが、ここでまた大西に励まされ、やっと書き上げることができた。

こんな具合で万事、大西のお世話になった。感謝に絶えない。

倒叙ということで、『日本アナキズム運動人名事典』作りから筆を起こしたが、本書でも触れた『ガラガラへび　知的インフラ通信』の拙文が『月刊テーミス』の社長伊藤寿男の目に止まり、二〇一四年から同誌に連載の場を与えられた。題して「寸鉄録」という。「寸鉄人を刺す」のことわざにあやかり、せいぜい精進している。筆誅小僧は健在です。

二〇一六年九月一日

「アナキストの多くは無意識的な権威主義者である」（ハーバート・リード）

【出典】

雑誌「トスキナア」第10号（２００９年）～第20号（２０１４年）に「まさじいの自伝の下書き」として、〔私流疾風怒濤の巻〕の〈『反抗的人間』でぶん殴られる〉まで連載。その後の、〈ランダウアー、ブーバー、そして埴谷雄高〉以下は書き下ろし（２０１６年）。なお下段の人名解説は編集部で追加しました。

人名索引

▼あ行

相沢尚夫……57、62〜64
アインシュタイン、A.……207
青島茂……157〜159
青田薫……292
秋山清……10、11、36、37、63、73、145、150〜153、159、172、181、184、213、221、227、230、251、252、256、257
青木眞子……206
飛鳥井雅道……222
明日待子……242
秋田雨雀……276
雨野一雄……266、267
荒畑寒村……72、219、220、222
有島武郎……240、247
アロン、レイモン・……72
安東次男……226
いいだ・もも……34、133
池上鎌三……193、261
池島信平……192
池田敏雄……101、103、105
石川三四郎……27、40、62、69、77、79、94、95、156、178、208、210、211、218〜223、250、251、258〜261、269、271〜277
石川淳……51
石田友三……38
井尻千男……109
磯谷武郎……149、180、181
市川三喜……288
市川白弦……73
市橋善之助……250、266
出隆……35、261、270
伊藤野枝……221、224
伊藤ルイ……206
稲義人……64、66、68、69、222
井上聖山……62
井上美奈子（茅部かのう）……274
猪口邦子……68
井上剣花坊……188
伊福部舜児……274、275
イプセン……25
井原末九郎……147、205
今泉正光……131
今西錦司……48
今村五月（土屋洋子）……159、160
岩佐作太郎……29、205、206
岩崎重夫……50
岩淵五郎……128、214
ヴィトゲンシュタイン……66
ウィルソン、コリン・……221
ヴェーユ、シモーヌ・……170
上原利夫……266、267
植村諦……189
氏家齊一郎……268、270
内村剛介……73、133、151、152、153
ウノ・カマキリ……51
宇野信次郎……210
宇野正美……85
梅原猛……204
瓜生伝（鳥見山捨麿）……52
江口幹……155、269
エヂソン……4
江藤正夫……256、257
エリオット、T・S・……288
エンデ、ミヒャエル・……55
遠藤斌（渡部栄介）……272、273
遠藤誠……32、33、73、82
オーウェル、G・……159
大池文雄……71

大江健三郎……88、89、128、213、238
大江満雄……275
大木静雄……250、251
大澤嘉平……288
大澤福太郎……288
大澤正道（大原緑峯／野田洋）……30、33、38、48、61、62、75、81、97、108、146、147、164、176、214、227、250、277
大島栄三郎……32、33、177、178
大杉栄……5、27、31、32、57、73、78、140、161、173、178、201、205、208、217～224
太田龍……85
大月健……70
大宅壮一……95、273
岡崎元哉……222
岡本潤……78、95、133、220、226、251、257
小川正夫……170、171、249
奥浩平……131、
奥崎謙三……177、178
奥沢邦成……20、34、38、40、42、80～82、168、185
小沢信男……144
尾関弘……163、164、166
小田光雄……131
小野二郎……209、268

▼か行

カー、E・H・……72
カーペンター……7
貝塚茂樹……127
梶井純（長津忠）……43、141
柏木隆法……73
粕谷一希……221
片山潜……219
加藤茂……73
加藤周一……104、109、238
金子文子……32
金子光晴……268
金子武蔵……261
加納秀夫……256、302、303
カフカ……131
上坂冬子……222
神近市子……224
神永文三……95
カミュ、アルベール・……131、133、170
亀田博……38、41、42
唐沢隆三……274、275
川合仁……259
河上徹太郎……221
川崎覚太郎……257
川成洋……152
川本嘉昭……177
カント、I・……68
キーツ、ジョン・……240、245、256
木々高太郎（林髞）……275
木内信胤……72
岸信介……214、215
北川冬彦……268
北村透谷……240
鬼頭広明……63
木村荘太……251
木村恒久……131、132
キリスト……205、246
キルケゴール……24、25
ギンズバーグ、アレン・……133
草野心平……275
串田孫一……112、113、191、262
救仁郷繁……72
国則三雄志……70、73、74
久野収……74、87、128、141、194～196
久保田芳太郎……221
グラッドストーン……4、5
クラウゼヴィッツ……68
クリスティーナ、マリア・……167、168
暮尾淳……73、152
クロポトキン……5～8、47、139、140、143、173、207、245、299
黒川洋……20、38、52

黒田寛一……50、72、127
黒田オサム……73
桑原武夫……108
ゲーテ ヨハン・W・フォン・……249
ゲバラ、エルネスト・チェ・……133、137
源 信……57〜59
小生夢坊……21
幸徳秋水……27、70、219、220
香山健一……228
コーヘン、H・……153
ゴールドマン、エマ・……26、63、95、168、272、278
コーン＝ベンディット、ダニエル・……164〜166、172
小松隆二……221
近藤憲二……27、31、95、179〜181、188〜190、209、220、225、258
近藤千浪……31、38

▼さ行

崔容徳……43、140、141
斉藤勇……288
堺利彦……219
佐古純一郎……65
佐々木毅……69
笹本雅敬……130、147
佐藤惣之助……21
サルトル……25、131
澤田謙……4
塩田庄兵衛……38
鎮目恭夫……130
信太裕……183
篠原泰正……149、166、183、185
柴谷篤弘……73
司馬遼太郎……87
島尾敏雄……204
島田虔次……127
しまね・きよし……176
清水幾太郎……128、129、213
清水康雄……34、62、75〜77、267、268、269
下田龍子……40、201
下中邦彦……99、106、108、110、119、140、224
下中弘……114
下中弥三郎……45、95、106、111、121〜123、190
釈迦牟尼……205
尺振八……288
シューマッハー、F・……103、106
シュティルナー、マックス・……23〜25、34、35、47、143、170、184、185、249、254、263、271、279、280
庄野潤三……204
白井新平……210、211
白仁成昭……31、38
白井健三郎……130
白石朝太郎……188、189
白石幸男……188、257
新明文吉……52、53、190
ズーデルマン……25
末広厳太郎……67
杉浦民平……204
杉藤二郎……181、205
杉本昌純……136、137、171
鈴木創……133
鈴木大拙……296
スターリン……157、204、205
ストリンドベリ……25、245、246
関根康喜(荒川畔村)……266
瀬戸内晴美(寂聴)……221、222
副島辰巳……147、205、206
添田唖蝉坊……49
添田知道……49
宋世何……140、164、258
ソクラテス……7

▼た行

大門一樹……73、274、275
高尾平兵衛……29
高木昭……149
高橋光吉……189
高橋新吉……249、251、267
高橋徹……308
高畠素之……6
田木繁……184
武井昭夫……133
竹内好……50、51
武林無想庵……250
田島節夫……65
多田道太郎……222
タッカー、B・R・……154
田戸栄……210、216
田戸正春……210
田中正造……14
田中英夫……26、27
田中美知太郎……128
谷川雁……147
玉川信明……30、49～51、53
玉城素……50
ダリ……113
ダンテ……250
ヂスレリー(ディズレーリ)……2、3
辻　潤……21、49、50、223、224、240、249、251、263
辻まこと(宇留喜内)……250、269、270
対馬忠行……72、127
椿宏治……274、275
壺井繁治……173
鶴見俊輔……15、36、38、40、42、45、51、72、144、221、275～277
鶴見祐輔……4
丁賛鎮……276、277
鄭　哲……276
手塚登士雄……18
寺島珠雄……20、73、251
デカッサーズ、ベンジャミン・……249、250
土井晩翠……23、162
遠山景久……71
遠山茂樹……168
冨樫行慶……60
富板敦……38、42
豊田正子……101
鳥見山捨麿(瓜生伝)……52
トルストイ……4、5、7、8、245、299
トロツキー……72

▼な行

永井陽之助……129
中島雅一……38
中島(旧姓広瀬)通子……223
中島岑夫……223
中島正清……110、112、225、227、228
中橋一夫……65
中浜万次郎……288
中道喜悦(中堂高志)……75、76
中村完……221
中村元……261
中村菊男……72
夏目漱石……247
ナポレオン……4
難波律郎……101
新居格……156、250、275
ニーチェ……245～247
西川光二郎……26
西田幾多郎……297
西田勝……220
西村伊作……249
西村修……38
西本あつし……42
西山勇太郎……251

▼は行

ハイデッガー……131

ハウプトマン……25
パウンド、エズラ・……281
萩原晋太郎……29〜32、44、51、172、180
萩原延寿……109
バクーニン……72、164、181
漢與太平（古海卓二）……21
長谷川興三……230
長谷川鑛平……281
長谷川進……142、144、155〜157
花田紀凱……85
埴谷雄高……131、133、145、146、212、213
林達夫……95、128〜130、192〜194、198〜204、238
林羅山……289
原一男……178
ビスマーク（ビスマルク）……4、5
ピット……5
ヒットラー（ヒトラー）……4、5
ヒューム、D・……262、263
ヒューム、T・E・……66、263、280〜283
平沢貞通……33
平田晋策……4
平林孝……24、87〜89
廣松渉……34、35、36
広海貫一……210、211
ヒンデンブルグ……4
ブーバー、マルティン・……144、145、156
フェレル、フランシスコ・……275
深尾須磨子……268
布川了……14
福田恒存……88、192、245
藤田一幸……76
藤田省三……108、109、127
藤巻修一……20
プリエト、オラシオ・M・……160
古河三樹（松）……122、222
フルシチョフ、ニキータ・……204
古海卓二（漢與太平）……21
古田大二郎……41
プルードン……82、153〜157、159、251、271
フロム、エーリッヒ・……54
ペイラーツ、ホセ・……159
ヘーゲル、G・ウィルヘルム・F・……249
ベルクマン、A・……141
ベルネリ、M・L・……141
ホイットマン、W・……280
ホーファー、W・……72
ボク、シセラ・……67〜69
堀保子……224
堀江忠男……72
堀切利高……27
本多顕彰……275

▼ま行

前田幸長……28
牧田吉明……174〜176
マクドナルド……4、5
増井経夫……15、302
松尾邦之助……27、49、69、75、92、154、249、250、251、254、257、263、266、267、269、271、275
松下圭一……40
松田政男……77、128、212、213
松永伍一……96
松野猛……171
松本幸四郎（先々代）……272
松本正雄……95
マラテスタ……181
マルクス……6、25、34、35、64、173、174、204、205、249、279
マルコムX……133
丸山眞男……40、108、127、193
マン、トーマス・……207
三浦精一……156、172、181
三浦雅士……75
三島由紀夫……85
水木しげる……51
水田ふう……37、38、42

ミッシェル、ルイーズ・……275
南方熊楠……101
宮崎滔天……101
宮本研……221、222
向井孝……29、31、37、38、42、172
武者小路実篤……4、51
ムッソリニ(ムッソリーニ)……4、5
武藤光朗……72
村木源次郎……205
村松正俊……250、266、275
村山知義……154
メラ、シプリアノ・……160
望月百合子……274
モリス、ウィリアム・……208
森山重雄……70
もろさわようこ……73
モンセニー、フェデリカ・……165、166

▼や行

安原顕……88
柳家金語楼……256
山内明(澤隆明)……159
山泉進……26
山鹿泰治……41、190、228、274
山鹿大次郎……41
山川均……180、219
山下武……256、257
矢橋丈吉……73、154、250、251、266
山口英……172
山口健二……29、274、275
山口孤剣……27
山口昌男……129、130
山口稔喜……34
山崎今朝弥……32
山崎正一……65、74、95、191、192、262、263
山西英一……71
山本直純……103
山本光久……82、83
山本良吉……296〜298
湯浅赳夫……86
横倉辰次……181、183、214
吉田健一……192
吉田東伍……13〜15
吉野勝美……84〜86
吉本隆明……72、213

▼ら行

ラジニーシ……50
ラッセル、バートランド・……207、281
ラ・ボエシ……142
ランダウアー……139、142〜144、154
李亭秀……139、140、142
李珍宇……133
龍武一郎……42、168、228
リード、ハーバート・……47、64〜67、72、95、207、275、278、280、283、284
リンカーン……5
ルーズベルト……5
ルソー……262
レーニン……204、205
ロッカー、ルドルフ・……207、208
ロレンス、D・H・66、240、245、246、280
ロレンス、T・E・(アラビアの――)……133
ロレンソ、セサル・……160

▼わ行

ワシントン……5
和田俊一……161、182、183
渡辺一衛……43、44、50、73
渡辺善一郎……72
渡邉恒雄……35、268、270、271
渡辺政太郎……128
渡辺雅哉……158
渡辺操……144
綿引邦農夫……178、257

著者：大澤　正道（おおさわ・まさみち）
1927年愛知県生まれ。ペンネーム・大原緑峯。1950年東京大学文学部哲学科卒業。在学時からアナキズムに傾倒し、日本アナキスト連盟に加盟、同組織の機関紙の編集を担当。卒業後平凡社に入社。一方で雑誌「黒の手帖」創刊。平凡社では編集局長、出版局長、取締役を経て1986年退社。
著書に『自由と反抗の歩み』（後に『アナキズム思想史』と改題。）『ロマン的反逆と理性的反逆』『石川三四郎　魂の導師』『平凡社における失敗の研究』『戦後が戦後でなくなるとき』『忘れられぬ人々』など。共編著に内村剛介との『われらの内なる反国家』、ベルクマンとの『アナキズム入門　改訂増補版』、松尾邦之助『無頼記者、戦後日本を撃つ　1945・巴里より敵前上陸』の編・解説など。翻訳にH・リード『詩とアナキズム』（中橋一夫との共訳）、E・H・カー『バクーニン』、クロポトキン『相互扶助論』（三一書房アナキズム叢書）、シセラ・ボク『戦争と平和』同『秘密と公開』等。

アはアナキストのア――さかのぼり自叙伝――

2017年1月27日　第1版第1刷発行
著　者　大澤 正道　©2017年
発行者　小番 伊佐夫
印刷製本　中央精版印刷
編集担当　大西 旦
装　丁　Salt Peanuts
D T P　市川 貴俊
発行所　株式会社 三一書房
〒101-0051 東京都千代田区神田神保町3-1-6
☎ 03-6268-9714
振替 00190-3-708251
Mail: info@31shobo.com
URL: http://31shobo.com/

ISBN978-4-380-16003-5 C0036
Printed in Japan